BÍBLIA
Riqueza & Salvação

BÍBLIA
Riqueza & Salvação

Editora Labrador

LUIZ CONCLI

Copyright © 2018 de Luiz Alberto Despresbiteris Concli
Todos os direitos desta edição reservados à Editora Labrador.

Projeto gráfico e capa
Rafael Blotta

Revisão
Daniela Marini Iwamoto
Andréia Dantas

Foto da capa
Pixabay.com / Donations_are_appreciated

Dados Internacionais de Catalogação na Publicação (CIP)
Andreia de Almeida CRB-8/7889

Concli, Luiz
   Bíblia : riqueza e salvação / Luiz Concli. — São Paulo : Labrador, 2018.
   272 p.

Bibliografia
ISBN 978-85-93058-97-4

1. Bíblia 2. Bíblia – Comentários 3. Deus 4. Palavra de Deus 5. Riqueza - Aspectos religiosos - Cristianismo [Budismo, etc.] 6. Salvação (Teologia) I. Título.

18-0929   CDD 220.04

Índices para catálogo sistemático:
1. Bíblia : Palavra de Deus

EDITORA
Labrador

Editora Labrador
Diretor editorial: Daniel Pinky
Rua Dr. José Elias, 520 – Alto da Lapa
05083-030 – São Paulo-SP
Telefone: +55 (11) 3641-7446
contato@editoralabrador.com.br
www.editoralabrador.com.br

A reprodução de qualquer parte desta obra é ilegal e configura uma apropriação indevida dos direitos intelectuais e patrimoniais do autor.

Agradecimentos especiais

Meu agradecimento especial ao Espírito Santo, por ter me dado a inspiração de escrever este livro durante a madrugada do dia 23 de agosto de 2016, data do meu aniversário ao completar 71 anos, cuja revelação se constituiu o maior presente de aniversário que recebi em toda a minha vida.

Agradecimentos

Ao pastor Elias Ramalho,
por ter sido meu mestre espiritual nos últimos vinte anos.

Ao Alessandro Mameniskis,
por ter me ajudado a resolver textos polêmicos e difíceis.

Ao Rafael Blotta,
pela contribuição ao projeto gráfico do livro.

Sumário

APRESENTAÇÃO 13
INTRODUÇÃO 14

CAPÍTULO 1. PLANO DE DEUS 16
    O HOMEM À SEMELHANÇA DE DEUS 16
    DEUS NÃO ACEITA IDOLATRIA 20
    O EXÉRCITO DE DEUS 22
    QUAL É O TAMANHO DO SEU DEUS? 27
    AMAI A DEUS SOBRE TODAS AS COISAS 28
    ESCALA DO AMOR DIVINO 32
    OS PREFERIDOS DE DEUS 36
    ERGA UM TEMPLO PARA DEUS 44
    O MONTE SINAI DE CADA UM 48
    A IMPORTÂNCIA DO ALTAR 49
    O TEMPO DE DEUS 55
    ORAÇÃO DE SALOMÃO 59
    MURMURAÇÕES, JAMAIS 62

CAPÍTULO 2. JESUS 65
    A VERDADE DE CADA UM OU A VERDADE ABSOLUTA? 65
    A VISÃO DO CRISTÃO 68
    OS PREFERIDOS DE JESUS 71
    SIGA JESUS, NÃO SIGA RELIGIÃO 78
    CURE OS DOENTES E EXPULSE OS DEMÔNIOS 81
    A PORTA PARA DEUS É ESTREITA 86
    AS TRÊS FORMAS DE ORAÇÃO 89
    VENÇA OS PECADOS 94
    O LADRÃO ARREPENDIDO 99
    REVOLTE-SE E VOLTE-SE PARA DEUS 103
    O CLAMOR A JESUS NA AFLIÇÃO 105
    CONCENTRE-SE EM DEUS NA ORAÇÃO 107
    O MILHO QUE VIROU PIPOCA 111
    SANTA CEIA 113

CAPÍTULO 3. SALVAÇÃO 115
    BATISMO COM ÁGUA E BATISMO NO ESPÍRITO SANTO 115
    PODER DO ESPÍRITO SANTO 120
    ENTREGA TOTAL A DEUS 123
    QUEM NASCE DO ESPÍRITO É ESPÍRITO 125
    OS PREFERIDOS DO ESPÍRITO SANTO 131
    VIDA APÓS A MORTE 139

CAPÍTULO 4. FÉ 142
    FÉ INTELIGENTE VENCE 142
    FÉ SOBRENATURAL 148
    FÉ COM OBRAS É VIVA 153

CAPÍTULO 5. SACRIFÍCIO 158
    O CRESCIMENTO ESPIRITUAL PASSA PELO SACRIFÍCIO 158
    JESUS FOI CRUCIFICADO 161

    A HUMILDADE SALVA, O ORGULHO MATA 163
    PERDOE PARA SER PERDOADO 167
    ORAÇÃO E JEJUM 169
    PERDAS VIRAM BÊNÇÃO 175
    OS PRAZERES ESPIRITUAIS SÃO ETERNOS 179
    ULTRAPASSE SEUS LIMITES 183

CAPÍTULO 6. DEMÔNIOS 188
    ORIGEM DO MAL... 188
    AÇÃO DO DEMÔNIO 195
    COMBATE À CASTA DE DEMÔNIOS 198

CAPÍTULO 7. FAMÍLIA 204
    FAMÍLIA UNIDA EM CRISTO PERMANECE UNIDA 204
    PERFIL DA ESPOSA CRISTÃ... 206
    PERFIL DO ESPOSO CRISTÃO 215

CAPÍTULO 8. RIQUEZA 225
    COMPREENDA O DÍZIMO... 225
    A LUZ DO DÍZIMO 230
    MATERIALIZAÇÃO DA FÉ 236
    A RIQUEZA MATERIAL VEM DA RIQUEZA ESPIRITUAL............................ 239
    NÃO ENTERRE SEUS TALENTOS 244
    EMPRESTE, NÃO PEÇA EMPRESTADO 248

CAPÍTULO 9. SOCIEDADE 254
    REI, PRESIDENTE OU DEUS? 254
    O NOME DE DEUS NA MOEDA 258
    O CRISTÃO E A TELEVISÃO 262

CAPÍTULO 10. ENCERRAMENTO 267
    PALAVRAS-CHAVE... 267
    REVELAÇÃO DE DEUS PARA O AUTOR DESTE LIVRO 269

BIBLIOGRAFIA..270

APRESENTAÇÃO

O Espírito Santo vocaciona mestres sábios e amorosos e capacita-os na arte de ensinar e servir os membros do Corpo de Cristo. O objetivo é conduzir os eleitos a Deus em santidade e fé. Assim nasce a prestigiosa obra: **Bíblia: Riqueza & Salvação**. Da Bíblia o autor extrai o maior tesouro da história, e partilha com o homem moderno a possibilidade de, pela fé, ultrapassar as barreiras do impossível.

Apesar de teólogo e pastor, considero-me abençoado por estudar a Bíblia assiduamente durante 20 longos anos na classe "Alunos da Bíblia" junto com o querido autor, capítulo por capítulo. Luiz Concli ainda é um aluno pontual, aplicado e absorvedor nato de conhecimento.

Conheci o irmão Luiz quando ele ainda não trilhava o caminho da fé, como ensinado na Bíblia. Exausto de tanto procurar a verdade em fontes dúbias, mergulhou fundo nas águas cristalinas do ensino de Cristo na Bíblia, o que culminou em uma linda conversão. E não parou mais de beber da fonte nutritiva do fortalecimento espiritual: tornou-se um exímio investigador da vontade de Deus, pesquisou livros cristãos e estudou muito sobre a fé santíssima.

Aplicado ao jejum e a oração recebeu do Espírito Santo o dom do conhecimento e da sabedoria da palavra. A ampliação do saber teológico lhe dá suporte na execução desta tão conceituada composição literária. Com honrosa satisfação comento nesta apresentação que o nobre autor de alma lavada edita o tema com a sensação de dever cumprido.

Na simplicidade das palavras, apresento a obra do aluno, irmão e escritor Luiz Concli ao Brasil, bem como ao mundo inteiro, e, sem rodeios, me uno a ele e digo sem vacilar: o título **Bíblia: Riqueza & Salvação** é de extrema relevância. Boa leitura.

Teólogo e pastor Elias S. Ramalho

INTRODUÇÃO

Os versículos apresentados em todo o livro foram extraídos diretamente do livro sagrado chamado Bíblia. As explicações da palavra de Deus foram apresentadas como resultado de muita pesquisa dos textos bíblicos, das aulas sobre a Bíblia ao longo de vinte anos de estudos, e de leituras de autores de setores específicos da obra.

Cumpre ressaltar que as colocações, reflexões, sugestões, apresentadas ao longo deste livro não se prendem a nenhuma religião específica, a nenhuma doutrina religiosa, e a nenhum instituto teológico particular, mas tão somente a um estudo profundo da palavra de Deus.

A minha maior motivação ao escrever este livro é passar todo o conhecimento adquirido ao longo destes 20 anos para aquele leitor que, querendo conhecer o plano de Deus para com o homem, encontra dificuldade de compreensão ao ler diretamente a Bíblia. Minha intenção é trazer um panorama geral sobre a Bíblia, de uma forma simples e descontraída, para entendê-la. Agora o leitor terá uma base sólida, um suporte para desfrutar do melhor deste livro sagrado, o melhor livro que já li em toda a minha vida.

Uma das ênfases dadas no livro foi no tocante às riquezas, porque já passei por muitas dificuldades financeiras, e isso fez balançar meu casamento, comprometer minha vida de conforto material. Percebi que o mundo todo sofre pela miséria, pela pobreza, pelas perdas, pelas guerras. O casamento permanece agradável enquanto houver dinheiro para pagar as necessidades do casal. No primeiro instante em que tal estabilidade é ameaçada, o conflito conjugal aparece. O conhecimento efetivo do lado divino das riquezas levará o leitor a sair da pobreza e penetrar na riqueza de Deus.

Outra ênfase do livro é com relação à salvação, porque com a riqueza tem-se um mundo mais confortável, mas isso não garante a salvação eterna da alma após a morte. Este livro explica quais cuidados deve-se ter com a sua salvação, para não ser tomado de surpresa ou para não ignorar este tema. Salve sua alma, e o leitor terá garantido a sua morada nos céus após sua morte.

Com a riqueza disponível em suas mãos, sem que o dinheiro se torne seu dono, seu senhor, e com a salvação de sua alma garantida, o leitor vai desfrutar de uma vida melhor, e é exatamente isso que Deus quer. Aproveite, e siga esse caminho!

Luiz Concli

CAPÍTULO 1
PLANO DE DEUS
(como usufruir de boa vida material
e ser salvo após a morte)

O HOMEM À SEMELHANÇA DE DEUS

Versículos associados ao tema:
Gênesis 1:26-27 – Por fim Deus disse: "Façamos o homem à nossa imagem, como nossa semelhança. Domine ele sobre os peixes do mar, sobre as aves do céu, sobre os animais domésticos, todos os animais selvagens, e todos os répteis que rastejam sobre a terra". E Deus criou o homem à sua imagem; à imagem de Deus Ele o criou.
Deuteronômio 30:19-20 – [Palavras da Aliança que Deus ordenou que Moisés concluísse com os filhos de Israel, no país de Moabe:] "Eu vos propus a vida e a morte, a bênção e a maldição. Escolhe a vida, para que vivas, tu e a tua posteridade, amando a Javé, teu Deus, escutando a sua voz e apegando-te a Ele [...]".

No plano de Deus para a criação do universo está o ser humano, feito à semelhança de Deus. Os versículos de Gênesis mostram o homem feito por Deus à sua imagem e semelhança. Ele é Espírito Santo, é amor, é bondade, é poderoso, é milagroso. Deus, ao fazer o homem, o colocou acima das outras criações, com o poder de dominá-las.

Que grande graça para o homem saber que aquele que o criou o fez à sua semelhança! Se Deus é Espírito, o homem é espírito também. Na escala de criação Deus criou a pedra, matéria sem vida própria; criou as plantas, que respiram e são sensíveis à luz; criou os animais, que têm mente e se deslocam. E Deus criou o homem, estágio máximo da criação, o único ser que tem espírito, à semelhança de Deus.

Mas o homem pode atingir situações bem extremistas em relação à sua qualidade de vida: pode ser miserável, viver como mendigo, maltrapilho, totalmente dependente, ou ser um homem forte, conquistador, próspero. É o mesmo homem feito à semelhança de Deus. A diferença está no grau de entendimento dessa semelhança. O crente mendigo acredita pouco ou nada no milagre que Deus pode fazer na vida dele. O crente próspero crê em Deus e sabe pela fé que a fartura chega até ele, e Deus atende a tudo aquilo que ele pede.

Se um homem tiver o coração duro, agirá pior que uma pedra. A pedra serve para edificar, constrói; o homem duro destrói, usa a violência, ou é apático, não faz nada para resolver uma situação. Se um homem levar uma vida vegetativa, apenas comer, beber e dormir, servirá menos que uma árvore, que dá sombra, que abriga ninhos, que dá oxigênio pela fotossíntese.

O homem selvagem, não lapidado, não espiritualizado, é um animal inferior, com espírito desequilibrado, e fica longe da semelhança de Deus. O homem que usa o sexo apenas de forma carnal vira bicho, fica abaixo do animal inferior. Um cachorro, um boi, um cavalo, praticam sexo quando a fêmea entra no cio, visando a reprodução da espécie. Os excessos do sexo pelo homem levam à gravidez indesejada, às doenças venéreas, ao sexo livre, causando males à sociedade, provocando doenças, parindo seres órfãos de pai e mãe, ferem o ser amado por traição. No campo sexual você poderá praticar sexo dentro do plano de Deus, para reprodução da espécie e por prazer, respeitando o parceiro, em um vínculo de amor, de compromisso e de responsabilidade. No plano de Satanás você praticará sexo bruto, sexo selvagem, com troca de parceiros, com estupro, por pura satisfação passageira, abandonando o parceiro de forma irresponsável. No plano de Satanás você estará sendo animal inferior, sujeito às consequências do ato praticado, perdendo, assim, a imagem e a semelhança do Divino.

Se viver pela carne, pelos prazeres materiais, você estará em um plano inferior de vida, não estará sendo um ser superior, à semelhança de Deus, pois Deus é Espírito, Espírito bom, Espírito de amor, Espírito de luz. Viver pela carne é o plano de Satanás para você. Ele é o espírito das trevas, dos prazeres passageiros, induzindo você ao mal pela tentação, pelo gozo ilusório. O homem passa a ter poder se estiver aliado a Deus, se obedecê-lo, se prestar culto somente a Ele. Por desobediência, por obedecer a Satanás, o primeiro homem perdeu o paraíso e, por consequência, a qualidade de vida que possuía. Tinha poderes, e perdeu o poder; tinha tudo, ficou sem nada.

O que é viver à imagem e à semelhança de Deus? É praticar a vida que Jesus Cristo praticou. Jesus deu o exemplo perfeito dessa maneira de viver. Jesus Cristo mostrou ao mundo que nós podemos ser homens e vivermos à semelhança divina. Jesus praticou milagres, exerceu seus poderes, e nos ensinou que em nome dele nós podemos fazer o mesmo. Os homens da fé na Bíblia, como Abraão, Isaac, Jacó, José, Davi, Salomão, também deram bons exemplos de viver à semelhança de Deus. Viver de acordo com os planos de Deus exige esforço, sacrifício, trabalho, amar os seus semelhantes como a si mesmo e a Deus sobre todas as coisas. Se vivermos acomodados, à mercê das tentações, sem direção, afundaremos ou naufragaremos, e perderemos a verdadeira vida.

Deus deu ao homem livre-arbítrio para ser superior, como o próprio Deus é superior, ou ser escravo da carne e ser inferior, ser materialista. A mesma mão que afaga, que abraça, é a mão que mata, que destrói. O ser humano pode escolher aonde ele quer ir. Se nós fôssemos autômatos, robôs, teríamos sido criados com uma programação para sermos ou um animal superior, ou um animal inferior. A escolha ficaria única e exclusivamente com o criador. E que vantagens teríamos? Não teríamos livre-arbítrio, não haveria merecimento, não haveria responsabilidade, seríamos máquinas. Porém, o criador nos deu livre-arbítrio, temos vontade própria, motivação, determinação. A escolha passou a ser do homem, e não de Deus, e o mérito será do homem. Escolha hoje a vida e não a morte (ver Deuteronômio).

Se o ser humano agir conforme a plenitude de Deus, ganhará proteção, segurança, fartura, prosperidade. Mas depende de cada um. A direção da vida depende de cada um. Não adianta culpar pai e mãe, ou o governo pelo seu fracasso, pois a solução está dentro de você, e não fora. O filho de um pastor não é necessariamente um bom pastor, pois depende dele próprio a condução de sua vida. A vida do filho de um pobre não é necessariamente de pobreza, pois muitos pobres se tornaram ricos.

Deus é criador, é poderoso, é rico, é dono de toda a riqueza do mundo, dono de todo o ouro e de toda a prata, e nós, como seres feitos à Sua semelhança, também poderemos ser criadores, poderosos e ricos. Tudo depende de você, de como você age, de como você vive, de como você enxerga a altura em que você quer chegar, de como você interpreta e pratica as palavras do Senhor. Deus não disse para dominarmos? Então obedeça a Ele, e em Cristo Jesus seja mais que vencedor (*Rm 8:37* e *1Co 15:57*).

O homem puro, o homem justo, o homem obediente a Deus, passa a ter nova identidade, ganha um certificado divino, ganha um selo de semelhança a Deus. Passa a ter poderes divinos, que recebe por transferência do Pai celestial.

Onde está, então, a grande vantagem de sabermos que fomos feitos à semelhança de Deus? A vantagem é, de uma vez para sempre, nos posicionarmos como seres superiores. Usarmos nossa inteligência, nosso livre-arbítrio para a prática do bem, termos a certeza de que Deus tem um plano de vida para cada um de nós, e que esse plano é sempre fantástico, grande, extraordinário. Você já nasceu com dons para criar e produzir.

Todo ser humano é necessário dentro do processo da criação. Descubra o grande ser humano que você é, e as necessidades que o mundo tem da sua existência. Quando passar por dificuldades na saúde, no emprego, nas finanças, saiba que Deus é saúde, é rico, construiu o mundo, e dará solução a seus males, pois você é filho Dele, criação Dele, semelhante a Ele. Qual é o pai que tendo o seu filho doente não o trata, não procura curá-lo? Imagine Deus então, que é só amor, que é nosso Pai celestial, o que fará por nós? (*Mateus 7:9-11*).

A reflexão profunda sobre esta nossa semelhança a Deus nos dá uma condição excepcional de seres superiores, de andarmos sem medo, de não aceitarmos condições inferiores de vida, de refutarmos a miséria, não aceitarmos a fatalidade. De andarmos com a cabeça erguida, de sermos cabeça, e não cauda.

Vá à luta, batalhe, semeie em abundância (*Sl 126:5-6*), e Deus fará o resto (*Sl 37:5*). Seja um ser superior, mostre ao mundo e a Deus que Ele não o criou à toa, que o propósito de Deus para com você foi alcançado. Viva feliz como Templo de Deus, com Deus dentro de você.

DEUS NÃO ACEITA IDOLATRIA

Versículos associados ao tema:
Êxodo 20:1-6 – Deus pronunciou todas estas palavras, e disse: "Eu sou Javé, teu Deus, eu te tirei da terra do Egito, da casa da escravidão. Não terás outros deuses ante a minha face. Não farás para ti imagem esculpida nem figura alguma à semelhança do que há em cima no céu, nem do que há embaixo na terra, nem do que há nas águas embaixo da terra. Não te prostrarás diante destes deuses, nem os servirás. Porque eu, Javé, teu Deus, sou um Deus ciumento: castigo a maldade dos pais também em seus filhos, e até nos netos e bisnetos daqueles que me odeiam, mas faço misericórdia até mil gerações para com aqueles que me amam e guardam os meus mandamentos".
Levítico 26:1 – "Não fareis para vós ídolos, e não levantareis nem imagem talhada, nem monumento de idolatria, nem colocareis em vossa terra nenhuma pedra ornada com figuras para vos prostrardes perante elas; porque eu sou Javé, vosso Deus."
2 Reis 17:16-17 – Abandonaram todas as ordens de Javé, seu Deus; fabricaram ídolos de metal fundido – dois bezerros – fizeram estátuas de Astarte, e adoraram todo o exército dos céus e serviram a Baal. Fizeram seus filhos e filhas passarem pelo fogo, entregaram-se a adivinhações e feitiçarias, e se venderam, fazendo o que era abominável aos olhos de Javé, provocando-lhe a ira.
Deuteronômio 32:21 – "Enciumaram-me por um deus ninharia, irritaram-me com vãs adorações: pois bem, Eu vos enciumarei por um povo ninharia, por nação insana vos indignarei."
Salmos 115:4-8 – Os ídolos deles são ouro e prata: simples obras da mão do homem; eles têm boca, mas não falam; têm olhos, mas não veem; têm ouvidos, mas não ouvem; [...] têm pés, mas não andam; e de sua garganta não sai nem um murmúrio, como eles sejam os que os fabricam e todos os que neles confiam.
Isaías 2:8 – Seu país está repleto de ídolos; prosternam-se ante a obra de suas mãos, daquilo que fizeram com seus dedos.
Habacuque 2:18 – "Para que serve uma escultura que seu autor esculpe, uma imagem fundida, um oráculo enganador, para que seu autor

nele confie, fabricando ídolos mudos?"
Mateus 6:24 – "Ninguém pode servir a dois patrões, porque odiará a um e amará ao outro, ou se afeiçoará ao primeiro e desprezará o segundo. Não podeis servir a Deus e ao dinheiro."

Deus é o criador do ser humano, e não há nada que a criatura possa fazer ou criar para representar o que é Deus, pois Ele é Espírito e não é passível de adoração na forma de estátua ou gravura. Objeto nenhum criado pelo homem – seja de madeira, pedra, metal ou qualquer outro material que exista na natureza – pode ser verdadeiro e aceito por Deus, sendo digno de adoração. O mesmo se pode dizer de gravuras, pinturas, desenhos, qualquer imagem que o homem possa inventar.

Deus quer ser adorado, glorificado, como Espírito, acima de todas as coisas, e não reparte a sua Glória com nada deste mundo.

Por toda a Bíblia Deus deixa claro que ele rejeita a idolatria e pune severamente quem a pratica. O povo de Deus trocou a adoração do Deus que o libertou do Egito pela adoração de ídolos trazidos dos povos inimigos de Deus. É por isso que Jerusalém, capital de Judá, foi totalmente destruída e dominada pelos babilônios, que cultuavam outros deuses.

Qualquer coisa que seja objeto de adoração ou veneração por parte do homem que não seja o próprio Deus, Ele a considera como idolatria. Assim, se você ama sua esposa ou seu carro mais do que adora a Deus, está praticando idolatria. Do mesmo modo, se você venera seu trabalho, Ele o rejeita e sua ira se volta ao seu modo de ser.

Na Bíblia está escrito: "Porque Ele é grande, Javé, e muito digno de louvor e temível sobre todos os deuses, porque são ídolos todos os deuses dos povos" (*1 Crônicas 16:25-26*). Os ídolos não servem para nada, e se assemelham aos homens que os criaram.

Nem os prostitutos, nem os adoradores de ídolos, nem os adúlteros, nem os homossexuais terão parte no Reino de Deus (*1 Coríntios 6:9*). Nem o impuro, nem o avarento que é um idólatra, participarão da herança no Reino de Cristo e de Deus (*Efésios 5:5*).

Outras práticas de idolatria, de natureza doméstica, que são comuns em nosso meio: crença em pé de coelho, arruda no jardim, espantalho no quintal, são desagradáveis a Deus.

Não há como servir a dois senhores: a Deus e ao dinheiro, diz Jesus. O resultado é que fatalmente o homem oscilará entre as duas adorações, e desagradará sempre as duas partes.

O EXÉRCITO DE DEUS

Versículos associados ao tema:
2 Timóteo 2:3-5 – Participa nos meus sofrimentos como bom soldado de Cristo Jesus. Quem se alistou no exército não se envolve em negócios da vida civil, porque assim não pode agradar a quem o recrutou. O atleta também não recebe a coroa se não lutar conforme as regras.
Êxodo 16:28 – Deus disse a Moisés: "Até quando vos recusareis a guardar meus mandamentos e as minhas leis?".
Efésios 6:11-18 – Revesti-vos da armadura de Deus, para que possais resistir às ciladas do Diabo. Pois não temos que lutar contra a carne e o sangue, mas contra os Principados, as Potestades, os Dominadores deste mundo das trevas, e os espíritos malignos dos ares [...]. Tomai enfim, o capacete da salvação e a espada do espírito, isto é, a palavra de Deus, em orações e súplicas, rezando sempre no espírito. Aplicai-vos a isso com incansável vigilância.
2 Coríntios 10:3-4 – Embora sejamos homens, não combatemos com armas puramente humanas. As armas com que combatemos não são carnais, de origem humana, mas tem, da parte de Deus, o poder de destruir fortificações.

Se você pertence ao exército dos homens ou ao exército de Deus, você é compromissado com os deveres e os direitos de quem é filiado. Isso é inerente a essa filiação. Vamos comparar agora os deveres e os direitos dos dois exércitos: dos homens e de Deus.

Os regulamentos do exército dos homens são bastante rígidos: acordar cedo, engraxar as botas diariamente, praticar exercícios físicos, disciplina, horário para tudo, até para dormir, aprender a se alimentar na selva e a sobreviver nas condições mais adversas. No exército dos homens não existe moleza, preguiça ou justificativas vazias contra os regulamentos. O horário de acordar é bem cedo pela manhã, toma-se um banho rápido, lustram-se as botas, e deve-se estar a campo logo que o sol nascer. Não adianta o soldado vir com justificativas vazias, pois o capitão não vai aceitar desculpas. Os sacrifícios dos soldados são muitos, mas, vencidos todos os sofrimentos, vêm as vantagens.

Para aquele que cumpriu devidamente as regras e os estatutos colocados pelo exército concedem-se regalias, salários, postos mais altos. Ele aprende disciplina, ordem, obediência, e isto se reflete em uma boa conduta. O soldado passa a ser uma pessoa corajosa, batalhadora, aprende a defender seu território contra a invasão de inimigos. Aprende táticas de defesa e estratégias de ataque. Seu corpo fica ágil, está sempre alerta contra emboscadas do inimigo.

Por outro lado, quais são as obrigações de uma pessoa ao se alistar no exército de Deus? As obrigações são, em primeiro lugar, ter Deus como único Senhor em sua vida, ter fé inabalável e colocá-la em prática, ser obediente a Ele em todos os seus mandamentos. Os estatutos de Deus também são rígidos e exigem cuidado por parte de seu soldado. Este, para ter direito às vantagens que Ele oferece, deve cumprir suas leis, ser agradável aos olhos de Deus. Sem esse pré-requisito, Deus não concederá as graças prometidas. É como o soldado do exército dos homens que não cumpre os regulamentos a que está sujeito. Não subirá de posto, não terá certificado, perde as regalias. Não cumpriu, não terá direitos. Muitas pessoas pedem a Deus em suas orações e reclamam de não serem atendidas. Mas não se lembram de cumprir os deveres do exército de Deus, expostos nos 10 mandamentos de sua lei, as 10 cláusulas da Aliança, o Decálogo.

Quais são as vantagens de uma pessoa ao se alistar no exército de Deus e pertencer ao seu povo? As vantagens são inúmeras: desde a proteção, amparo e segurança de Deus em sua vida, até uma vida cheia de bênçãos e recompensas. *Hebreus 11:6* diz: "Ora, sem fé ninguém pode agradar a Deus. Pois quem chega perto de Deus deve crer que ele existe e que recompensa os que o procuram". Deus não falha em suas promessas. Deus nunca faltou com as suas promessas. Ele sempre tem provado aos seus filhos que a vida do soldado de Deus é abençoada. No exército divino o homem aprende a se defender das ciladas do demônio. As táticas do soldado de Deus são as orações e a fé. No exército divino aprende-se a ter fé, a não temer diante das dificuldades que a vida impõe. Deus tem a melhor solução para sua dificuldade, para o seu problema. Basta ficar em silêncio e aguardar a resposta, sem ansiedade e sem angústia. Apenas vigie, fique atento.

No exército de Deus, uma vez cumpridas suas ordens, em obediência ao Senhor, você ganha bênçãos, promessas. Em *Êxodo 3:7-10*, "Disse o Senhor a Moisés: 'Eu vi a aflição do meu povo no Egito, ouvi o seu clamor por causa dos seus opressores, tomei conhecimento das suas angústias. E eu desci para livrá-lo das mãos dos egípcios e para fazê-lo subir desse país para uma terra boa e espaçosa, para uma terra que mana leite e mel, [...] E agora vai, pois Eu te envio ao Faraó, a fim de que tires do Egito o meu povo, os filhos de Israel'". Essa foi a promessa de Deus ao povo hebreu que era escravo no Egito. E Deus cumpriu a promessa. O próprio Deus guiou seu povo, como vemos em *Êxodo 13:21*: "Deus caminhava adiante deles, de dia numa coluna de nuvem para guiá-los no caminho, e de noite numa coluna de fogo para iluminá-los, de modo que podiam caminhar de dia e de noite". Em *Êxodo 34:10*, "Deus respondeu a Moisés: 'Estou para celebrar a Aliança na presença de todo o teu povo. Farei maravilhas como nunca se fizeram em toda a terra e em todas as nações [...]'". O próprio Deus prometeu maravilhas e cumpriu todas as suas promessas. Essa é a maior conquista do soldado de Deus, a certeza da vitória, das maravilhas que virão para cada um que se alistar nesse exército.

Na passagem de adoração ao bezerro de ouro pelo povo de Deus, vem definitivamente a filiação de quem é de Deus ou não é (*Êxodo 32:25-28*): "Moisés viu que o povo estava desenfreado, pois Aarão lhes tinha soltado as rédeas, expondo-os à zombaria dos seus adversários. Então postou-se à entrada do acampamento, exclamando: 'Quem é por Deus, junte-se a mim'. E todos os filhos de Levi reuniram-se em torno dele. Ele lhes disse: 'Assim ordena o Deus de Israel: Cada um cinja a sua espada sobre o flanco. Passai e tornai a passar pelo acampamento, de porta em porta e mate cada um o seu irmão, cada um o seu amigo, cada um o seu vizinho'. Os filhos de Levi cumpriram a ordem de Moisés. E naquele dia tombaram entre o povo cerca de três mil homens". Neste ato, Moisés estava decretando a separação do povo judeu. Quem era de Deus iria ficar com Moisés, se ligaria a Moisés, e quem não aceitasse isso seria separado do povo de Deus. A partir desse instante, os membros do exército de Deus ganharam identificação. Se você é de Deus, pertence ao seu exército, você se torna diferente dos outros, você passa a ser propriedade exclusiva de Deus. A identificação no exército dos homens vem através da farda, da postura, passa-se a ser reconhecido como pertencente ao exército dos homens. Moisés impõe a decisão: ou segue com Deus, ou segue sem Ele – "Quem é do Senhor vem para cá". Essa é a identificação, a demonstração visível de obediência ao senhorio de Deus.

O que o exército dos homens não sabe é sobre as obras de Deus, o que o soldado comum não consegue entender é que Deus realiza milagres. Não cabe ao povo de Deus saber como Ele operou o milagre, como o Senhor fez abrir o Mar Vermelho para eles passarem. Não busque soluções técnicas nem humanas para explicar as soluções de Deus, pois Ele faz seus milagres por inspiração divina, não por técnicas humanas, não pela ciência. Os soldados egípcios, ao atravessarem o Mar Vermelho perseguindo o povo de Deus, acharam que as águas iriam ficar separadas até eles passarem também. Mas o milagre era só para o povo de Deus, e não para o exército dos homens, que acabou sucumbindo debaixo d'água. Em *Êxodo 14:26-31*, "Disse Deus a Moisés: 'Estende tua mão sobre o mar para que as águas voltem sobre os egípcios, seus carros e seus cavaleiros'. Moisés estendeu a mão sobre o mar e, ao romper da manhã, o mar tinha voltado ao seu nível normal. Os egípcios, ao fugirem, se engolfaram nele, e Deus precipitou os egípcios no meio do mar. Voltando em seu refluxo, as águas cobriram os carros e os cavaleiros de todo o exército do Faraó, que tinham entrado no mar em perseguição aos filhos de Israel: não escapou nenhum deles. Os filhos de Israel, porém, passaram pelo meio do mar de pés enxutos: as águas lhes faziam uma muralha à direita e à esquerda. [...] Israel viu a grande potência com que Deus operou contra os egípcios. E o povo temeu a Deus, e creu em Deus, e em Moisés, seu servo". Quem saiu vitorioso: o exército de Deus ou o exército dos homens?

Em outra passagem (*2 Crônicas 20:10-22*), Josafá clamando a Deus, disse: "[...] eis que os filhos de Amon, de Moabe e de Seir vêm em guerra expulsar-nos de tua propriedade que nos deste em herança. [...] Não temos força diante dessa numerosa multidão que avança contra nós, e não sabemos o que fazer, mas nossos olhos se voltam para ti". Josafá falou isso de pé na assembleia de Judá, na casa de Deus. [...] O Espírito de Deus desceu sobre ele, e disse: "Não temais e não vos atemorizeis diante dessa numerosa multidão, porque esse combate não é o vosso, mas o de Deus. Amanhã descei contra eles. [...] Não tereis que lutar nessa batalha. Tomai posição, ficai ali, e vereis que Deus vos salvará. [...]". Depois de ter deliberado com o povo, Josafá colocou cantores de Deus, e salmistas revestidos de ornamentos sagrados, diante do exército, dizendo: "Louvai a Deus, porque sua misericórdia é eterna". Quando começaram as aclamações e o louvor, Deus enviou emboscadas contra os filhos de Amon, Moabe e Seir, e eles fugiram derrotados. Quem saiu vitorioso: o exército de Deus ou o exército dos homens?

Deus falava com o povo através dos profetas, mas agora fala através dos pastores das igrejas. O Senhor disse que a luta é dele, e não sua. A sua luta passa a ser de Deus quando você dá crédito a Ele, quando você dá um voto a Ele. Do contrário, Deus não compra a sua briga, você fica sozinho, desempregado, endividado. Você, sozinho, não vence, vai ser massacrado. Os problemas têm sua causa no Diabo: o Diabo é a causa espiritual e ele age transvestido sob a forma de problemas. Só há um ser que pode lhe dar a vitória. Se você confiar totalmente em Deus, então Ele pegará a sua causa. Mas se você perecer, então Deus é falho e pode ser questionado. Só há uma maneira de provar: experimentando. Se Deus é Deus mesmo, Ele livrará você das atribulações. Deus livrou Josafá, ele venceu. Creia em Deus e estará seguro. Se você não crê, nada mudará; será massacrado pelos inimigos, pelos problemas.

Se você é do exército dos homens, tem que estar preparado para batalhas, lutas e defesas. Se é soldado, tem que sair do quartel, lutar para defender a sua cidade, sua pátria. Muitos soldados morrem nos combates para defender seus ideais até o fim. No exército de Deus você tem que estar preparado para atacar o inimigo, dissipar as trevas, salvar pessoas da prisão do demônio, acabar com o devorador. Siga em frente marchando sob as ordens do Grande General, para o Reino que Ele prometeu para todos aqueles que Nele tiverem fé.

QUAL É O TAMANHO DO SEU DEUS?

Versículos associados ao tema:
Isaías 43:18-19 – Assim fala Deus: "Não vos recordeis do passado, nem cuideis das coisas antigas. Eis que faço uma coisa nova. Isto já germina. Não percebeis? Sim, abrirei uma rota no deserto, rios na estepe".

É claro que o tamanho de Deus é um só, mas a maneira de sentirmos a presença de Deus em nossas vidas varia de pessoa para pessoa, e isso altera o tamanho de Deus dentro de cada um.

Se perguntarmos à maioria dos crentes "Qual é o tamanho do seu Deus?", vamos perceber um Deus muito pequeno, em miniatura, de tamanho reduzido, pois é um Deus que não faz alcançar muita prosperidade, nem é um Deus que cura as enfermidades. É um Deus tímido, fraco.

Cremos em um Deus gigante, imenso, que tudo pode fazer. Ele alcança até o impossível para nós. Sentimos nosso Deus com poder ilimitado, que nos traz muita prosperidade, muita abundância, muita fartura.

E para alcançarmos tudo isso, Ele deve ser por nós glorificado, engrandecido, ser nosso único libertador, nosso único salvador. Se você estiver dividido entre outros caminhos e Deus, estará em dúvida e não chegará até Ele, não chegará a lugar algum. Mostre o quanto você o ama, o quanto você o glorifica, o quanto você reconhece a Deus como o seu único caminho de salvação.

Por isso, reconheça em seu Deus um tamanho imenso, maravilhosamente poderoso, um Deus dono de toda a riqueza da Terra, e você perto Dele compartilhando dessa riqueza, merecendo receber parte dessa riqueza como filho de Deus.

Muitas vezes, por orgulho, você quer resolver os problemas por si só, sem Deus, e com isso o tamanho de Deus que você reconhece acaba diminuindo. Seja humilde para com Deus. Deixe a presença Dele se manifestar em você. Sinta-o dentro do seu corpo e em sua volta, e sua vida mudará para melhor.

Lembre-se: quanto maior for a grandiosidade de Deus que você reconhece, menor será o seu sofrimento.

AMAI A DEUS SOBRE TODAS AS COISAS

Versículos associados ao tema:
Mateus 22:34-38 – Quando os fariseus souberam que ele Jesus tinha reduzido os saduceus ao silêncio, fizeram uma reunião. E um deles, doutor da lei, perguntou-lhe capciosamente: "Mestre, qual é o maior mandamento da Lei?". Jesus respondeu: "Amarás o Senhor teu Deus de todo o teu coração, de toda a tua alma e de toda a tua mente. Este é o maior e o primeiro mandamento". [Se esse mandamento, como disse Jesus, é o maior, ele deve representar para cada um de nós, no mínimo, 51% do nosso amor global, do nosso tempo, das nossas ocupações, dos nossos compromissos, da nossa obediência a Deus.]
Números 33:50-53 – Javé falou a Moisés nas planícies de Moabe, sobre o Jordão, em Jericó, dizendo: "Expulsareis de vossa frente todos os habitantes da região, destruireis todas as suas pedras esculpidas, todas as suas imagens de metal fundido, e suprimireis todos os seus lugares altos. Ocupareis a Terra e a habitareis: porque vo-la dou para que a ocupeis". [Nada pode estar entre Deus e nós. A disciplina do Êxodo dos judeus, estabelecida por Deus, através de diversas leis passadas a Moisés, foi severa, dura, mas Deus é fiel ao disciplinado, dando a ele promessas de paz, fartura e prosperidade.]
Números 33:55-56 – Jesus falou a Moisés: "Mas se não expulsardes de vossa presença os habitantes da região, os que deixardes serão como espinhos em vossos olhos e aguilhões em vossos flancos, e vos atacarão na terra que ireis habitar. E Eu farei a vós o que pensei fazer a eles". [Deus não aceitava os cananeus e medianitas com seus ídolos. Pelo fato do povo de Deus não ter exterminado completamente os filisteus, idólatras, eles se armaram várias vezes contra os judeus, os destruíram,

os incomodaram, e se cumpriu a promessa de Deus de serem eles verdadeiros espinhos nos olhos dos seguidores de Moisés.]

Deuteronômio 4:1-20 – Deus instruiu a Moisés no Êxodo do Egito: "E agora Israel, ouve as leis e determinações que vos ensino, para as praticardes, a fim de que possais viver, entrar no país que Javé vos dá, e tomardes posse dele. Nada acrescentareis nem tirareis do que vos ordeno, guardando os mandamentos de Javé, vosso Deus, que vos prescrevi [...] Por não haverdes visto nenhuma forma no dia em que Javé vos falou, do meio do fogo no Horebe, tomai cuidado convosco mesmos, para que não vos corrompais, nem façais para vós estátua com a forma de qualquer ídolo que seja: figura de macho ou de fêmea, de qualquer animal vivo que existe sobre a Terra, ou das aves que voam debaixo do céu, ou dos répteis que se arrastam na Terra, ou de qualquer peixe que vive nas águas que existem debaixo da Terra; nem eleveis os olhos para o céu de modo que vendo o sol, a lua, as estrelas, e todo o exército dos céus, venhas a te sentir impelido a prostrar-te diante deles, e prestar culto a tais coisas que Javé, teu Deus, repartiu com todos os povos que existem debaixo do céu. Mas Javé vos tomou e tirou da fornalha de ferro do Egito para vos tornardes um povo que lhe pertence, como hoje".

Deuteronômio 5:1-3 – Convocou Moisés a todo Israel e lhe disse: "Ouve, Israel, as leis e os mandamentos, que hoje eu pronuncio aos vossos ouvidos; aprendei-os e cuidai em praticá-los. Javé, nosso Deus, fez uma aliança conosco em Horebe (Monte Sinai). Não foi com os nossos pais que Javé fez esta aliança, e sim, conosco, que estamos aqui vivos".

Daniel 3:1-30 – O rei Nabucodonosor mandou fazer uma estátua de ouro [...] e ordenou a seu povo: "Quando ouvirdes o som da trombeta, [...] e de todo gênero de instrumentos musicais, prostrar-vos-ei por terra e adorareis a estátua de ouro [...]". Sadraque, Mesaque e Abede-Nego (judeus) disseram ao rei: "Não há necessidade alguma que nós te respondamos sobre este assunto, porque deves saber que nosso Deus, a quem adoramos, pode tirar-nos da ardente fornalha de fogo e livrar-nos, ó rei, das tuas mãos. Se Ele não quiser fazer assim, fica sabendo, rei, que nem assim honraremos os teus deuses, nem adoraremos a estátua de ouro que erigiste". Nabucodonosor ordenou aos homens fortes do seu exército para que, ligados os pés a Sadraque, Mesaque e Abede-Nego, os lançassem na ardente fornalha de fogo [...]. E eles caminhavam no meio das chamas, louvando a Deus e bendizendo o Senhor [...]. Mas o anjo do Senhor desceu na fornalha, expulsando a chama do fogo da fornalha. Refrigerou o interior da fornalha como se soprasse um vento de orvalho, e o fogo não os tocou, nem molestou, nem lhes causou dano algum [...]. Nabucodonosor clamou: "Bendito seja o Deus de Sadraque, Mesaque e Abede-Nego, que enviou seu anjo e salvou seus servos que nele confiaram e resistiram à ordem do rei, entregando seus corpos para não venerar outro deus além do seu Deus. Eis o decreto que promulgo: todo homem de qualquer povo, tribo e língua que proferir algo contra o Deus de Sadraque, Mesaque e Abede-Nego será esquartejado e sua casa destruída, porque não há outro Deus que possa salvar como Ele". [Nabucodonosor se rende e se prostra perante o Deus de Israel.]

Salmos 78:58 – Com seus terreiros de culto eles O irritaram, e O enciumaram com os seus ídolos. [Até hoje há os que cultuam pé de coelho, arrudas no seu jardim, estátua de elefantes, imagem de São Cristóvão ou de São Benedito, para dar sorte e atrair bons fluidos. Essa prática é um tipo de idolatria, conforme já aprendemos no ensino de Deus a seu povo durante o Êxodo do Egito. Essas práticas são abomináveis aos olhos de Deus.]

2 Reis 21:11 – "Porque Manassés, rei de Judá, praticou todas estas abominações, piores do que as praticadas pelos amorreus, antes dele, e fez pecar também Judá com os seus ídolos [...]."

1 Coríntios 6:9 – Paulo escreveu aos Coríntios: "Não vos enganeis! Nem os prostitutos, nem os adoradores de ídolos terão parte no Reino de Deus".

Apocalipse 21:8 – "E o lago ardente de fogo e de enxofre é o que cabe aos preguiçosos, [...] aos fornicadores, [...] aos idólatras, e a todos os mentirosos."

Ezequiel 11:17-21 – Por isso dize: Assim fala o Senhor Javé: "Eu vos ajuntarei do meio dos povos e vos tirarei todos juntos dos países pelos quais fostes dispersos e vos darei a terra de Israel. Nela entrarão e afastarão dela todos os seus ídolos e objetos de abominação. Dar-lhes-ei outro coração e porei um espírito novo no seu interior; tirarei seu coração de pedra e lhes darei um coração de carne. Assim, obedecerão as minhas leis e minhas prescrições e as porão em prática. Serão meu povo e serei para eles seu Deus. Quanto aqueles cujo coração está apegado aos ídolos e a práticas abomináveis, fá-los-ei sentir as consequências de sua conduta". [Uma das graves consequências da adoração dos judeus a outros deuses foi a dispersão deles em vários países estrangeiros, mistura desse povo genuíno com outros povos, perdendo a sua força e a sua união.]

Zacarias 13:2 – "E acontecerá naquele dia – oráculo de Javé dos exércitos – que Eu arrancarei do país os nomes dos ídolos e não serão mais mencionados; também expulsarei do país os profetas e o espírito de impureza."

1 Coríntios 8:4-6 – Sobre a questão de comer carnes oferecidas em sacrifício aos ídolos, nós sabemos que não há ídolo no mundo e há um único Deus. Porque, embora digam haver deuses no céu e na terra – uma multidão de deuses e de senhores – para nós há um só Deus: o Pai, do qual tudo vem e para o qual fomos feitos. E há um só Senhor Jesus Cristo, por quem tudo existe e por quem nós somos.

A Bíblia está repleta de versículos do quanto Deus promete àquele que se mantem fiel, adorando e amando somente ao único Deus de Israel. Esses versículos expressam por si só as leis, os castigos, as promessas com relação à prática da adoração a Deus.

Deus não aceita idolatria, adoração a ídolos de nenhuma espécie, e, por isso, Ele ataca os inimigos idólatras e manda destruir todos os ídolos dos povos inimigos. Provavelmente teria sido essa a razão de Deus ter escolhido a terra de Canaã como a nova moradia do povo judeu saído do Egito, pois lá habitavam diversos povos pagãos, adorando diversos deuses. Deus disse que nessa terra de Canaã brotava leite e mel.

As imagens são proibidas no texto bíblico por duas razões:
1) Porque incitam a adoração aos falsos deuses.
2) Por causa da crença generalizada no paganismo judeu de que a imagem é o meio de comunicação com a divindade. De fato, o semita

não identificava a divindade com a estátua, mas para ele a representação da divindade era o instrumento pelo qual a divindade manifestava a sua vontade. Aos homens, Deus se manifesta por sua palavra, outrora falada a nossos pais pelos profetas, e finalmente falada pelo Filho Jesus, pela própria "Palavra que se fez carne e habitou entre nós".

Nós, cristãos, nunca devemos adorar criaturas criadas por Deus, mas somente a Ele, que é o Criador. Só é possível suprimir os ídolos purificando o amor. E é precisamente no plano do amor que o homem sente a maior tentação de divinizar as criaturas em detrimento do Absoluto Único, que é o Deus verdadeiro.

Será que esta adoração a ídolos ocorria somente antigamente? É só examinar em torno de nós e perceberemos que essas abominações continuam acontecendo mesmo nos dias de hoje.

O amor a Deus sobre todas as coisas é tão importante para nós que, com ele, somos conduzidos ao amor ao próximo – que é o segundo mandamento das Leis de Deus –, e sem ele de nada mais vale o amor a outras coisas.

ESCALA DO AMOR DIVINO

Versículos associados ao tema:
Mateus 22:35-40 – Um fariseu, doutor da lei, perguntou a Jesus capciosamente: "Mestre, qual é o maior mandamento da Lei?". Jesus respondeu: "Amarás o Senhor teu Deus de todo o teu coração, de toda a tua alma e de toda a tua mente. Este é o maior e o primeiro mandamento. O segundo é tão importante como o primeiro: Amarás a teu próximo como a ti mesmo. Nestes dois mandamentos se resume toda a Lei e os Profetas".
Mateus 5:43-48 – "Tendes ouvido o que foi dito: Amarás o teu próximo e odiarás o teu inimigo. Mas eu vos digo: Amai os vossos inimigos e rezai por aqueles que vos perseguem; [...] Pois, se amais somente aqueles que vos amam, que recompensa tereis? Acaso os desprezados cobradores de impostos não fazem também assim? E se cumprimentardes somente a vossos irmãos, que fareis de especial? Acaso os pagãos

não fazem a mesma coisa? Portanto, sede perfeitos como vosso Pai celeste é perfeito."

Lucas 6:27-35 – "Mas para vós que estais me ouvindo, eu digo: amais aos vossos inimigos, fazei bem aos que vos odeiam; falai bem dos que falam mal de vós, rezai pelos que vos difamam. A quem te bater numa face, oferece a outra; ao que te arrancar o manto, não recuses também a túnica. Dá sempre a quem te pede alguma coisa e não reclames a quem tira o que é teu. Fazes aos outros como quereis que os outros vos façam. Se amais aos que vos amam, que vantagens tereis? Pois até os pecadores amam aqueles que os amam. Se fazeis bem só aos que o fazem a vós, que vantagem tereis? Até os pecadores fazem o mesmo. [...] Amai os vossos inimigos, fazei-lhes o bem, e emprestai sem esperar nada. Então, vossa recompensa será grande e sereis os filhos do Altíssimo, porque Ele sim é bom para os ingratos e os maus."

Mateus 10:34-37 – "Não penseis que vim trazer paz sobre a Terra. Não vim trazer a paz, e sim a espada. Porque vim para opor o filho ao pai, a filha à mãe, a nora à sogra: E cada qual terá por inimigos os seus próprios familiares. Quem ama pai ou mãe mais do que a mim, não é digno de mim. Quem ama filho ou filha mais do que a mim, não é digno de mim. Quem não toma sua cruz e não me segue, não é digno de mim."

Mateus 19:18-19 – "Não matar, não cometer adultério, não roubar, não proferir falso testemunho, honrar pai e mãe, e assim amarás o teu próximo como a ti mesmo."

Lucas 7:41-43 – "Um credor tinha dois devedores: um lhe devia quinhentas moedas de prata e outro, cinquenta. Como eles não tinham com que pagar, perdoou-lhes a dívida. Qual deles, então, vai amá-lo mais?" Simão respondeu: "Creio que será aquele a quem mais perdoou". Jesus disse: "Julgaste bem!".

João 12:25 – "Quem ama sua vida a perderá; quem, neste mundo, odeia sua vida a guardará para a vida eterna."

João 13:34 – "Eu vos dou um novo mandamento: que vos ameis uns aos outros. Assim como eu vos tenho amado, vós deveis também amar uns aos outros."

João 15:12 – "Este é o meu mandamento: amai-vos uns aos outros assim como eu vos tenho amado. Ninguém tem maior amor do que

aquele que dá a vida por seus amigos." [Na *Bíblia* existe uma clara Escala do Amor Divino, explicitada quando Jesus explica ao fariseu sobre os dois maiores mandamentos da Lei, em *Mateus 22*. Jesus viabiliza o amor mostrando na própria conduta um modelo de amor a ser imitado.]
Efésios 5:25 – [Após Jesus, os apóstolos também explicam o amor cristão quando escrevem:] Maridos, amai vossas esposas como Cristo amou a Igreja, e se entregou a ela, para santificá-la e purificá-la, pela água do batismo e pela palavra.
Tito 2:4-5 – [...] para instruir as jovens a amarem seus maridos e filhos, e a serem prudentes, puras, boas donas de casa, amáveis, obedientes ao marido, para que ninguém fale mal da palavra de Deus.
1 João 2:15-17 – Não ameis o mundo, nem coisa alguma que existe nele. Se alguém ama o mundo, o amor do Pai não está nele. Porque tudo o que há no mundo – desejo incontrolado da carne, desejo incontrolado dos olhos pelos bens da vida – não vem do Pai, mas do mundo. O mundo passa e seus desejos imoderados também, mas o que cumpre a vontade de Deus permanece para sempre.
1 João 4:19-20 – E nós amemos a Deus, porque ele nos amou primeiro! Se alguém diz: "Amo a Deus", e detesta seu irmão, está mentindo. Porque quem não ama seu irmão a quem vê, não é possível que ame a Deus a quem não vê. Este é o mandamento que recebemos dele: quem ama a Deus, ame também seu irmão.
1 João 5:1-2 – [...] E quem ama o que gerou ama o que foi gerado. Sabemos que amamos os filhos de Deus, quando amamos a Deus e cumprimos seus mandamentos.

Os exemplos a seguir mostram comportamentos adequados na Escala do Amor, descritos na Bíblia sobre os membros do povo de Deus:
- Ana, casada com Elcana, era estéril, e pediu um filho a Deus, prometendo entregar-Lhe logo após o nascimento. O amor de Ana a Deus era maior do que o amor a seu filho, pois logo que seu filho Samuel nasceu cumpriu seu voto, e o consagrou a Deus, por todos os dias de sua vida (*1 Samuel 1:10-11*).
- Deus visitou Ana, que veio a conceber e dar à luz três filhos e duas filhas. O jovem Samuel crescia junto a Deus (*1 Samuel 2:21*).

- Quando Davi terminou de falar com Saul, a alma de Jônatas (filho de Saul) se apegou à alma de Davi, e Jônatas começou a amá-lo como a si próprio (*1 Samuel 18:1*).

Eis algumas passagens de desvios na Escala do Amor, que geraram más consequências:
- Ao verem que o pai Jacó amava mais a José, seus irmãos começaram a odiá-lo, de modo que não mais lhe podiam falar cordialmente (*Gênesis 37:4*).
- O rei Salomão amou muitas mulheres estrangeiras, além da filha do faraó, moabitas, amonitas, edomitas, sidônias e hititas, pertencentes às nações das quais Deus dissera aos filhos de Israel: "Não tenhais relações com elas, nem as tenham elas convosco; do contrário, desviarão os vossos corações para os seus deuses". Salomão uniu-se a elas por amor. Teve setecentas mulheres princesas e trezentas concubinas (*1 Reis 11:1-3*).

Do que acabamos de descrever nos cabe uma reflexão sobre o amor que dedicamos a nossos familiares: o amor entre marido e esposa deve ser superior ao amor sobre os filhos, pois os filhos foram gerados pelos pais. O amor aos pais deve ser superior ao amor entre os irmãos, pois fomos gerados pelos pais, sem os quais nós não existiríamos.

Nos versículos anteriores temos uma boa ideia de como devemos nos comportar em relação à Escala do Amor divino. Agora pondere você mesmo: você ama mais a sua casa, seu carro, seu cachorro, suas plantas, seu trabalho, seu esporte, do que a Deus? Como você distribui o seu tempo no seu dia a dia? Você se dedica a Deus e lembra Dele mais do que se dedica às outras coisas?

Se não estamos bem, não estamos felizes, nos falta paz, nos falta saúde, nos falta prosperidade, é certo que nos desviamos da Escala do Amor bíblico.

Enquanto caminharmos pela vida, sempre devemos consultar a Escala do Amor, para sabermos se andamos no caminho com relação ao que Deus determinou para nós, e estaremos indo em direção à perfeição.

OS PREFERIDOS DE DEUS

Neste estudo damos ênfase aos principais preferidos de Deus no Antigo Testamento, procurando destacar as qualidades que cada um deles possuía, a fim de servir de parâmetro para medirmos nossos próprios comportamentos, e o que deve ser feito para agradarmos a Deus. Eles foram os escolhidos por Deus, e não pelos homens. É natural do ser humano ter preferência por algumas pessoas em relação a outras, e também é natural do Criador ter as suas preferências.

Cada preferido será tratado separadamente, com os versículos bíblicos específicos que atestam a fonte de onde foram extraídas suas qualidades e virtudes.

O preferido Abel

Gênesis 4:1-8 – O homem se uniu a Eva, sua mulher, que concebeu e deu à luz Caim. [...] Deu também à luz seu irmão Abel. Abel se tornou pastor de ovelhas, e Caim, agricultor. Aconteceu que, passado certo tempo, Caim apresentou a Javé uma oblação dos produtos da terra. Abel, por seu lado, apresentou uma oferta das primícias de seu rebanho e das gorduras dele. Javé ficou satisfeito com Abel e com sua oblação. Mas com Caim e com sua oblação Javé não ficou contente. Irritou-se Caim sobremaneira com isso, e ficou de semblante abatido. Disse Javé a Caim: "Por que estás irritado, e por que o teu semblante está abatido? Se tivesses boas disposições não levantarias a cabeça? Se não as tens, o pecado está à tua espreita e é atraído para ti, mas tu deves dominá-lo". Caim disse a seu irmão Abel: "Vamos para fora". E quando estavam no campo, Caim investiu contra seu irmão Abel e o matou.

Deus tinha Abel como seu preferido, e Caim estava fazendo algo errado e desagradável a Ele. Caim não fora rejeitado, mas não preenchia os requisitos de Deus. Caim, por ciúme do preferido de Deus, praticou homicídio, matou seu irmão Abel, apesar de ter sido prevenido por Deus para dominar as tentações e não pecar.

O preferido Noé

Gênesis 6:5-9 – Viu Javé que grande era a maldade do homem sobre a Terra, e que o seu coração não formava senão maus pensamentos ao longo dos dias. E Javé se arrependeu de ter feito o homem sobre a Terra, e se afligiu em seu coração. Disse Javé: "Exterminarei da face da Terra o homem que criei – e junto com o homem, os animais, os répteis, as aves do céu – porque estou arrependido de tê-los criado". Noé, entretanto, encontrou favor junto aos olhos de Javé. [...] Noé era um homem justo e íntegro no meio de seus contemporâneos e andava com Deus.
Gênesis 7:1-5 – Depois da construção da arca, Javé disse a Noé: "Entra na arca tu e toda a tua família, porque vejo que tens sido justo diante de mim no meio desta geração. [...] pois daqui a sete dias farei chover sobre a Terra quarenta dias e quarenta noites: exterminarei todos os seres que fiz de sobre a face do solo". Noé fez tudo quanto Javé lhe ordenara.

Uma vez que Deus, desanimado, ficou sem preferência, exterminaria toda a raça humana. Ele estava resoluto. De repente, Deus viu Noé e se agradou dele, pois era justo e andava com Deus. Deus salva Noé e sua família do terrível dilúvio com uma Arca de Salvação. Noé foi considerado louco pelos seus contemporâneos. Ele e sua família foram os únicos seres humanos sobreviventes após o dilúvio prometido por Deus.

O preferido Abraão

Gênesis 12:1-4 – E Javé disse a Abraão: "Parte para longe de tua pátria, de teus parentes e da casa de teu pai, e dirige-te ao país que eu te indicar. Pois de ti farei uma grande nação, hei de abençoar-te e engrandecer teu nome: sejas tu uma bênção! Abençoarei os que te abençoarem e amaldiçoarei os que te amaldiçoarem. Em ti serão abençoadas todas as famílias da Terra". Abraão pôs-se a caminho conforme lhe dissera Javé [...]
Romanos 4:13-21 – A promessa feita a Abraão ou à sua descendência, de receber o mundo como herança, não foi feita por causa da Lei,

mas da justificação mediante a fé. [...] Quando desacreditava de toda esperança, sua fé foi tal que se tornou pai de muitos povos, como lhe tinha sido dito: "Assim será a tua descendência". Ele não vacilou na fé apesar de estar quase centenário [...]. Ele não desanimou diante da promessa divina e não se deixou levar pela incredulidade. Mas, fortalecido pela fé, deu glória a Deus, convicto de que Ele é poderoso também para cumprir o prometido.

Na época de Abraão existiam vários povos, cada um com seus próprios deuses. Para se unificar e dominar a Terra, construíram a Torre de Babel, como quartel general para dominar o mundo, excluindo Deus de seus planos. Percebendo a atitude errada desses povos, Deus tinha que intervir, pois a ideia deles O ofendia, pois Ele é o criador da Terra e de tudo que existe nela, mas o homem queria roubar essa glória. E o que Deus iria fazer? Não havia ninguém de sua preferência.

Em *Gênesis,* capítulo 12, Deus escolhe Abraão não para excluir os outros povos, mas para fazer um povo exclusivo dele, para que esse povo evangelizasse os outros povos. Crer e obedecer eram as características de Abraão para ser escolhido por Deus. No meio de um povo que não aceitava Deus, Abraão foi o único que acreditava Nele. Pela fé Abraão obedece a Deus e torna-se profeta para todo o povo, o patriarca da fé escolhido por Deus. Só ele, e mais ninguém. Esses atributos fizeram com que Abraão aceitasse o projeto de Deus, vagando a esmo com sua família e seu povo, até o final de sua vida, sem ver nada do que lhe fora anunciado: a terra prometida. Abraão conviveu com vários povos, com seus ídolos e deuses, mas nunca abandonou a Deus, nunca foi idólatra.

O preferido Jacó

Gênesis 25:21-34 – Isaque suplicou a Deus em favor da sua mulher Rebeca, porque era estéril: Javé lhe atendeu a súplica, e Rebeca, sua mulher, ficou grávida. Ora, chocavam-se as crianças em seu ventre. E ela disse: "Se é assim, para que viver?". E foi consultar Javé. Respondeu-lhe Javé: "Duas raças estão em teu ventre, e desde as tuas entranhas dividir-se-ão em dois povos; um povo subjugará o outro: e o maior servirá ao menor". Chegando o tempo do parto, eis que havia gêmeos em seu ventre. Saiu o primeiro: era ruivo e todo como um manto de pelos; recebeu o nome de Esaú. Depois saiu o irmão, segurando com a mão o calcanhar de Esaú; recebeu o nome de Jacó. Isaac tinha sessenta anos quando nasceram. Cresceram os meninos. Esaú tornou-se hábil caçador e vivia nos campos. Jacó era um homem pacato, e vivia nas tendas. Isaque gostava mais de Esaú, porque apreciava a caça; Rebeca, porém, gostava mais de Jacó [...]. Certa vez, tendo Jacó preparado uma sopa de lentilhas, voltou Esaú do campo, exausto, e disse a Jacó: "Deixa-me devorar esse prato vermelho aí. Estou exausto [...]". Respondeu-lhe Jacó: "Vende-me primeiro teu direito de primogenitura". Replicou Esaú: "Eis que vou morrer, e de que me adianta este direito de primogenitura?". Retrucou Jacó: "Jura-me primeiro". E ele jurou e vendeu seu direito de primogenitura.

Gênesis 28:20-22 – Jacó fez também este voto: "Se Deus estiver comigo e me proteger nesta viagem [...]. De tudo que me conceder consagrarei fielmente a décima parte".

Gênesis 31:41 – Jacó disse a seu patrão Labão: "Vinte anos estive em tua casa: quatorze anos te servi por tuas duas filhas, e seis anos por teu rebanho; e dez vezes mudaste meu salário".

Deus mostra a Isaque que o filho de Isaque predileto de Deus era Jacó, e não o mais velho, apesar da lei da primogenitura apoiar Esaú. A predileção de Deus supera a lei e a tradição. Jacó era fiel a Deus, enquanto Esaú era indiferente. Esaú vende seus direitos de primogenitura a Jacó por um prato de comida. Esaú prefere os prazeres da carne, Jacó prefere os prazeres do espírito. Esaú era um sujeito rude e despreocupado, que não levava nada a sério, e dava um valor exagerado aos prazeres passageiros. Os defeitos de Esaú tornaram-se a chance de Jacó. O pacto feito por Jacó de dízimo com Deus valoriza as coisas de Deus. Do ponto de vista humano, Jacó era astuto, autoconfiante, honesto, foi fiel no trabalho com seu patrão Labão, confiando sempre que Deus iria recompensá-lo, e isso aconteceu sem precisar roubar ou ser corrupto. Jacó nunca murmurou contra Deus nas situações mais difíceis da sua vida financeira. Ele lutava contra os homens e vencia com a ajuda de Deus.

O preferido José

Gênesis 37:2-11 – Tinha José dezessete anos e apascentava rebanhos com seus irmãos; ele era jovem [...]. E José contava ao pai o mal que deles se dizia [...]. José teve um sonho e o contou a seus irmãos [...] "Parecia-me que estávamos no campo atando feixes, e eis que meu feixe se levantou e ficou de pé, e os vossos feixes o rodearam e se prostraram diante do meu". Replicaram-lhe os irmãos: "Porventura serás nosso rei e senhor?". E mais ódio lhe devotaram por causa de seus sonhos e de suas palavras [...]. Os irmãos ardiam de ciúmes contra ele [...].
Gênesis 39:1-6 – E José fora, pois, levado para o Egito. Um egípcio, Potifar, eunuco de Faraó, comandante da guarda, comprou-o das mãos dos ismaelitas, que para lá o tinham levado. Ora, Javé estava com José, de modo que tudo lhe sucedia bem, e ele ficou na casa de seu senhor egípcio. Seu senhor viu que Javé estava com ele, e que tudo que José fazia Javé levava ao pleno sucesso [...]. José era esbelto de corpo e de rosto formoso.
Gênesis 45:8-9 – José disse a seus irmãos no Egito: "Assim, pois, não fostes vós que me enviastes para aqui, mas Deus [...]. Deus me fez senhor de todo Egito [...]".

Jacó teve 12 filhos e somente um foi o preferido de Deus; seu nome era José. José foi rejeitado por todos os irmãos, mas foi o escolhido de Deus. Seus irmãos o venderam como escravo. José tinha sonhos proféticos divinos, que refletiam a forma como Deus salvaria a família no futuro, mas ninguém percebeu a intervenção divina através do sonho. José, embora traído pelos irmãos, longe da família, tendo trabalhado como escravo, sendo enganado pela patroa, preso, nunca se esqueceu de Deus. Não importa o que o preferido de Deus passe: calúnias, tramas, privações, perigo de vida; a despeito de tribulações e injustiças, Deus preserva sua vida. O preferido não tem nada a temer. Diante de seus irmãos no Egito, José reconhece que tudo o que aconteceu foi da vontade de Deus. Tudo o que acontece na vida de uma pessoa é desígnio de Deus. José não puniu seus irmãos nem cobrou vingança pelos erros que eles cometeram.

O preferido Moisés

Êxodo 3:1-12 – Moisés apascentava as ovelhas de Jetro, seu sogro, sacerdote de Midiã. [...] E o Anjo de Deus apareceu-lhe numa chama de fogo, do meio de uma sarça. Moisés reparou que a sarça ardia em chamas, sem se consumir [...]. Então, do meio da sarça Deus o chamou: "Moisés! Moisés!" [...] Disse-lhe Javé: "Eu vi a aflição do meu povo no Egito, ouvi o seu clamor por causa de seus opressores, tomei conhecimento das suas angústias. E Eu desci para livrá-lo das mãos dos egípcios e para fazê-lo subir desse país para uma terra boa e espaçosa, para uma terra que mana leite e mel [...]. E agora vai, pois eu te envio ao Faraó, a fim de que tires do Egito o meu povo, os filhos de Israel". Moisés respondeu a Deus: "Quem sou eu para ir ter com o Faraó, e como poderei tirar os filhos de Israel do Egito?". Javé retrucou: "Eu estarei contigo. E este será o sinal de que eu te enviei: quando tiveres tirado o meu povo do Egito servireis a Deus sobre esta montanha".
Hebreus 11:23-29 – Pela fé, Moisés, recém-nascido, foi ocultado durante três meses pelos seus pais, porque viram a beleza do bebê e não temeram o decreto do rei. Pela fé, Moisés já adulto, recusou ser chamado filho da filha do faraó. Ele preferiu tomar parte nos sofrimentos do povo de Deus a desfrutar as delícias passageiras do pecado. [...] ele fixava os olhos na recompensa futura. Foi pela fé que Moisés deixou o Egito sem medo das iras do rei; permaneceu firme ao seu propósito, como se visse o invisível. [...] Foi pela fé que eles atravessaram o Mar Vermelho como terra firme, e quando os egípcios tentaram atravessá-lo, ficaram submersos.

Mais de três séculos depois de José, o povo de Deus crescia muito. Era um povo fisicamente forte, porém espiritualmente fraco. Um dos faraós, vendo a potencial ameaça que essa parcela da população representava, escraviza-os com dureza, mas mesmo assim o povo de Deus continuava forte e se multiplicando cada vez mais. O faraó, então, manda matar todos os bebês homens para impedir o crescimento do povo e evitar que ele dominasse os egípcios. Onde estavam os preferidos de Deus entre os mais de um milhão de israelitas? Não existia nenhum.

No entanto, Ele escolhe um único bebê e o protege da morte. Deus o coloca no palácio, dá tudo o que ele precisa e o prepara para uma missão especial. Ninguém poderia fazer por esse bebê o que Deus fez, nem governo, nem pai, nem mãe, nenhuma autoridade.

Deus preferiu Moisés. Quando Ele falou a Moisés na sarça ardente: "Vem agora, você vai livrar o meu povo do Egito", mesmo querendo rejeitar a proposta de Deus, Moisés não teve saída. Ele era o único eleito de Deus. Nem o pai dele, nem o irmão poderiam fazer isso. Só ele. Com o cajado fez Moisés sinais e prodígios, mostrando ao povo que ele era o escolhido de Deus.

O que tinha Moisés para ser escolhido? Sua mãe o ensinou tudo sobre Deus; ele amava o seu povo e queria vê-lo livre, a ponto de matar um egípcio e fugir; com 40 anos de idade aprendeu o ofício de sacerdote com seu sogro Jetro, e seguiu este caminho até os 80 anos de idade; a paciência em esperar a vontade de Deus foi a marca registrada do chamado de Moisés.

Moisés, guiando o povo de Deus, olhava para o futuro, para uma época de paz, tranquilidade e plena alegria na presença de Deus, enquanto os demais só viam miséria, tristeza e dor.

O preferido Davi

1 Samuel 16:1-18 – Disse Javé a Samuel: "Até quando ficarás chorando por causa de Saul, quando Eu o rejeitei do governo de Israel? Enche o teu frasco de chifre, e vai! Eu te enviarei a Jessé, de Belém, pois escolhi um rei entre os seus filhos" [...]. Logo que entraram, Samuel avistou Eliabe, e pensou: "Certamente o ungido de Javé está diante Dele". Porém, Javé disse a Samuel: "Não te impressiones com sua aparência nem com sua estatura, pois este Eu exclui. Não é como os homens veem que Deus vê, pois o homem vê a aparência; Javé, porém, vê o coração!". [...] Jessé apresentou, assim, seus sete filhos, mas Samuel declarou: "Javé não escolheu nenhum deles. Acabaram-se os teus filhos?". Ele respondeu: "Resta ainda o mais novo, que está vigiando as ovelhas". [...] Ele era bem corado, de belos olhos, e formosa aparência. Então Javé ordenou: "Anda, dá-lhe a unção: é ele!". Samuel tomou o chifre de óleo, e ungiu-o no meio de seus irmãos. E daquele dia em diante o espírito de Javé se apoderou de Davi [...]. Um dos servos declarou: "Conheço um filho de Jessé, de Belém, que sabe tocar cítara: é valente e hábil para a guerra, fala bem, é belo e Javé está com ele".

Antes de Davi, o povo de Deus pede a Ele um rei para governá-lo. Deus adverte o povo sobre o quanto isso era perigoso, e não recomendava que isso fosse feito. Mesmo assim eles queriam um rei. Em decorrência disso, fizeram uma assembleia e lançaram a sorte, e a sorte caiu sobre Saul. O rei escolhido pelos homens não agradou a Deus, pecou contra o Senhor e morreu derrotado pelo inimigo após Deus tê-lo trocado pelo seu preferido Davi, próximo rei de Israel. Davi era o mais novo dos oito filhos de Jessé. Mais uma vez a lei da primogenitura e a tradição perdiam para a vontade de Deus. Desde jovem Davi se encarregava das ovelhas da família: era responsável e cuidadoso. Como um bom pastor, ele apascentava suas ovelhas: animal frágil, inocente, presa fácil dos predadores. No tempo de Davi o povo de Deus agia como esses animais: era frágil, ingênuo e precisava de um forte e hábil pastor. Deus escolheu Davi para essa tarefa. Assim como livrou as ovelhas dos predadores ao colocar sua confiança em Deus, Davi usa essa mesma estratégia nas batalhas, o que fez com que vencesse o gigante Golias. Davi era também um bom músico, e usou esse dom para glorificar a Deus com os famosos Salmos. Davi era forte, valente homem de guerra, eloquente nas palavras e de boa aparência, e Deus era com ele. Sua música acalmava Saul do ataque de um espírito maligno que lhe causava depressão e crises de melancolia. O predileto dos homens era consolado por um predileto de Deus.

Seu reinado foi próspero, ele conseguiu unir as doze tribos de Israel. Seu sucesso como rei deveu-se às consultas constantes que fez com Deus antes de tomar decisões importantes. Não governou sozinho, mas com Deus.

Os atributos de Deus são espirituais, e não humanos, na escolha dos preferidos. Portanto, o Senhor não prefere os perfeitos, mas leva os eleitos à perfeição. Agora você já conhece os caminhos que levam à predileção do Senhor.

ERGA UM TEMPLO PARA DEUS

Versículos associados ao tema:
Êxodo 25:1-9 – Assim falou Deus a Moisés: "Dize aos filhos de Israel que me tragam ofertas [...] Eles farão para mim um santuário, a fim de que Eu possa residir no meio deles. De acordo com tudo o que Eu te mostrar, isto é, segundo o modelo do Tabernáculo e o modelo de todos os seus utensílios, assim vós o fareis". [Este foi o primeiro templo do povo de Deus, construído a pedido do próprio Deus.]

1 Reis 6:1-14 – No ano 480, após a saída dos filhos de Israel do Egito, quarto ano do reinado de Salomão em Israel, ele construiu o Templo para Deus [...]. A palavra de Deus foi dirigida a Salomão: "Quanto a este Templo que constróis, se procederes de acordo com meus preceitos, se cumprires as minhas leis e observares os meus mandamentos, caminhando segundo sua direção, realizarei a teus olhos a promessa que fiz a teu pai Davi, e habitarei no meio dos filhos de Israel, não abandonando jamais o meu povo". Assim, Salomão construiu o Templo e o concluiu. [Este foi o segundo Templo construído pelo povo de Deus. Salomão levou sete anos para edificá-lo.]

Ageu 2:9 – Disse Javé dos Exércitos: "Grande será a glória deste Templo, deste segundo, mais do que do primeiro Templo, e neste lugar colocarei a paz". [Deus confirma a existência do segundo Templo construído por Salomão, e ressalta a glória deste Templo em relação ao primeiro.]

Ageu 1:3-14 – A palavra de Javé foi dirigida por intermédio do profeta Ageu nestes termos: "Acaso para vós é tempo de habitar em vossas casas lambrisadas, enquanto este Templo está em ruínas? [...] Subi à montanha, trazei madeira, e construí o Templo; nele terei prazer e serei glorificado. Refleti sobre a vossa situação: Esperáveis muito, e eis que é pouco. Por causa de quê? Por causa de minha Casa que ela está em ruínas, enquanto vós correis cada qual para sua casa [...] Eu trouxe a seca sobre a terra e sobre as montanhas [...], sobre os homens e sobre os animais [...]". Então, Deus despertou o espírito de Zorobabel, filho de Salatiel, governador de Judá; e o espírito de Josué, filho de Josadaque, o sumo sacerdote, e o espírito de todo o resto do povo. Vieram trabalhar na Casa de Javé dos exércitos, seu Deus. [É tempo de reconstruir o

Templo que estava em ruínas, primeiro por causa de ataques dos inimigos, e segundo em virtude da indiferença do povo de Deus. O povo pecou e Deus permitiu que o inimigo destruísse o Templo. Quando a aliança é quebrada, Deus se retira do Templo, que passa a ser somente um amontoado de tijolos. Sem a presença de Deus, o inimigo avança e prejudica o Templo.]

1 Coríntios 3:16-17 – Não sabeis que sois o templo de Deus e que o Espírito de Deus habita em vós? Se alguém destrói o templo de Deus, Deus o destruirá. Porque o templo de Deus – que sois vós – é sagrado.

1 Coríntios 6:19-20 – Ou não sabeis que o vosso corpo é um templo do Espírito Santo, que está em vós e que recebestes de Deus? E que não sois senhores de vós mesmos? Porque, na verdade, vós fostes comprados. Então, glorificai a Deus no vosso corpo.

Efésios 2:20-22 – Sois o edifício construído sobre o fundamento que são os Apóstolos e os Profetas, sendo o próprio Cristo Jesus a pedra angular. Nele todo o edifício se ajusta e se ergue num templo santo no Senhor. Nele sereis também integrados na construção, para virdes a ser, no Espírito, morada de Deus. [Jesus Cristo na ressurreição constrói o novo Templo: o corpo humano.]

Efésios 4:12-16 – [...] para o aperfeiçoamento dos santos, para a obra do ministério, e para a construção do Corpo de Cristo, até que todos atinjamos a unidade da fé e do conhecimento do filho de Deus, o estado de homem maduro, a medida da idade plena de Cristo. Então, já não mais seremos como crianças, flutuando ao sabor das ondas e levados por qualquer vento de doutrina, pela impostura dos homens e por sua astúcia para induzir ao erro. Mas cresceremos, sob todos os aspectos, na verdade e caridade em direção a Cristo, que é cabeça. É dele que o Corpo todo, coordenado e unido por todas as junturas que sustentam e movem segundo a função de cada membro, recebe o crescimento próprio, para a sua construção, na caridade. [Jesus prepara o escolhido e separado, e o santifica, a fim de edificar o grande edifício da fé: o Corpo de Cristo. Só no Corpo de Cristo, a Igreja, alcançamos a unidade da fé, do conhecimento, e atingimos a maturidade da plenitude de Cristo. Jesus é o cabeça da Igreja. A Igreja cresce e se fortalece à medida que cada um faz a sua parte.]

Romanos 12:1 – Meus irmãos, eu vos peço pela misericórdia de Deus que ofereçais os vossos corpos como uma oferta viva, santa, e agradável a Deus. Que este seja o vosso culto espiritual.

O primeiro templo do povo de Deus foi o Tabernáculo, ou Tenda da Congregação, também chamado de Santuário pelo próprio Deus. Ele mesmo instituiu o Tabernáculo, e foi seu arquiteto e engenheiro, pois o modelo da construção e seus utensílios foram especificados por Ele.

Isto remonta ao tempo de Moisés durante a caminhada do povo de Deus, retirado da escravidão do Egito com destino à terra de Canaã, prometida por Deus, onde teriam fartura, alegria e paz, embora tivessem que batalhar para conquistar a promessa.

Neste templo foi construído o altar dos holocaustos, onde o povo de Deus deveria oferecer animais para expiação de seus pecados.

Altar é uma espécie de mesa ou bancada destinada aos sacrifícios e outras cerimônias religiosas, ao passo que *Templo* era um edifício erguido consagrado ao culto religioso, lugar de adoração. Hoje é chamado de *Igreja*. Muitos reis e príncipes edificaram altares a Deus e outros a Baal. Deus aceita ou rejeita os altares, dependendo da atitude do adorador.

A pedido do próprio Deus, os filhos de Israel deveriam levar ouro, prata, bronze, linho fino, peles de carneiro, e outros materiais nobres, como ofertas a Deus a serem depositadas no altar do primeiro Templo. Ressaltamos aqui que os materiais ofertados eram de primeira linha, nobres, nunca materiais de segunda ou terceira classe. Até hoje as ofertas a Deus devem ser do que você tem de melhor. Assim procedendo você estará glorificando a Deus e sendo bem visto aos olhos Dele.

O segundo Templo foi construído por Salomão, filho de Davi, da linhagem de Jesus. Salomão ofereceu a Deus este Templo, empregando os melhores materiais e os melhores construtores da época. Ele sabia da importância que Deus dava à construção do Templo e ofereceu o que havia de melhor. Naquela época todo o povo de Deus deveria convergir para um só Templo, não existia outro.

Após a ressurreição de Jesus, os apóstolos se espalharam pelos quatro cantos do mundo e começaram a pregar o Evangelho ao ar livre, ou em pequenas casas cedidas em cada cidade. Não havia recursos nem tempo para se erguerem templos.

Atualmente, existem igrejas espalhadas pelo mundo todo, para honra e glória de Deus. Elas foram erguidas como resultado do suor e sacrifício do povo de Deus, que congregava nas igrejas já instituídas. Nossos irmãos na fé ofereceram – e somos convidados a oferecer também – dízimos e ofertas na sua própria Igreja. É graças a essas ofertas que ontem, hoje e sempre continuarão existindo igrejas para prestar adoração e agradecimento a Deus. As igrejas passaram a oferecer mais conforto e segurança aos fiéis, que estão protegidos das adversidades do clima, em vez de ficarem expostos em locais públicos ou desconfortáveis em casas pequenas.

O Templo de Deus é um lugar de Sua morada, onde Ele quer ver seu povo reunido, ofertando, se sacrificando pela Sua obra. Em contrapartida, Deus oferece segurança, felicidade, saúde, prosperidade, bênçãos sem medida, como prova de sua Aliança.

Toda Igreja é mãe espiritual e tem como uma de suas funções básicas gerar filiais, outras igrejas, graças à fé de seus fiéis, que doam e fazem sacrifícios porque entenderam a grandiosidade de Deus e de sua relação com Ele.

Erga você também um Templo para Deus. Participe como projetista, pedreiro, arquiteto, construtor, pintora, artesã, ou com outros dons que você tiver a oferecer, ou como dizimista e ofertante. Nós entendemos que, quanto maior for o grau de sua participação nessa obra, maiores serão as graças enviadas por Deus a você.

Certamente você mesmo constatará que, graças a seu ingresso em uma das igrejas de Deus, sua vida melhorou, você mudou e evoluiu. Dê também essa oportunidade a outros irmãos que não frequentam uma igreja porque ainda não existe uma perto de onde moram.

Dentro de cada discípulo há um altar que deve estar sempre em uso. Diariamente, necessitamos adorar a Deus, por isso a expressão: "Reflita, medite, pare e pense". Isto é feito no altar, pois Cristo está dentro de nós. Paulo ensina que todo cristão tornou-se, em Cristo Jesus, morada de Deus, um novo Templo. Se cada templo tem que ter um altar, como pode um filho de Deus erigir um altar para Ele? Fazer um altar para Deus é sacrificar e adorar o Pai celestial através do respeito a seu corpo, do reconhecimento de seu corpo como santuário de Deus, de bons exemplos de conduta, fé, louvor e adoração.

O MONTE SINAI DE CADA UM

Versículos associados ao tema:
Êxodo 19:3-7 – Moisés subiu para ir ter com Deus. Do alto da montanha Javé o chamou, dizendo: "Assim falarás à casa de Jacó e declararás aos filhos de Israel que vós mesmos vistes o que fiz aos egípcios e de que modo vos transportei sobre asas de águia e vos conduzi para junto de mim. E agora, se ouvirdes com atenção a minha voz e observardes a minha aliança, sereis para mim uma propriedade exclusiva, escolhida dentre todos os povos, pois toda a terra é minha. E vós sereis para mim um reino de sacerdotes e uma nação santa. Estas são as palavras que transmitirás aos filhos de Israel".
Êxodo 19:8 – Todo o povo respondeu a uma voz: "Faremos tudo o que Javé nos disse"; Moisés, por sua vez, transmitiu a Javé as palavras do povo.

Após a saída do Egito, os filhos de Israel chegaram ao deserto de Sinai e acamparam diante da montanha. Moisés desceu o Monte e expôs aos anciãos do povo as palavras que estão em *Êxodo 19*.

O Monte Sinai era considerado um monte sagrado, e somente aqueles que estivessem santificados e preparados poderiam subir ao monte. Para falar com Deus, Moisés tinha que subir o Monte Sinai. Tiramos algumas lições dessa subida de Moisés ao Monte Sinai:

1) É necessário estar preparado e santificado para falar com Deus dessa forma especial. É necessário sair do mundo, do meio do povo, e se isolar para Deus, fazendo um ato de sacrifício, que foi a subida da montanha. Deixar o mundo com suas imperfeições, negativismos, crenças falsas, estar numa espécie de retiro espiritual para conversar de frente com Deus.

2) Moisés seguiu o primeiro dos mandamentos mais preciosos das

Leis de Deus: "Amarás ao Senhor teu Deus de todo o teu coração, e sobre todas as coisas". Assim ele fez ao subir o Monte Sinai. Amou a Deus sobre todas as coisas, sobre todo o povo de Israel. Quis ouvir a Deus e não à voz do povo. Quis uma orientação divina para continuar conduzindo o povo à terra santa de Canaã, promessa de Deus revelada a Moisés. Eram das orientações de Deus, passadas de Moisés ao povo de Israel, que seguiam a linha de ação para que esse povo conquistasse a terra prometida.

Cada um deve achar o "seu Monte Sinai", fazer a sua "subida", o seu isolamento do mundo que o cerca e o cega, para poder estar em contato mais direto com Deus.

Devemos estar preparados, santificados, e sermos puros de coração para que Deus possa conduzir a nossa vida, a vida das pessoas que amamos e que dependem de nós.

O Monte Sinai é um símbolo, ele pode ser interpretado como um local isolado – em sua própria casa ou em uma Igreja –, onde você se retira do mundo, faz uma meditação, se ajoelha para clamar a Deus e pede a Ele que o guie para, assim, obter a resposta.

Ouvirá a voz de Deus, e Ele aparecerá para você, e fará uma aliança com Ele, que não deverá ser quebrada jamais. A sua vida será outra, e seus problemas estarão sendo entregues a Deus, que lhe dará orientação.

A IMPORTÂNCIA DO ALTAR

A Bíblia apresenta os grandes construtores de altares e os motivos da sua construção:
Noé: no monte Ararate, depois do dilúvio, para adoração, com sacrifício de ação de graças (*Genesis: 8:20-22*).
Abraão: em Siquem, na planície de Moré, quando Deus lhe apareceu e prometeu lhe dar a terra (*Genesis 12:7*); no monte Moriá, onde Deus lhe ordenou que sacrificasse Isaque (*Genesis 22:9-14*).
Isaque: em Berseba, onde Deus lhe apareceu e prometeu abençoá-lo e multiplicar a sua semente (*Genesis 26:23-25*).

Jacó: em Betel, onde Deus lhe apareceu quando ele fugia do irmão (*Genesis 35:7*).

Moisés: em Refidim, depois que Deus deu a Moisés e aos filhos de Israel a vitória sobre os amalequitas (*Êxodo 17:15*); no monte Sinai, depois de receber os Dez Mandamentos (*Êxodo: 24:4-8*); Moisés ungiu o altar de bronze dos holocaustos (*Levítico 8:11*); fogo desceu do céu e consumiu os sacrifícios no altar (*Levítico 9:24*).

Josué: no monte Ebal, depois de atravessar o rio Jordão (*Josué 8:30*).

Gideão: em Ofra, quando o anjo do Senhor lhe apareceu (*Juízes 6:24*).

Samuel: Em Rama, onde vivia e julgava Israel (*1 Samuel 7:17*).

Davi: na eira de Araúna, fogo veio do céu sobre o altar e consumiu o sacrifício de Davi (*1 Crônicas 21:19-26*).

Salomão: em Jerusalém, Salomão ficou de pé diante do altar de bronze na dedicação do Templo. Depois de sua oração, fogo caiu do céu e consumiu os sacrifícios no altar, e a glória de Deus encheu o Templo (*2 Crônicas 7:1-2*).

Jesua: em Jerusalém, depois do cativeiro babilônico, Jesua e os sacerdotes edificaram um altar, para nele sacrificarem holocaustos (*Esdras 3:2-3*).

Acontecimentos importantes nos altares também são revelados na Bíblia:

Lucas 1:11 – Um anjo do Senhor apareceu a Zacarias enquanto ele estava em pé no altar de incenso. O anjo transmitiu a Zacarias a promessa divina do filho que nasceria para ele e sua esposa.

Apocalipse 8:3-5 – Um anjo no céu oferece as orações dos santos no altar de ouro, que está diante do trono de Deus. O anjo tira o fogo do altar e lança-o sobre a Terra.

A palavra *altar* é um lugar elevado, no qual foi feito um sacrifício. Os altares eram edificados pelo homem como local de adoração a Deus. Era lugar de encontro, onde Deus falava com o homem, e este respondia. Os santos do Antigo Testamento edificaram altares para comemorar a aparição de Deus, quando recebiam uma revelação ou quando faziam um voto. Centenas de anos antes de Deus instituir as leis concernentes aos holocaustos, os homens edificavam altares para adorá-lo.

O altar era considerado santo. Deus disse: "O altar será santíssimo, e tudo o que nele tocar será santo" (*Êxodo 29:37*). Deus disse a Moisés que o encontraria no altar e falaria com ele ali (*Êxodo 29:42*). Era necessário que ambos, a oferta e o altar, fossem santos. Quando os filhos de Israel ofereciam sacrifícios de acordo com as instruções de Deus, o holocausto subia até o céu e tinha um aroma agradável a Deus.

Adoramos a Deus hoje no altar pessoal da dedicação, onde nos encontramos e temos comunhão com Ele, e no altar coletivo da Igreja, onde O adoramos e entregamos os nossos dízimos e nossas ofertas. Se esses altares não forem santos, a impureza deterá o fluxo de bênçãos de Deus para a nossa vida. Há líderes de igrejas e de ministérios que acham que não precisam prestar contas a ninguém e recusam submissão a quem quer que seja no Corpo de Cristo. O orgulho impede-os de ouvir e de receber a correção.

Deus escolheu encontrar-se com o seu povo e ter comunhão com Ele no altar do sacrifício. Por meio das ofertas e dos sacrifícios que lhe apresentavam, os filhos de Israel podiam aproximar-se de Deus e desfrutar da comunhão com Ele.

Assim como a oferta do holocausto era totalmente consumida no altar, temos de oferecer a nossa vida a Deus, tudo que somos e possuímos. Isso significa colocar tudo que temos no altar, em ato de dedicação e consagração a Deus, para cumprimento de sua vontade: nossa vida, nossa carreira, nossos planos, nossos sonhos, nossa família, nossas riquezas e todos os nossos bens: TUDO!

Somente depois de colocar a sua vida sobre o altar, você será capaz de ofertar do jeito que Deus determinou! Quando a sua vida for totalmente consumida pelo Espírito de Deus, você não se inclinará mais para o mundo nem para nada que nele exista. Você fixará os seus olhos nos do Pai, e dirá: "Tudo que tenho é teu. Toma-o, santifica-o, usa-o para a tua glória". Salário, poupança, investimentos, casa, riqueza e propriedades terrenas, tudo deve estar inteiramente sujeito e dedicado a Ele.

No Monte Sinai, uma das primeiras coisas que Deus ordenou a Moisés foi que ele pedisse uma oferta ao povo para edificar o Tabernáculo. Disse o Senhor a Moisés: "Diga aos israelitas que me tragam uma oferta. Receba-a de todo aquele cujo coração o compelir a dar. E farão um santuário para mim, e eu habitarei no meio deles" (*Êxodo 25:1-8*).

Deus desejava um santuário no qual pudesse habitar entre o seu povo e pediu a Moisés que tirasse uma oferta para esse propósito. Era fundamental para Ele que ninguém fosse compelido ou forçado a contribuir: todos deveriam ofertar de coração, voluntariamente e sem lamentações.

Deus queria que os filhos de Israel ofertassem com alegria e com júbilo, por amor a Ele. Não queria que considerassem o ato de ofertar uma obrigação, e sim um ato de adoração, fruto de corações transbordantes de amor por Ele.

Não pediu aos filhos de Israel algo que eles não tivessem. Ele os havia abençoado com os despojos do Egito. A oferta que Ele pediu seria tirada desses despojos. Não foi necessário que Moisés implorasse. O povo estava ansioso para dar algo a Deus, e todos foram com alegria e apresentaram as suas ofertas voluntárias ao Senhor.

Os holocaustos eram ofertas queimadas para expiação dos pecados dos seguidores de Deus.

Os filhos de Israel deviam apresentar uma oferta correspondente ao que possuíam. Se um homem possuísse um rebanho de gado, devia apresentar um boi. Se tivesse carneiros ou bodes, tinha de selecionar e oferecer um animal de seus rebanhos. Se não tivesse rebanho, oferecia rolinhas ou pombinhos. Dessa forma, ninguém ficava excluído de ofertar. Todos contribuíam de acordo com a sua capacidade.

A oferta apresentada a Deus tinha de ser do MELHOR que o ofertante possuísse. Se oferecesse um boi, bode ou carneiro, tinha de ser um macho sem defeito. Se a oferta fosse uma ave, tinha de ser a melhor.

A oferta pelo pecado ensinava a necessidade do perdão e da expiação do pecado. O holocausto representava a entrega total da vida do ser humano a Deus. A oferta da carne ensinava sobre a consagração da vida e das propriedades de alguém a Deus.

A oferta alçada era tirada da oferta de comunhão e entregue ao Senhor. Ela representava a porção melhor e mais santa de tudo o que eles recebiam (*Números 15:17-21*).

Disse-lhes Moisés: "Foi isso que o Senhor ordenou que fizessem, para que a glória do Senhor apareça a vocês". Disse Moisés a Arão: "Venha até o altar e ofereça o seu sacrifício pelo pecado e o seu holocausto, e faça propiciação por você mesmo e pelo povo, ofereça o sacrifício pelo povo e faça propiciação por ele, conforme o Senhor ordenou" (*Lv 9:6-7*).

Depois que Arão e os sacerdotes apresentaram a oferta pelo pecado, o holocausto e a oferta de paz, Arão levantou as mãos na direção do povo e o abençoou. Antes disso, eles haviam demonstrado a sua fidelidade e obediência entregando as suas ofertas. Só depois as bênçãos foram pronunciadas sobre eles! Esse é o padrão que Deus estabeleceu. Se formos fiéis e obedientes, entregando os nossos dízimos e as nossas ofertas, as bênçãos de Deus serão liberadas para nós.

Os holocaustos não são mais necessários hoje. Jesus, o Sacrifício de Deus, foi oferecido de uma vez por todas pelos nossos pecados. Ele fez expiação pelos pecados do mundo e restaurou a nossa amizade com Deus. Não precisamos mais de holocaustos e sacrifícios para entrar na presença de Deus.

Não é mais necessário que fiquemos do lado de fora, tremendo de medo. Temos ousadia, por meio do Espírito Santo, para entrar no Santo dos Santos, na presença do Todo-Poderoso, para nos aproximar do Pai e pedir o que precisamos. Sabendo que temos livre acesso a Jesus Cristo, nosso grande Sumo Sacerdote, o apóstolo Paulo instruiu: "Aproximemo-nos de Deus com um coração sincero e com plena convicção de fé".

Uma das principais maneiras de nos aproximarmos de Deus hoje é por meio de nossas ofertas. Apresente-Lhe ofertas e louve-O pela Sua fidelidade, pela vitória total, pela Sua provisão, pelo Seu amor e pela Sua misericórdia, por toda bênção que Ele lhe deu de graça! Depois que os filhos de Israel fizeram tudo que Deus lhes ordenara com relação às ofertas, Jeová passou a conviver com eles. Descia no meio deles e manifestava a sua glória visível! Fogo de Deus caía e consumia as ofertas!

As ofertas aceitáveis a Deus hoje são:
1) ofertas sem defeito, o melhor de tudo o que possuímos;
2) ofertas apresentadas de acordo com a Sua vontade e com o que Ele revelou em Sua Palavra;
3) ofertas provenientes de um coração amoroso, apresentadas como ato de adoração;

4) ofertas para glorificar a Deus;
5) ofertas apresentadas de modo livre e voluntário;
6) ofertas dadas por aqueles que têm mãos limpas e coração puro.

Depois que a Igreja for purificada na área das finanças, que a manipulação houver desaparecido, que as nossas motivações se tornarem puras e que passarmos a ofertar com liberalidade, de acordo com a vontade divina, a glória e o poder de Deus irão manifestar-se em nosso meio!

Você pode deixar o altar na certeza de que as bênçãos de Deus serão liberadas para a sua vida e de que Ele suprirá todas as suas necessidades!

Era necessário que os sacerdotes que apresentassem as ofertas a um Deus santo fossem santos. "Serão santos ao seu Deus, e não profanarão o nome do seu Deus" (*Lv 21:6*). Nadabe e Abiú, filhos de Arão, que haviam sido ungidos e consagrados sacerdotes, um dia tentaram oferecer a Deus um sacrifício à moda deles, em vez de seguir o modelo estabelecido por Deus. Ofereceram um sacrifício de incenso, e trouxeram fogo estranho e profano perante o Senhor, que Ele não lhes havia ordenado (*Lv 10:1*). Não apenas a oferta foi recusada, como também fogo saiu da presença de Deus e os matou ali mesmo! Moisés então disse a Arão: Foi isto que o Senhor quis dizer quando falou: "Eu serei reconhecido santo pelos que de mim se aproximam e diante de todos serei honrado" (*Lv 10:3*).

A oferta deles foi considerada impura porque não foi apresentada de acordo com a vontade divina. Ela não glorificou nem honrou o nome do Senhor no meio do povo. Seus dízimos e as suas ofertas são santos para o Senhor, e o altar sobre o qual você apresenta as suas ofertas a Ele também deve ser santo. Você não pode dar a Deus os seus dízimos e as suas ofertas de qualquer maneira, como bem desejar, e esperar que Ele os aceite e abençoe você.

A importância do altar no Antigo Testamento:
1) local de oração e de adoração;
2) entrega de dízimos e ofertas;
3) apresentação de sacrifícios e de holocaustos para expiação dos pecados;

4) consumação dos sacrifícios, com fogo no altar que caía do céu;
5) queima de incenso, com aroma agradável a Deus;
6) local de intimidade com Deus;
7) local de revelação e de promessas de Deus para aqueles que tinham aliança com Ele.

A importância do altar em uma Igreja de Cristo hoje:
1) colocar TUDO o que somos e temos no altar;
2) entrega de dízimos e ofertas, com o coração puro;
3) prática de votos em Aliança com Deus;
4) difundir a Palavra de Deus;
5) aproximação e comprometimento com Deus em Campanhas;
6) coleta de testemunhos;
7) prática da unção e do louvor.

O TEMPO DE DEUS

Versículos associados ao tema:
Gênesis 12:1-4 – Deus disse a Abraão: "Parte para longe da tua pátria, [...] e dirige-te ao país que Eu te indicar. Pois de ti farei uma grande nação, hei de abençoar-te e engrandecer teu nome". [Abraão tinha 75 anos ao deixar Haran. Abrão levou consigo sua mulher Sara (que era estéril e não tinha filhos).]
Gênesis 15:3-4 – E Abrão continuou: "Não me deste um filho, e eis que um dos servos nascidos em minha casa será meu herdeiro". Deus dirigiu-se a Abrão com estas palavras: "Não será este o teu herdeiro, mas sim um que há de sair de tuas entranhas". [Abraão tenta apressar a Deus.]
Gênesis 16:2 – "Não tendo Deus permitido que eu tivesse filhos, peço-te que te unas à minha criada: ao menos por meio dela, talvez, eu tenha filhos." [Sara não tem paciência e dá uma serva para Abraão ter um filho. Da criada Agar nasceu Ismael, que não era filho da promessa de Deus, mas filho gerado por impaciência do homem. De Ismael brotou um povo que não foi o Povo de Deus. Sara teve que continuar esperando o filho que iria sair de suas próprias entranhas.]

Gênesis 21:1-5 – Deus visitou Sara, como havia dito, e cumpriu o que prometera. No tempo marcado por Deus, concebeu ela e deu a Abraão um filho, embora estivesse ele já muito velho. Abraão pôs o nome de Isaac ao filho que Sara lhe deu. [...] Abraão tinha 100 anos ao lhe nascer seu filho Isaac. [Levou 25 anos para que a promessa se cumprisse. Cerca de 400 anos depois Deus daria a terra de Canaã aos descendentes de Abraão.]

2 Reis 20:1-6 – Nessa época Ezequias foi atingido por doença mortal. [...] Deus se dirige ao profeta Isaias e lhe diz: "Volta, e dize a Ezequias príncipe do meu povo: Assim diz Javé, Deus de teu pai Davi: Escutei a tua prece e vi as tuas lágrimas. Eis que te vou curar: dentro de 3 dias poderás subir ao Templo de Javé. Acrescentarei 15 anos à tua vida [...]". [Deus estipula o tempo de 15 anos como extensão de vida a Ezequias.]

1 Reis 17:1 – Elias disse a Acabe: "Pela vida de Javé, o Deus de Israel, a quem sirvo, não haverá orvalho, nem chuva nestes anos, até que eu ordene".

1 Reis 18:1 – Dirigiu Deus suas palavras a Elias, no terceiro ano, dizendo: "Vai apresentar-te a Acabe, e enviarei chuva sobre a Terra [...]". [Deus fez a Terra e os homens sofrerem um tempo determinado, por causa do pecado.]

2 Reis 4:14-16 – O profeta Eliseu disse ao servo Geazi: "Que poderia eu fazer pela sunamita?". Respondeu-lhe Geazi: "Ela não tem filho, e já está velho o seu marido". Disse Eliseu: "Vai chamá-la". Ele a chamou e ela assomou à porta. Ele disse: "Daqui a um ano, nesta época, terás um filho nos braços".

2 Reis 4:17 – E a mulher concebeu, e deu à luz um filho na mesma época que Eliseu lhe dissera.

Êxodo 3:16-17 – Após ter aparecido a Moisés no deserto em Horebe, montanha de Deus, numa chama de fogo, do meio de uma sarça, disse-lhe Deus: "Vai convocar os anciãos de Israel" e anuncia-lhes: "Javé, o Deus de vossos pais, apareceu-me, o Deus de Abraão, de Isaac e de Jacó, e disse: 'Eu vos visitei, e vi o que vos fazem no Egito!' Eu disse, então: 'Eu vos farei subir da aflição do Egito para a terra dos cananeus, dos heteus, dos amorreus, dos ferezeus, dos heveus, e dos jebuseus, para uma terra que mana leite e mel'". [Nesta época contava

Moisés com 80 anos de vida. Ele havia passado seus primeiros 40 anos de vida em aprendizado no Egito, e dos 40 aos 80 anos numa fase de disciplina espiritual.]

Deuteronômio 29:1-4 – E chamou Moisés a todo Israel e disse-lhes: "[...] Eu vos conduzi durante quarenta anos, pelo deserto [...]".

Deuteronômio 34:1-5 – Depois de guiar o povo de Deus por 40 anos no deserto, da saída do Egito para a terra de Canaã prometida por Deus, subiu Moisés das estepes de Moabe para o monte Nebo, em frente a Jericó. Javé lhe mostrou todo o país. [...] Javé lhe disse: "Eis a terra acerca da qual jurei a Abraão, Isaac e Jacó assim: Dá-la-ei à tua posteridade. Fiz que a visses com os teus olhos. Mas nela não entrarás". Moisés, o servo de Javé, morreu lá, no país de Moabe, conforme o oráculo de Javé.

Josué 1:1-3 – Depois da morte de Moisés, servo de Javé, Javé falou a Josué, filho de Nun, auxiliar de Moisés, dizendo: "Meu servo Moisés morreu; levanta-te e atravessa esse Jordão, tu e todo o povo, em demanda da terra que eu darei aos filhos de Israel. Todo lugar que a planta de vossos pais pisarem, eu vo-lo darei, como prometi a Moisés".

Josué 24:1-13 – Reuniu Josué todas as tribos de Israel em Siquem, convocando anciãos, chefes, juízes e magistrados, que se apresentaram diante de Deus. Então falou Josué a todo o povo: "Assim diz Javé, Deus de Israel: [...] Dei-vos uma terra que não vos custou fadiga alguma; cidades que não edificastes e nas quais vos instalastes; vinhas e olivais que não plantastes, e que hoje vos servem de alimento".

Lucas 23:39-43 – Durante a crucificação de Jesus, um dos malfeitores crucificados o insultava, mas o outro o repreendia: "Tu, que sofres a mesma pena, não temes a Deus? Para nós o castigo é justo: pagamos nossos crimes. Mas este não fez nenhum mal!". E continuou: "Jesus, lembra-te de mim quando entrares no teu reino!". Jesus lhe respondeu: "Eu te asseguro: hoje mesmo estarás comigo no Paraíso".

Mateus 9:2-6 – Aconteceu que lhe apresentaram um paralítico deitado num leito. Jesus, vendo-lhes a fé, disse ao paralítico: "Coragem, filho, os teus pecados estão perdoados. Levanta-te, disse ao paralítico, toma o teu leito e vai para a tua casa".

Mateus 8:8-13 – "Senhor", respondeu o centurião, "não sou digno de que entres na minha casa, mas dize uma só palavra e o meu servo ficará curado. Porque até eu, que não passo de um subalterno, tenho soldados às minhas ordens e digo a este: 'Vai', e ele vai, e a outro: 'Vem', e ele vem. 'Faze isto', e ele faz". Ao ouvir tais palavras, Jesus ficou admirado e disse aos que o seguiam: "Eu vos declaro esta verdade: em nenhum dos israelitas encontrei tamanha fé!" [...] Disse, então, Jesus ao centurião: "Vai, que seja feito como creste!". E o servo sarou naquele instante.

Tenha fé porque mais cedo ou mais tarde, no tempo de Deus, você receberá a graça que pediu. Você glorificará a Deus por isso e lhe dará mais um testemunho de fé.

O tempo de Deus não é o tempo dos homens. Muita gente tem se perdido ou se frustrado esperando um imediatismo das graças solicitadas a Deus. Ao homem cabe o pedir, a Deus cabe o dar, e Ele nunca falha àqueles que têm fé. Ao homem não cabe adivinhar ou conceber como e quando Deus realizará seu pedido, ficando reservado ao homem crer em Deus e obedecê-lo.

Deus é todo poderoso, e Ele pode fixar o tempo que Ele quiser para realizar um desejo humano. Em algumas situações o homem pode esperar muitos anos para receber a graça, e em outras situações, a graça é alcançada imediatamente. Abraão, por exemplo, esperou 25 anos para ter um filho com Sara, sua esposa. Quando Sara, indignada com sua esterilidade, impaciente, decidiu permitir que seu marido tivesse um filho com sua serva, veio um filho fora da linha-eixo proposta por Deus, não se cumprindo a promessa.

Na época de Jesus, as curas e expulsões de demônios eram realizadas na hora do pedido, na hora da súplica de todos aqueles que cruzaram o caminho de Jesus e acreditaram nele. Jesus disse várias vezes: "Vá em paz, tua fé te curou".

Se sua graça já está determinada por Deus, tenha certeza de que ela virá. No entanto, se Deus já determinou que você não receberá a graça, não adianta esperar. Algumas pessoas acreditam que podem fazer seus pedidos à vontade, pois Deus tem a obrigação de atendê-las. Antes de qualquer coisa, temos que cumprir os preceitos de Deus para termos direito às graças. Desde o Velho Testamento Deus quer que se faça culto, adoração exclusiva a Ele, sem adoração de estátuas, ídolos, objetos de madeira ou pedra, ou outras divindades. Você tem que mostrar a Ele que não há Deus maior nem melhor do que Ele na sua vida, que Ele é grande o suficiente para realizar qualquer pedido, e que você glorifica e agradece por tudo o que você é e tem.

Quando você estiver na fé de obter o seu pedido, jamais duvide e nunca desista; confie neste Deus maravilhoso, o mesmo Deus de Abraão, de Isaac, de Jacó, de Davi, de Salomão, de Jesus, e que agora é o seu Deus, sua graça virá.

No entanto, se o tempo passar e a graça não vier, você poderá sofrer as tentações de Satanás e cair em sua armadilha. Você será testado por Deus, por isso esteja sempre orando e vigiando, para não desistir, não se deixar dominar pelo devorador, que é oportunista e quer pegar você em situação de fraqueza.

ORAÇÃO DE SALOMÃO

Vamos situar primeiro Salomão no contexto do povo de Deus, para podermos avaliar o relacionamento dele com Deus. Conforme *2 Crônicas 1-5*, Salomão, filho de Davi, consolidou-se na sua realeza. Javé, seu Deus, estava com ele, e Ele o fez soberanamente grande.

Salomão e a assembleia de seu povo, no altar de bronze, diante do Tabernáculo de Javé, consultaram a Deus. Ali Salomão ofereceu mil holocaustos. Nessa mesma noite, Deus apareceu a Salomão e disse: "Pede o que te devo dar". Salomão respondeu a Deus: "[...] Agora, Javé, meu Deus, cumpra-se a palavra dada a Davi, meu pai, porque me fizeste reinar sobre um povo numeroso como o pó da terra. Concede-me *sabedoria e conhecimento*, a fim de que eu possa conduzir-me diante de teu povo [...]". E Deus disse a Salomão: "[...] a sabedoria e o conhecimento te são concedidos. Dar-te-ei riquezas, bens e glórias tais que, antes de ti, nenhum rei teve, e nenhum, depois de ti, os terá". Salomão reinou sobre Israel.

Depois disso, Salomão determinou que se edificasse a Casa ao Nome de Javé, e um palácio para si. Salomão mandou dizer a Huran, rei de Tiro: "[...] Eis que construo uma Casa ao Nome de Javé, meu Deus, para lhe dedicar e queimar perfumes diante dele e oferecer pães de proposição, como ofertar holocaustos [...]. A Casa que construirei deverá ser grande, porque nosso Deus é maior que todos os deuses [...]".

Salomão empregou os melhores artífices, mestres de obra e especialistas, os melhores materiais, para edificar a Casa de Deus, um templo de oração e holocaustos, pois Salomão, sábio como passou a ser, sabia que isso era agradável aos olhos de Deus.

Salomão começou a construir a Casa de Javé em Jerusalém sobre o Monte Moriá, indicado por Davi, seu pai, no lugar preparado por Davi. Começou a construir no quarto ano de seu reinado, ou seja, pouco tempo depois de ser considerado rei.

Salomão tomou o que Davi, seu pai, havia consagrado: a prata, o ouro, e todos os utensílios e os colocou nos tesouros da Casa de Deus. Disse Salomão: "Javé disse que habitaria no impenetrável, e eu Te construí uma Casa para moradia, e um lugar onde permaneças eternamente". Davi teve intenção de construir uma Casa em nome de Deus, mas foi o filho de Davi, saído das entranhas de Davi, que construiu essa Casa para Deus.

Agora podemos entrar na Oração de Salomão, que nos revela sua maneira sábia de se relacionar com Deus, conforme *2 Crônicas 6:12-42*. Para facilidade didática, dividimos essa Oração em fases:

1ª Fase: Postura para orar.

Em primeiro lugar percebemos a postura escolhida por Salomão ao orar. Salomão colocou-se diante do altar de Javé, ajoelhou-se diante de toda a assembleia de Israel, e estendeu suas mãos para o céu. É uma posição de respeito, humildade e reconhecimento da grandeza de Deus.

2ª Fase: Salomão engrandece ao Senhor Deus.

"Javé, Deus de Israel, não há Deus semelhante a Ti, nem no céu, nem sobre a Terra".

3ª Fase: Deus é o mesmo ontem, hoje e amanhã.

"Tu conservas a bondade e a aliança para com teus servos, que caminham diante de Ti de todo o coração [...]".

4ª Fase: Deus cumpre o que promete.

"Fizeste ao teu servo Davi, meu pai, o que havias dito [...]. Agora, Javé, Deus de Israel, cumpre em favor de teu servo Davi, meu pai, o que falaste, dizendo: 'Terás sempre diante de Mim um descendente que se assentará no trono de Israel, contanto que teus filhos guardem meus caminhos, andando na minha lei, como andaste diante de Mim'. E agora, Deus de Israel, que se cumpra a palavra que dirigiste a teu servo Davi".

5ª Fase: Salomão clama a Deus, e pede perdão pelos pecados de seu povo.

"Javé, meu Deus, atende à oração de teu servo e à sua súplica, escutando o clamor e a oração que teu servo faz diante de Ti [...]. Se teu povo Israel for ferido pelo inimigo, por ter pecado contra Ti, se eles se converterem a Ti, exaltarem teu Nome e dirigirem orações e súplicas nesta Casa, escuta do céu, perdoa o pecado de teu povo Israel. [...] Quando houver no país fome e peste, fungo e ferrugem nas searas, gafanhoto e lagarta [...] ou quando houver qualquer espécie de flagelo ou doença, se um homem, ou se todo o teu povo Israel fizer orações e súplicas, cada um reconhecendo seu pecado e sua dor, levantando suas mãos nesta Casa, escuta do céu, do lugar de tua morada, e perdoa, dá a cada um segundo os seus méritos. [...] E mesmo o estrangeiro, que não pertença a teu povo, se vier de um país longínquo por causa de teu grande Nome, de tua forte mão, e de teu braço estendido, quando ele vier orar nesta Casa, ouve do céu, do lugar da tua morada, e faze conforme o que te pedir o estrangeiro, para que todos os povos da Terra conheçam o teu Nome e Te respeitem, como teu povo Israel, e saibam que teu Nome domina este Templo que construí [...]. Se teu povo sair para a guerra contra seus inimigos, pelo caminho que os enviares, e eles orarem na direção desta cidade que escolheste e da Casa que construí ao teu Nome, ouve do céu sua oração e sua súplica, e faze triunfar a sua causa. [...] Se eles se converterem a Ti de todo o coração e com toda a alma na terra de seu cativeiro, para onde foram levados prisioneiros, e orarem na direção da Casa que construí ao teu Nome, ouve do céu, da tua morada, sua oração e sua súplica, e faze triunfar a sua causa, e perdoa teu povo que pecou contra Ti."

6ª Fase: Salomão intercede a Deus pelos sacerdotes e pelos ungidos de seu povo.

"[...] Que teus sacerdotes, Javé Deus, se revistam com a salvação [...] Não rejeites a face de teu ungido [...]."

Quando Salomão terminou de orar, o fogo desceu do céu e consumiu o holocausto e os sacrifícios, e a glória de Javé encheu a Casa. O rei Salomão ofereceu em sacrifício vinte e dois mil bois, e cento e vinte mil ovelhas. Como a glória de Javé encheu a Casa de Deus, é um sinal evidente de que a Oração de Salomão foi agradável a Ele (*2 Crônicas 7:1-5*).

Salomão nos ensinou a orar, a manter um relacionamento sadio com Deus, como um filho que se aproxima de seu único Pai Celestial. Ele se posicionou e postulou todas as fases necessárias a um clamor, a uma súplica bem-sucedida. Em vez de começar a súplica, para si ou para os outros diretamente, como muitos de nós fazemos, Salomão se ajoelhou, tomou uma postura humilde, enalteceu a Deus, enfatizou que o Deus de Abraão e de Davi é o mesmo que o Deus de hoje. Finalmente clamou a Ele, pedindo perdão pelos pecados cometidos pelo seu povo, sentindo e se emocionando com cada palavra que dizia.

Temos um aprendizado incrível com Salomão, que soube se dirigir a Deus. Nas nossas súplicas e nas nossas orações façamos um caminho semelhante ao de Salomão, pois certamente será um caminho agradável a Deus, e mais rapidamente seremos atendidos.

MURMURAÇÕES, JAMAIS

Versículos associados ao tema:
Êxodo 15:24-25 – O povo murmurou contra Moisés, dizendo: "Que havemos de beber?". Moisés então clamou a Javé, e Javé lhe mostrou uma espécie de madeira que ele pôs na água e a água se tornou doce.
Êxodo 16:2-4 – E ali, no deserto, começou toda a comunidade dos filhos de Israel a murmurar contra Moisés e Aarão. Diziam-lhes os filhos de Israel: "Quem nos dera ter morrido na terra do Egito pela mão de Javé, quando estávamos sentados junto às panelas de carnes e comíamos pão à vontade! Pois vós nos fizestes sair para este deserto, a fim de matar de fome a toda esta multidão!". Disse Javé a Moisés:

"Eu vou fazer chover para vós um pão do céu. Mas o povo, saindo, recolherá diariamente só a ração de um dia. Assim hei de prová-lo para ver se anda ou não na minha lei".

Números 14:2-9 – E os filhos de Israel murmuraram contra Moisés e Aarão dizendo-lhe: "Por que não morremos no Egito ou no deserto? Porque não morremos antes? Porque nos faz Javé entrar neste país para sermos mortos a fio de espada e para que nossas mulheres e nossos filhos sejam conduzidos como escravos?". E diziam entre si: "Elejamos um chefe e voltemos ao Egito!". Então caíram por terra Moisés e Aarão, diante de toda a comunidade dos filhos de Israel, ao passo que Josué, filho de Num, e Calebe, filho de Jefoné, que tinham ido reconhecer o país juntamente com aqueles, rasgaram suas vestes, e falaram a toda multidão dos filhos de Israel, nestes termos: "O país que acabamos de percorrer, para reconhecimento, é uma região extraordinariamente boa [...] É um país onde corre leite e mel. Porém, não vos revolteis contra Javé, nem temais o povo desse país, porque os devoraremos como pão. Perderam a proteção divina, Javé está conosco; não os temais".

Deuteronômio 1:26-31 – Disse Moisés ao povo de Israel: "Vós não quisestes, porém, subir e fostes rebeldes à ordem de Javé, vosso Deus. Murmuráveis, em vossas tendas, e dizíeis: 'Por odiar-nos é que Javé nos tirou do país do Egito, para entregar-nos aos amorreus, a fim de nos exterminar'. Eu vos disse: 'Não temais nem tenhais medo deles. Javé, vosso Deus, que marcha à vossa frente, é quem há de combater por vós, conforme tudo o que fez por vós, aos vossos olhos, no Egito, e no deserto, onde tu viste como Javé, teu Deus, te levou, como um pai leva o filho, em todo o caminho que haveis percorrido até vossa chegada a este lugar. Apesar disso, vós não tivestes confiança em Javé vosso Deus'".

Números 14:26-33 – Dirigiu-se Javé a Moisés e Aarão, nestes termos: "Até quando hei de tolerar a murmuração desta multidão perversa, contra mim? Tenho ouvido as queixas que os filhos de Israel proferem contra mim. [...] Vossos cadáveres serão estendidos no deserto; todos vós, dos quais fora feito o recenseamento, desde os vinte anos para cima, vós que tendes murmurado contra mim. Nenhum sequer, dentre vós, entrará no país em que eu havia jurado estabelecer-vos, à exceção de

Calebe, filho de Jefoné, e de Josué, filho de Num [...]. Vossos cadáveres ficarão no deserto, vossos filhos andarão errantes, por quarenta anos no deserto, para expiar vossa iniquidade, até que vossos restos sejam consumidos no deserto".

Números 17:6-10 – Noutra ocasião, toda a comunidade dos filhos de Israel voltou a murmurar contra Moisés e Aarão, com essas expressões: "Vós tendes feito morrer o povo de Javé!". Como se reunisse a comunidade contra Moisés e Aarão voltaram-se estes para a Tenda do Encontro; eis que a nuvem a recobria, aparecendo a glória de Javé. Moisés e Aarão refugiaram-se junto à Tenda do Encontro. Disse, então, Javé a Moisés: "Apartai-vos do meio desta comunidade, que eu vou aniquilá-los num só golpe". [...] O número dos que pereceram, por esta praga, foi de 14.700.

Filipenses 2:14-15 – "Fazei tudo sem murmurações nem discussões, para que vos torneis irrepreensíveis e íntegros filhos de Deus, sem mancha, no meio de uma geração depravada e corrompida."

1 Pedro 4:9 – Praticai a hospitalidade reciprocamente, sem murmurar.

Isaías 29:24 – Os espíritos transviados conhecerão a sabedoria, e os que murmuram aprenderão o saber.

Lamentações, murmurações contra Deus, mágoas e ressentimentos contra o próximo, tudo isso é do mundo. Sentimentos, coração apertado, olhar para trás, significa estar preso ao passado, você fica estagnado, não progride, é obra de Satanás. Muitas igrejas trabalham com sentimentos, e em vez de fé, você afunda na fraqueza e no fracasso. Estar com Deus é ter fé inteligente que olha para a frente, você progride, joga fora os ressentimentos e mágoas. O Espírito Santo o avisa nos momentos de perseguição e angústia: "a luta é difícil, mas a vitória é certa", "Eu estou contigo, continue". Se Josué olhasse para Moisés morto, ficaria inerte, mas Deus disse: "Josué, cruze o Rio Jordão, domine os inimigos, lute, e Eu te darei a terra prometida". Josué obedeceu a Deus e conquistou a terra prometida, não houve murmuração.

CAPÍTULO 2

JESUS

(o caminho, a verdade e a vida)

A VERDADE DE CADA UM OU A VERDADE ABSOLUTA?

Versículos associados ao tema:
João 14:6-10 – Jesus respondeu: "Eu sou o Caminho, a Verdade e a Vida. Ninguém vai ao Pai senão por mim. Se conhecêsseis a mim, conheceríeis também a meu Pai [...] As palavras que vos digo não vem de mim. Quem realiza estas obras é o Pai, que permanece em mim".
João 8:31-32 – Então, Jesus disse aos judeus que acreditaram nele: "Se permanecerdes na minha palavra, sereis verdadeiramente meus discípulos, conhecereis a Verdade e a Verdade vos libertará".
João 15:1-8 – Jesus disse: "Eu sou a videira autêntica e o meu Pai é o lavrador. Ele cortará todo o ramo que não der fruto em mim, e podará todo o que der fruto, para que produza mais. Vós já estais limpos por meio da palavra que vos tenho anunciado. Permanecei em mim, como eu em vós. Como um ramo, se não permanecer na videira, não poderá dar fruto por si mesmo, assim também vós, se não permanecerdes em mim. Eu sou a videira, vós os ramos. Quem permanece em mim, e eu nele, produz muito fruto, porque sem mim nada podeis fazer. Se alguém não permanece em mim, será lançado fora como o ramo e secará. Será como os ramos secos que são juntados, atirados ao fogo e queimados. Se permanecerdes em mim e minhas palavras permanecerem também em vós, então, pedi o que quiserdes e vos será concedido. Meu Pai é glorificado nisto: em que produzais muito fruto e vos comporteis como meus discípulos". [A capa deste livro mostra uma videira completa, desde o tronco, passando pelos ramos, até os frutos da videira que são as uvas. Jesus é a videira, e nós, cristãos, somos os ramos, que queremos dar frutos. Vamos permanecer com Jesus, pois sua palavra é autêntica, e Jesus é a Verdade.]

João 10:30 – Jesus revelou aos judeus que o rodeavam durante a Festa da Dedicação em Jerusalém: "Eu e o Pai somos um".

João 13:13 – Jesus, durante a última ceia, disse aos discípulos: "Vós me chamais de mestre e Senhor, e dizeis bem, porque realmente eu o sou".

Filipenses 2:5-11 – Paulo escreveu aos filipenses: "Tende em vós os mesmos sentimentos que foram os de Cristo Jesus. Ele, embora subsistindo como imagem de Deus, não julgou como um bem a ser conservado com ciúme de sua igualdade com Deus, muito pelo contrário: ele mesmo se reduziu a nada, assumindo condição de servo e tornando-se solidário com os homens. E, sendo considerado homem, humilhou-se ainda mais, fazendo-se obediente até a morte, e morte de cruz! Por isso é que Deus o exaltou grandemente e lhe deu *um nome que está acima de todo nome*, para que ao nome de Jesus se dobre todo joelho, no céu, na terra e debaixo da terra, e toda língua proclame para glória de Deus Pai: 'Jesus Cristo é o Senhor!'".

Lucas 4:16-22 – Jesus foi a Nazaré, onde tinha crescido. Num sábado, entrou na sinagoga, como era de seu costume, e se levantou para fazer a leitura. Foi-lhe apresentado o livro do profeta Isaías, que ele abriu, dando com a passagem em que está escrito: "O Espírito do Senhor está sobre mim; porque ele me consagrou com o óleo, para levar a Boa Nova aos pobres; enviou-me para proclamar aos prisioneiros a libertação e aos cegos a recuperação da vista; dar liberdade aos oprimidos, e proclamar o ano de graça do Senhor". Enrolou o volume, que entregou ao ajudante e se sentou. Na sinagoga todos olhavam atentamente para ele. Jesus começou a lhes falar: "Hoje se cumpre esta passagem da Escritura que acabais de ouvir". E todos davam testemunho dele, maravilhados com a mensagem de graça que saía de sua boca.

João 3:21 – "[...] mas quem pratica a Verdade aproxima-se da luz para que suas obras apareçam, porque são feitas em Deus."

João 4:24 – "[...] Deus é espírito e os que o adoram devem adorar em espírito e em verdade."

Tiago 5:19 – Meus irmãos, se um de vós estiver desviado da Verdade e alguém o converter, [...] apagará a multidão de seus pecados.

No mundo em que vivemos nos deparamos com um grande número de pessoas que estão enraizadas em suas próprias verdades, e defendem categoricamente seus pontos de vista. É como se elas tivessem estudado na melhor escola de formação humana do mundo, ou como se já tivessem nascido sabendo uma verdade que lhes basta; não ouvem ninguém, são autossuficientes, ou, ainda, não sabem nada, são ignorantes, e não querem progredir.

É o que nós chamamos *a verdade de cada um*, com "v" minúsculo, pois ela carece de base, de profundidade, de conceito e, principalmente, de princípios universais. Se a verdade de cada um é o caminho certo a ser seguido na vida, teríamos milhões de verdades, que se chocariam e se atropelariam. O mundo seria caótico, e dificilmente poderíamos viver em comunidade, em fraternidade.

A guerra entre religiões e os fanáticos de cada seita, de um lado, os ignorantes, os burgueses acomodados pelo dinheiro, os epicuristas do "comamos e bebamos todos porque amanhã morreremos" e aqueles que não aceitam a verdade absoluta, pois julgam que toda verdade é relativa, do outro lado, fazem um mundo sem ordem, sem evolução, de grande egoísmo gerado pela verdade de cada um. São pessoas que não estão dispostas a encontrar a única e absoluta Verdade que existe no universo, que é Deus. Ele é *a Verdade* com "V" maiúsculo, e artigo definido "a", porque é a única. Se o homem busca a perfeição, a evolução, vai percorrer certamente o caminho que leva a Deus. E, nesse caminho seremos todos companheiros, buscando a mesma fonte, a fonte primária, a grande fonte criadora.

Basta um exame simples na natureza para o homem perceber que ele é transformador dos materiais que encontra, mas não foi ele que criou as matérias-primas. Os animais se reproduzem e sobrevivem, mas não foi o homem que os gerou. O homem pode participar do processo de nascimento de outro homem, mas não foi o homem que criou o homem, nem o tempo de gestação humana foi inventado pelo homem. Existe um princípio criador que nós chamamos Deus, Aquele que gerou tudo isto. Existe o criador de tudo. Conforme aprendemos em *Gênesis 1-25*, Deus criou o céu, a terra, a luz, as águas, os mares, as árvores, os animais, as aves, os peixes, a fertilidade.

Em *Gênesis 1:26-28*, entramos nós, os seres humanos, na criação de Deus: "[...] Por fim Deus disse: 'Façamos o Homem à nossa imagem, como nossa semelhança' [...] E Deus criou o Homem à sua imagem [...] Homem e Mulher Ele os criou. Deus os abençoou dizendo: 'Sede fecundos e multiplicai-vos [...]. Dominai sobre os peixes, as aves e todos os animais que rastejam sobre a terra'".

O homem é a criatura, Deus é o criador. Portanto, não é a criatura maior que o criador, mas sim submissa a Ele. O homem só estará vivendo à semelhança do criador quando estiver em contato com Ele, buscando a Deus, sabendo se relacionar com o criador.

O homem, para evoluir, crescer, produzir grandes obras, precisa baixar as armas do egoísmo, do autocentrismo, jogar por terra suas próprias verdades e se preparar para alcançar a Grande Verdade. É Deus a Grande Verdade, a Verdade Absoluta.

Em *Lucas 4*, confirma-se o que as Escrituras previam através de Isaías, que a chegada de Jesus já estava cumprida, e mais uma vez as Escrituras continham a Verdade. Jesus havia chegado.

A compreensão da Bíblia, o aprendizado do relacionamento com Deus, e a fé são conquistadas com o ouvir a palavra de Deus. E isto é obra e tarefa da Igreja de Jesus. É na Igreja que despojamos da nossa verdade, que é falsa, pequena, incompleta, confusa, carente, para perseguirmos a Verdade Absoluta. É na busca da Verdade Absoluta que todos seremos fraternos, companheiros, coerentes, não confusos, e ouvintes: "Quem tiver ouvidos para ouvir, que ouça" (*Lucas 8:8*).

A VISÃO DO CRISTÃO

O cristão não vê o que ele crê com seus olhos abertos, dentro de um mundo limitado, mas vê com os olhos da fé, vê por dentro, tem visões daquilo que ele quer que aconteça. Como Cristo ensinou que todo aquele que pede a Deus, crendo, recebe, o cristão tem a certeza da vitória, mesmo sem ver qualquer possibilidade ou recurso para alcançá-la.

Tudo aquilo que você quiser, deverá enxergar pronto em sua mente, com visões claras do que quer alcançar. Se sua visão for turbulenta ou se não tiver visão alguma, nada acontecerá, ou se acontecer será pouco em relação àquilo que você deseja. Deus nos deu uma mente com capacidade para sonhar, imaginar, ter visões positivas ou negativas. Você é o diretor de cena dessas visões. Cabe a você saber como conduzir sua vida, controlando sua mente com uma fé positiva, não vacilante.

Tudo que existe no mundo começou com o sonho de alguém: o automóvel que você dirige, a cadeira em que está sentado, a caneta com a qual escreve. Todas essas coisas não existiam em certa época, exceto na imaginação de seus criadores. A visão é o ponto de partida da criação.

As pessoas confiantes e que se investem de poder fogem da multidão dos conformistas e criam uma visão para as suas vidas. Realizam seus sonhos porque a sua visão as inspira a seguir em frente, mesmo ao se defrontar com o medo. Se você teve uma visão, essa é uma prova de que você decidiu administrar a sua vida. É uma firme declaração da sua fé e de seu potencial.

Para compreendermos melhor o princípio da fé que nos alimenta, vamos dar alguns exemplos de dinâmica da fé, que é a visão do cristão.

Será que a imagem positiva do futuro de uma nação é a consequência do sucesso de uma nação, ou o sucesso de uma nação é a consequência da imagem positiva de seu futuro? Estudando a literatura de nações antigas e modernas e até que ponto suas expectativas se concretizaram, pesquisadores descobriram que uma visão significativa antecede um sucesso significativo. Em um caso após o outro os pesquisadores observaram o mesmo padrão emergindo: uma visão impressionante do futuro de uma nação era mostrada pelos líderes. Essa imagem era compartilhada com suas comunidades, que concordavam em apoiá-la. Juntos, trabalhando em sintonia, eles tornavam a visão uma realidade.

O Parthenon em Atenas foi primeiramente uma visão na mente do arquiteto. Da mesma forma, os gregos imaginaram o futuro de sua cultura. Os gregos começaram com os sonhos, mas trocaram seus sonhos por algo muito mais forte: a visão. A visão é o resultado dos sonhos em ação. O mesmo aconteceu na Itália, na Espanha, na Inglaterra, nos Estados Unidos, e até hoje é o mesmo padrão do poder da visão varrendo o mundo inteiro, transformando nações em sucesso.

Em 1776, aqueles que declararam os Estados Unidos uma nação soberana tinham uma visão. Aquela visão está claramente descrita na

Declaração de Independência: "Todos os homens foram criados iguais. Eles receberam do Criador alguns direitos intransferíveis; dentre eles, a vida, a liberdade, e a busca da felicidade". Por causa de seu compromisso firme com essa visão, os Estados Unidos se tornaram um país dinâmico, repleto de oportunidades para aqueles que sonham em ter o que quiserem em suas vidas.

Algumas nações, quando começaram a caminhada para o sucesso, não contavam com recursos adequados, nem com uma vantagem estratégica evidente. Na verdade venceram contrariando as probabilidades. O que elas tinham de fato era uma visão profunda de seus próprios futuros, e esse é o ingrediente principal e mais importante. Nações com visão podem muitas coisas, nações sem visão estão em perigo.

Numa escala menor, o que se revelou para as nações também se passava com as crianças, que eram afetadas pelas visões de seu futuro. Os melhores alunos sabiam o que fazer de suas vidas, como revelaram as pesquisas. Os alunos com desempenho fraco quase não tinham ideia de seu futuro. Seu enfoque era limitado a curto prazo. Ficavam à mercê do destino. Diferentemente destes, os melhores alunos projetavam seu futuro para dali de cinco a dez anos, e com isso tinham um melhor controle de suas visões.

Os principais indicadores de sucesso dos alunos não eram o QI ou nível econômico da família. Alguns dos alunos fracassados tinham o QI altíssimo e provinham das melhores famílias, e vice-versa. Qual era o fator de diferenciação? A visão. O que todos os alunos de sucesso tinham em comum era a visão profunda e positiva de seus futuros.

Todos aqueles que acreditavam ter algo a fazer em seus futuros sobreviveram às piores situações de vida, como o holocausto. O poder da visão do futuro ajuda a vencer uma chance incrivelmente pequena. Um suicida pode ser salvo quando for lembrado de suas responsabilidades para com seu filho, que o aguarda sempre e o tem como seu herói. Outro suicida foi lembrado que precisava terminar uma série de livros que havia iniciado. E isso não poderia ser feito por ninguém mais. E assim ele foi desestimulado a realizar seu ato desesperado.

Em um povo, as visões não são criadas pelas massas, mas sim por líderes. Vemos isso claramente no êxodo dos judeus guiados por Moisés e sua fé inabalável. As visões de um líder devem ser compartilhadas com sua equipe. Jesus compartilhou seus princípios com seus doze apóstolos, e esse grupo concordou em apoiá-lo. As visões coletivas precisam ser abrangentes e detalhadas. Cada um precisa saber como contribuir e como participar.

Para ilustrar como você faz diferença neste universo, vamos relatar uma história. Certo dia, um jovem passeava pela praia. Ele recolhia as estrelas-do-mar sobre a areia no final do dia e as devolvia ao mar. Quando confrontado sobre o quão inútil seria fazer aquele trabalho, já que havia milhares de estrelas-do-mar na areia, ele respondeu: "Fez diferença para aquela estrela-do-mar que acabo de devolver ao oceano!" Esse jovem não era apenas um observador no universo, ele agia para fazer alguma diferença. Por sermos criações de Deus, todos somos dotados da capacidade de fazer alguma diferença. É o desafio de cada um de nós: é preciso achar a sua estrela-do-mar.

Lembrem-se: uma visão sem ação não passa de um sonho, uma ação sem uma visão é só um passatempo, mas uma visão com ação pode mudar o mundo.

Sua visão do futuro dependerá exclusivamente de você, ela é resultado do esforço de cada um. Você deve limpar os detritos antigos que poluíram sua mente, e pela fé colocar uma visão positiva de seu futuro. Você, que era escravo de seu passado, passe a ser dono do seu futuro.

Ter uma visão positiva sobre o futuro é o mais poderoso motivador para a mudança de nossa vida se, junto com isso, estiver também a aceitação de Jesus como nosso Senhor e Salvador e a confiança que Deus dará a bênção da concretização da nossa visão.

OS PREFERIDOS DE JESUS

Neste estudo damos ênfase aos preferidos de Jesus no Novo Testamento, procurando destacar as qualidades que cada um deles possuía, a fim de servir de parâmetro para medirmos nossos próprios comportamentos, e o que deve ser feito para agradarmos a Jesus.

No capítulo anterior, entre os preferidos de Deus percebemos que vários eram inicialmente pastores de ovelhas, serviço calmo com animais dóceis. Entre os preferidos de Jesus, percebemos que vários eram pescadores ou empenhados com animais.

Cada preferido de Jesus será tratado separadamente, com os versículos bíblicos específicos que atestam a fonte de onde foram extraídas suas qualidades, virtudes e realizações.

O preferido Pedro

Marcos 1:16-17 – Passando à beira do mar de Galileia, viu Simão e seu irmão André, que lançavam as redes na água, pois eram pescadores. E Jesus lhes disse: "Segui-me, e farei de vós pescadores de homens".
Atos 4:13 – Em face desse desassombro de Pedro e João, ficaram admirados, considerando que eram gente analfabeta e simples.
Marcos 9:2 – Seis dias depois, Jesus levou consigo Pedro, Tiago e João, e conduziu-os a eles somente, a um lugar solitário, num alto monte. Transfigurou-se diante deles.
Marcos 14:32-33 – Chegaram a uma chácara chamada Getsêmani, e ele disse aos discípulos: "Sentai-vos aqui, enquanto vou orar". Tomando consigo Pedro, Tiago e João, começou a sentir pavor e tédio.
Mateus 26:33-35 – Tomando então a palavra, Pedro lhe disse: "Embora todos se escandalizem por tua causa, eu jamais me escandalizarei". Jesus respondeu: "Eu vos declaro esta verdade: nesta mesma noite, antes de o galo cantar, tu me renegarás três vezes".
Mateus 16:16 – Simão Pedro interveio e respondeu: "Tu és o Cristo, o Filho de Deus vivo".
Atos 10:42 – Foi ele [Jesus] que nos mandou pregar ao povo e dar testemunho de que ele foi constituído por Deus como juiz dos vivos e dos mortos.

Pedro, antes de ser chamado por Jesus, era um pescador e trabalhava com seu pai. Não era versado nos conhecimentos religiosos como os escribas e os mestres da época. Jesus escolheu Pedro entre os seus primeiros discípulos, porque era um líder nato. Fazia parte do grupo dos três mais íntimos de Jesus: Pedro, João e seu irmão Tiago. Jesus escolheu a esses três discípulos para ir consigo no momento de sua transfiguração, e também quando se isolou para orar, no jardim do Getsêmani, onde revelou sua angústia e pavor antes da sua crucificação.

Pedro era discípulo dedicado e fazia muitas perguntas ao mestre Jesus quando tinha dúvidas. Percebeu a importância de pagarem impostos aos reis da Terra, porque o não pagamento criaria dificuldades para divulgar o Evangelho. Apesar de íntimo de Jesus, chegou a negá-lo três vezes. Suas cartas em *1 Pedro* e *2 Pedro* estimularam a vida cristã. Pedro foi instituído por Jesus para edificar sua Igreja, e proclamou o Evangelho no dia de Pentecostes. Ele foi testemunha viva de vários milagres de Jesus, praticou a ressurreição de Dorcas e foi indicado por Jesus como o principal apóstolo entre os judeus.

O preferido João

Gálatas 2:9 – Paulo escreveu: "Reconhecendo, portanto, a graça que me fora concedida, Tiago, Pedro e João, considerados como as colunas".
João 13:23 – Um de seus discípulos, aquele que Jesus amava, estava reclinado ao peito de Jesus [João na última ceia com Jesus].
Lucas 3:23 – Jesus, quando começou o seu ministério, tinha cerca de trinta anos.
1 João 2:13 – Pais, eu vos escrevo porque conheceis aquele que existe desde o princípio.
João 1:1 – No princípio existia o Verbo, o Verbo estava voltado para Deus, e o Verbo era Deus.
João 1:14 – E o Verbo se fez carne e habitou entre nós. Nós vimos sua glória, glória que recebe de seu Pai como Filho Único, cheio de graça e verdade.
João 20:31 – Estes, porém, foram escritos para que creiais que Jesus é o Cristo, o Filho de Deus, e acreditando, tenhais vida no seu nome.
João 8:58 – Jesus respondeu: "Eu vos afirmo e esta é a verdade: antes que Abraão nascesse, Eu Sou".

João, Pedro e Tiago foram mencionados em Gálatas como "colunas da Igreja". João e Pedro foram os dois mais proeminentes apóstolos da

Igreja primitiva. João, Pedro e Tiago formavam o círculo mais íntimo entre os apóstolos, na convivência com Jesus. Os três já se conheciam antes de se tornarem discípulos de Jesus, na profissão de pescadores. Depois de Pentecostes, João e Pedro foram os que mais se destacaram na operação de milagres. O livro de João é o único que narra que Jesus começou seu ministério a partir de seus 30 anos de idade.

João escreveu em sua carta que Cristo era preexistente, vivia eternamente com Deus antes de vir a Terra. No Evangelho de João fica declarada a preexistência e a divindade, em que Jesus assume o nome de Deus.

O Evangelho de João tem por objetivo afirmar que Jesus é o Cristo, e Filho de Deus, e que, crendo, tenhamos vida em seu nome. Em toda a sua obra e seus escritos, João deixa evidente que ele desejava ver todos conhecendo ao Jesus que ele próprio conheceu, ouviu e tocou. Para o apóstolo do amor, a vida eterna assume todas as bênçãos prometidas aos que creem e são salvos por Cristo.

O preferido Tiago

Lucas 5:9-10 – [...] e também Tiago e João, filhos de Zebedeu, que eram sócios de Simão. De fato, tanto ele como os outros seus companheiros ficaram espantados com a quantidade de peixes que acabavam de apanhar.
Mateus 4:21-22 – Mais adiante, viu outros dois irmãos: Tiago, filho de Zebedeu, e João, seu irmão. Estavam na barca com o pai Zebedeu e aprontavam as redes. Ele [Jesus] os chamou. Abandonando a barca e o pai, o seguiram imediatamente.
Mateus 20:20-23 – Então a mãe dos filhos de Zebedeu chegou perto de Jesus com os seus filhos e prostrou-se diante dele para lhe fazer uma súplica. Ele lhe perguntou: "Que queres?". Ela lhe respondeu: "Ordena que estes meus dois filhos se sentem um à tua direita e outro à tua esquerda, no teu reino". Jesus replicou: "[...] estes lugares são destinados àqueles para os quais meu Pai os reservou".
Atos 12:1-2 – Naquela época, o rei Herodes resolveu torturar alguns membros da Igreja. Mandou decapitar a Tiago, irmão de João.

Tiago, filho de Zebedeu, irmão de João, nasceu em Cafarnaum e era pescador. Zebedeu também era sócio de Pedro e João no comércio lucrativo de peixes. Tiago era ambicioso como sua mãe, que pediu um lugar de honra para seus filhos ao lado de Jesus. Tiago teve de lidar com o ciúmes de ver seu irmão mais novo, João, ser considerado líder em lugar dele.

O preferido Mateus

Mateus 10:3 – Filipe e Bartolomeu; Tomé e Mateus, o cobrador de impostos.
Mateus 28:18-20 – Jesus então se aproximou e lhes disse: "Todo o poder me foi dado no céu e na terra. Ide, então, fazei de todos os povos discípulos, batizando-os em nome do Pai e do Filho e do Espírito Santo, ensinando-os a guardarem tudo o que vos mandei. Eis que vou ficar convosco todos os dias, até o fim dos tempos".
Mateus 16:16-17 – Simão Pedro interveio e respondeu: "Tu és o Cristo, O Filho do Deus vivo".
Mateus 1:1 – Genealogia de Jesus Cristo, filho de Davi, filho de Abraão.

Mateus ficou conhecido como o "cobrador de impostos", lembrando seu passado antes de se tornar discípulo de Jesus. Ele aceitou de imediato o convite de Jesus para segui-lo. Era um homem rico na época, e abandonar essa riqueza para seguir Jesus foi um verdadeiro sacrifício para ele.

Ele escreveu o primeiro livro da Bíblia no Novo Testamento com o objetivo de mostrar que Jesus é o Messias, o filho de Davi que foi prometido no Antigo Testamento. Deixou escrito o único documento que revela o que Jesus ordenou aos seus discípulos, depois da sua ressurreição (*Mateus 28:19-20*). Seu estilo é biográfico, foi um judeu cristão, e é o único evangelista que usa a palavra Igreja.

O preferido Filipe

João 1:43-44 – No dia seguinte, Jesus resolveu partir para a Galileia. Encontrou-se com Filipe e lhe disse: "Segue-me!". Filipe era de Betsaida, cidade natal de Pedro e André.

João 1:11 – Ele [Jesus] veio até a sua própria terra e a sua gente não o acolheu.

João 6:5-7 – Jesus, levantando o olhar e vendo a multidão que acorria a ele, perguntou a Filipe: "Onde compraremos pão para lhes dar de comer?". Dizia isto apenas para sondá-lo, porque bem sabia o que ia fazer. Filipe respondeu: "Uma grande quantia de pão não bastaria nem sequer para cada um receber o seu pedacinho".

Filipe nasceu em Betsaida, mesma cidade de Pedro e André. Nessa localidade a população vivia da pesca. Filipe foi o quarto discípulo chamado por Jesus, e ele aceitou imediatamente a ordem: "Segue-me"! Ele creu que Jesus era o cumprimento dito por Moisés no Antigo Testamento. Essa resposta rápida de Filipe ao chamamento de Jesus entrava em contraste profundo com as pessoas da terra onde Jesus nasceu, que não o acolheram. Os irmãos de Jesus só se converteram após a aparição de Jesus ressuscitado.

Embora fosse tímido e com pequena fé, ofereceu seu testemunho de Jesus quando falou sobre Ele a Natanael. Ele acreditava que as Escrituras haviam se cumprido com a chegada de Jesus. Filipe não conseguiu enxergar como alimentaria de pão cerca de cinco mil pessoas.

O preferido André

João 1:44 – Encontrou-se com Filipe e lhe disse: "Segue-me!". Filipe era de Betsaida, cidade natal de Pedro e André.

Mateus 4:18 – Caminhando ao longo do lago da Galileia, ele [Jesus] viu dois irmãos: Simão a quem chamam de Pedro, e André, seu irmão, que lançavam a rede às águas, pois eram pescadores.

João 1:40-44 – André, irmão de Simão Pedro, era um dos dois que tinham ouvido o testemunho de João e seguido Jesus. Ele encontrou primeiro a Simão, seu irmão, e lhe falou: "Encontramos o Messias", o que significa Cristo. Levou-o a Jesus.

João 6:8-9 – Um de seus discípulos, André, disse: "Aqui há um menino que tem cinco pães de cevada e dois peixinhos. Mas que é isso para tanta gente?". E Jesus fez a multiplicação dos pães e dos peixes, e alimentou cinco mil homens.

André, nascido em Betsaida, foi viver com seu irmão Pedro em Cafarnaum, onde ficaram sócios como pescadores. Ele foi o primeiro discípulo que Jesus chamou. E foi André que apresentou Pedro a Jesus. Aceitou seguir Jesus não importava por onde Ele fosse. Estava presente no discurso de Jesus no Monte das Oliveiras.

O preferido Tomé

João 11:16 – Tomé, chamado Dídimo, disse aos companheiros: "Vamos também para morrermos com Ele!".
João 14:5 – Tomé lhe disse: "Senhor, não sabemos para onde vais. Como poderíamos, então, conhecer o caminho?". Jesus respondeu: "Eu sou o Caminho, a Verdade e a Vida. Ninguém vai ao Pai senão por mim".
João 20:24-28 – Tomé, um dos Doze, chamado Dídimo, não estava com eles, quando Jesus veio. Os outros discípulos lhe disseram: "Vimos o Senhor!". Mas ele respondeu: "Se não vir nas suas mãos as feridas dos pregos, se não puser nelas meu dedo, e não colocar minha mão no seu lado, não acreditarei!". Jesus disse a Tomé: "Mete aqui teu dedo e olha minhas mãos; [...] e não sejas mais incrédulo!". Tomé respondeu: "Meu Senhor e meu Deus!". Jesus lhe disse: "Porque me viste Tomé, acreditaste. Bem-aventurados os que acreditam sem ter visto!".

Tomé estimulou os outros discípulos de Jesus a irem para Jerusalém, a fim de morrer junto com Ele. A única passagem bíblica de realce na vida de Tomé foi a recusa em acreditar no Jesus ressurreto, até que pudesse ver e tocar Nele. Esse testemunho de Tomé ficou registrado na Bíblia como uma das mais fortes evidências sobre a ressurreição de Jesus. Essa dúvida de Tomé sobre Jesus lhe valeu o rótulo de "incrédulo".

SIGA JESUS, NÃO SIGA RELIGIÃO

Muita gente está buscando religião, em vez de buscar Jesus. Mudar de religião na tentativa de melhorar a vida é como colocar remendos em uma roupa. Não é deixar o catolicismo e passar para a linha evangélica, ou o contrário, que vai fazer a diferença em sua vida. Ser religioso, ou estar em um ambiente religioso, é uma coisa. Cristianismo é outra coisa. Não basta aceitar outro credo, é mudar de vida, é mudar de DNA. Religião muda conceitos, dá lustro, mas a natureza sua não muda. A mutação no código genético espiritual só muda com o cristianismo.

Jesus não veio ao mundo para melhorar a religião dos fariseus. Não é a religiosidade dos fariseus que Jesus veio consertar ou se preocupar. Ele não veio fazer remendos em roupa velha. Remendo dá ajeitadas, mas não muda a roupa. Jesus veio trazer outra coisa, veio dar graça, vida nova para as pessoas.

O cristianismo não é esparadrapo, não é remendo, não é exterioridade, é, sim, essência. É novo conceito em nova vida. Jesus fala dos remendos nos versículos seguintes:

Mateus 9:14-17 – Então, os discípulos de João chegaram perto de Jesus e perguntaram: "Por que motivo nós e os fariseus jejuamos tanto e os teus discípulos não jejuam?". Jesus respondeu: "Será que os convidados para um casamento podem ficar tristes, enquanto o esposo está com eles? Tempo virá em que o esposo lhes será arrebatado, e então jejuarão. Ninguém costura um remendo de pano novo numa roupa velha, porque esse pedaço rompe a roupa e o rasgão fica maior. Nem se coloca vinho novo em velhos recipientes de couro, porque do contrário eles arrebentam, o vinho escorre e os recipientes se estragam. Pelo contrário, põe-se vinho novo em recipientes novos e ambos se conservam".

No Velho Testamento, Deus já tinha alertado seu povo sobre não fazer pacto ou aliança com o inimigo, de nenhuma espécie, pois Deus já sabia quais seriam as consequências desastrosas que viriam daí. Não deveria haver remendos no povo de Deus, nada de mistura, pois a essência poderia ser prejudicada, como de fato aconteceu. Há um texto em *Josué* que mostra alianças malfeitas do povo de Deus, remendos em roupa velha:

Josué 9:1-27 – Divulgadas estas coisas, todos os reis do outro lado do Jordão [...], heteus, amorreus, cananeus, ferezeus, heveus e jebuseus uniram-se entre si para dar combate a Josué e Israel. Entretanto, os habitantes de Gabaon, ouvindo tudo que Josué fizera a Jericó e a Hai, resolveram usar de astúcia. Munidos de provisões, carregaram seus jumentos de sacos velhos e velhos odres de vinho rasgados e remendados. Tinham nos pés sandálias desgastadas e cheias de remendos, e roupas muito gastas sobre o corpo. Até os pães que levavam para a viagem estavam todos duros e esfarelando. Assim aparelhados, foram ter com Josué, no acampamento de Gálgala, e disseram a ele e aos homens de Israel: "Nós viemos de terra muito distante; fazei aliança conosco!". [...] Os chefes aceitaram então dos seus víveres, mas não consultaram Javé. Josué concedeu-lhes a paz, celebrou com eles um pacto, garantindo-lhes a vida; e os príncipes do povo prestaram juramento. Ora, três dias depois de celebrada a aliança, souberam que eram um povo vizinho e que habitavam entre eles. [...] Josué chamou os gabaonitas e disse-lhes: "Por que nos quisestes enganar, alegando: 'Nós habitamos muito longe de vós', quando viveis no nosso meio? De agora em diante sereis malditos, e não passareis jamais de escravos, como rachadores de lenha e carregadores de água para a casa de meu Deus". Eles responderam a Josué: "É que a nós, teus servos, chegara a notícia de que Javé, teu Deus, tinha prometido a Moisés, seu servo, que vos daria toda a terra, e extinguiria diante de vós todos os seus habitantes. Tivemos, pois, muito medo de vós, por causa de nossas vidas. Por isso, fizemos isto". Fez, pois, Josué como dissera, e livrou-os das mãos dos filhos de Israel, para que os não matassem. Mas Josué determinou naquele dia que fossem empregados no serviço da comunidade e do altar de Javé, como rachadores de lenha e carregadores de água, no lugar que Javé escolhesse, e é o que eles são até hoje.

Não faça pacto algum com pessoas que não tem nada para lhe oferecer, que é todo remendado nas roupas e na sua história, história essa que não tem procedência nem meios de confirmação, e cuja origem você desconhece. O que ocorreu no tempo de Josué foi fruto da astúcia dos gabaonitas, inimigos de Israel. Mentiram para Josué com medo da morte. Não se prostraram ao Deus de Israel, mas apenas procuraram aliança com o povo de Israel. Como não consultaram a Deus sobre esse grupo de estranhos ao Seu povo, os chefes de Israel se precipitaram e fizeram um pacto sob juramento com esses gabaonitas. Os judeus ficaram assim amarrados a esse pacto e não tiveram saída, não puderam matá-los conforme queria Javé.

No projeto de Deus, os habitantes de Canaã teriam que ser totalmente exterminados, pois, se houvesse remanescentes, eles se constituiriam em um sério perigo para o futuro do povo de Deus. A história nos revela que isso realmente aconteceu. Os filisteus, por não terem sido destruídos totalmente, sempre foram um flagelo para os israelitas, pois se reuniam em levantes e guerras inesperadas, quando a situação lhes fosse mais favorável. Os inimigos ganharam diversas batalhas contra o povo de Deus, e isso porque o inimigo não fora totalmente exterminado. Fizeram um remendo na vontade de Deus. Do mesmo modo, muitos príncipes de Israel tomaram como esposas mulheres jovens e bonitas escolhidas dentre os povos inimigos derrotados pelo povo de Deus. Essas mulheres, após os casamentos, introduziram suas divindades no meio deles, e muitos príncipes israelitas se prostraram e se ajoelharam diante dessas imagens.

Já no Antigo Testamento Deus não queria que seu povo se misturasse com outros povos, mas não houve obediência e a miscigenação aconteceu. Em virtude disso Seu povo se dissipou, perdeu a essência, perdeu o vínculo de intimidade com o Deus todo-poderoso. Para resgatar essa essência perdida, Deus planejou levar seu filho Jesus a Terra e dar outra chance a Seu povo. Portanto, Jesus é roupa nova, é vinho novo, não é remendo.

Não misture roupa velha com roupa nova, não misture o culto a Deus com o culto a outros deuses. Não faça pacto com o Diabo, com gente que não tem princípios cristãos, pois a chance de ser uma cilada, uma armadilha contra você, é grande. Jesus é vida nova, não se misture com outras crenças. Não faça remendos de Jesus misturando-O com outras religiões ou outras práticas religiosas. Escolha Jesus, e não uma religião.

CURE OS DOENTES E EXPULSE OS DEMÔNIOS

Para entendermos o nosso dever de cristãos de curar os doentes e expulsar os demônios, vamos ver três situações no Novo Testamento:
1) Modelo de cura dos doentes e expulsão dos demônios por Jesus.
2) Jesus transfere o poder de curar e expulsar demônios a seus discípulos.
3) Exemplos de cura e de expulsão de demônios por pessoas que seguiram Jesus, mesmo após sua morte e ressurreição.

1) Modelo de cura dos doentes e expulsão dos demônios por Jesus

Marcos 1:32-35 – Caindo a tarde, já depois de pôr do sol, trouxeram para junto dele todos os doentes e possessos: toda a multidão estava reunida na entrada da cidade. Ele curou muitos doentes, atacados de diversas enfermidades e expulsou muitos demônios. Mas não permitia que os demônios falassem, porque sabiam quem era ele.
Mateus 8:16 – Entardecia, quando lhe trouxeram muitos possessos. Diante disso, ele expulsou os espíritos apenas com uma palavra e curou todos os que estavam passando mal.
Lucas 4:33-35 – Na sinagoga estava um homem possuído pelo espírito de um demônio impuro, que começou a gritar com força. "Que temos a ver contigo, Jesus de Nazaré? Vieste para a nossa ruina? Eu sei quem és tu: és o Santo de Deus." Mas Jesus o repreendeu severamente: "Cala-te! E *sai deste homem*". Então o demônio jogou o homem no chão diante de todos e saiu dele, sem lhe fazer nenhum mal.
Lucas 8:2 – Com Ele iam os Doze e também algumas mulheres que tinham sido curadas de espíritos maus ou de doenças; Maria, chamada a Madalena, da qual tinham saído sete demônios.
Lucas 5:17-25 – Um dia, ele estava ensinando, e ali estavam sentados fariseus e mestres da Lei, vindos de todos os povoados da Galileia e da Judeia, e também de Jerusalém. E o poder do Senhor estava nele para fazer curas. Alguns homens, carregando um paralítico num leito, procuravam introduzi-lo na casa e colocá-lo diante dele. Mas como não podiam introduzi-lo por causa da multidão, subiram ao terraço,

e por entre as telhas, o desceram no leito, diante de Jesus, no meio da sala. Vendo a fé que os animava, Jesus disse: "Meu amigo, teus pecados te são perdoados". Então os escribas e fariseus se puseram a refletir, dizendo: "Quem é este homem que blasfema? Quem pode perdoar os pecados a não ser Deus somente?". Mas Jesus percebia os seus pensamentos e lhes perguntou: "Que estais pensando em vossos corações? Que é mais fácil dizer: Teus pecados te são perdoados, ou, Levanta-te e anda? Pois bem, para que saibas que o Filho do homem tem poder na Terra para perdoar os pecados, eu te ordeno – disse ao paralítico – levanta-te, toma o teu leito e vai para casa!". No mesmo instante, ele se levantou, diante de todos, tomou a sua padiola e foi para casa, glorificando a Deus.

2) *Jesus transfere o poder de curar e expulsar demônios a seus discípulos*

Marcos 6:6-7 – Jesus andava pelos povoados vizinhos e ensinava. Chamou os Doze e enviou-os dois a dois. Deu-lhes poder sobre os espíritos impuros.
Mateus 10:1 – Jesus convocou os seus Doze discípulos e lhes deu o poder de expulsarem os espíritos impuros e de curarem toda espécie de doenças e enfermidades.
Mateus 10:5-8 – Jesus enviou esses Doze em missão, tendo-lhes dado as seguintes instruções: "[...] Curai os doentes, ressuscitai os mortos, purificai os leprosos, expulsai demônios. Acabais de receber de graça, dai de graça".
Lucas 10:1-9 – Depois disso, o Senhor escolheu outros setenta e dois discípulos e os enviou dois a dois, à sua frente, a todas as cidades e lugares aonde ele estava para ir [...] E lhes disse: "Curai seus doentes, e dizei aos seus moradores: o Reino de Deus está perto de vós!".
Marcos 16:17-18 – Eis os milagres que acompanharão os que crerem: em meu nome expulsarão demônios, falarão línguas novas, pegarão em serpentes, e se beberem um veneno mortal não lhes fará mal algum; imporão as mãos sobre os enfermos que serão curados.
João 14:12-14 – "Eu vos afirmo e esta é a verdade: quem crê em mim

fará as obras que eu faço. E fará até maiores [...] Se me pedirdes algo em meu nome, eu o farei."

3) Exemplos de cura e de expulsão de demônios por pessoas que seguiram Jesus, mesmo após sua morte e ressureição

Atos 5:15-17 – Chegavam a levar para a rua os doentes deitados em leitos e padiolas, para que, ao passar Pedro, ao menos a sua sombra cobrisse algum deles. Também muita gente acorria das cidades vizinhas de Jerusalém, levando doentes e possessos de espíritos impuros, e todos eram curados.

Atos 9:36-41 – Em Jope, havia uma discípula chamada Tabita, nome que se traduz por Gazela. Praticava muitas boas ações e era generosa nas esmolas que fazia. Ora, aconteceu que naqueles dias ficou doente e veio a falecer. Então lavaram o corpo e o colocaram no andar superior. Como Lida estava perto de Jope, os discípulos ouviram falar que Pedro se encontrava lá. Mandaram dois homens chamá-lo com estas palavras: "Não demores em vir até nós". Pedro partiu imediatamente com eles. Logo que chegou, conduziram-no ao andar superior. E todas as viúvas se aproximaram dele. Elas choravam e lhe mostravam os vestidos e outras roupas que Tabita fazia quando estava com elas. Pedro mandou que todo mundo saísse de lá, ajoelhou-se e rezou. Depois, voltou-se para o cadáver e disse: "Tabita, levanta-te". Ela abriu os olhos e fixando-os em Pedro, sentou-se no leito. Pedro estendeu a mão para ela e a ajudou a levantar-se. Depois, chamou os santos e as viúvas e a apresentou viva.

Atos 4:4-8 – Aqueles que tinham sido dispersados iam de lugar em lugar anunciando o Evangelho. Foi assim que Filipe desceu a uma cidade da Samaria e ali anunciava o Cristo. As multidões prestavam atenção, de modo unânime às palavras de Filipe, enquanto o escutavam e viam os milagres que fazia. Os espíritos impuros, gritando furiosamente, saíam de muitos possessos. Muitos paralíticos e coxos ficaram curados. E houve grande alegria naquela cidade.

Atos 14:8-10 – Havia em Listra um homem que sempre estava sentado, porque era aleijado das pernas. Coxo de nascença, nunca tinha sido capaz de dar um passo. Ele ouvia Paulo falar. Este olhou bem firme para ele e percebeu que tinha fé necessária para ser curado. Então disse com voz forte: "Levanta-te, fica bem em pé". Ele deu um salto e começou a caminhar.

Lucas 10:17-19 – Os setenta e dois voltaram muito contentes, dizendo: "Senhor, até os demônios se submeteram a nós em teu nome". Jesus disse então: "Eu vi Satanás caindo do céu como um raio. Eis que vos dei o poder de caminhar sobre serpentes e escorpiões, bem como sobre todo o poder do inimigo e absolutamente nada vos causará dano".

Marcos 6:13 – Jesus chamou os Doze: "[...] Expulsavam muitos demônios, ungiam com óleo numerosos doentes e os curavam".

Atos 19:11-13 – Deus fazia milagres extraordinários por meio de Paulo. Colocavam até lenços e panos – que houvessem tocado seu corpo – sobre os doentes. Então as enfermidades os deixavam e os maus espíritos saíam.

Marcos 9:38-40 – João lhe disse: "Mestre, vimos um fulano expulsando demônios em teu nome. Queríamos impedi-lo, porque não nos seguia". Mas Jesus disse: "Não deveis proibi-lo. Ninguém há que faça algum prodígio em meu nome e logo depois possa falar mal de mim. Pois quem não está contra nós está a nosso favor".

Jesus não permitia que os demônios falassem. Ele dizia ao demônio: "Cala-te!". Jesus repreendia o espírito impuro e ordenava que ele saísse do corpo do homem. Ele não fazia acordo com o demônio, não dava oportunidade de ele argumentar qualquer coisa. O espírito impuro se calava e obedecia ao Espírito Santo que estava em Jesus.

Para Deus nada é impossível, e tudo é possível para todo aquele que tem fé. Jesus curou aqueles que expressavam a fé necessária para serem curados, a fé anima o enfermo a conquistar a cura.

Jesus mostra o poder de perdoar os pecados e ordena ao paralítico que levante e ande. Aqui nós temos um sinal de que muitas doenças são oriundas de nossos pecados. Mas Jesus pode perdoar aqueles que têm fé Nele. O dom de discernimento de espíritos nos ajuda a detectar se a enfermidade é oriunda de pecados, de espírito maligno ou de qualquer outra fonte (*João 5:14, Marcos 9:17, Lucas 13:11, 1 Coríntios 12:10*).

Nesse ponto vale ressaltar a diferença existente entre *possessão*, *obsessão* e *opressão* do Diabo. Existe *possessão* quando o Diabo domina a mente da pessoa. Na *obsessão* o Diabo é desejado pela pessoa, ele conversa com ela, a pessoa vê vultos, ouve vozes. Na *opressão* o Diabo vai oprimindo, vai tentando, e a pessoa sente a sua presença.

Após ter curado muitos doentes e expulsado muitos demônios, Jesus chama seus discípulos para lhes dar o poder sobre os espíritos impuros, e o poder de curar toda a espécie de doenças. Como disse Jesus, tudo isso farão os seus discípulos, ou seja, aqueles que crerem em Jesus e em nome dele executarem essas curas. Muitos pedidos de cura são feitos por pessoas que não têm a fé necessária para serem curadas, como dizem as Escrituras. A falta de fé cria obstáculo para a cura (*Mateus 13:58*, *Marcos 6:5-6*). Eis a razão pela qual nem todos são curados.

E não foram apenas os Doze Apóstolos que andavam com Jesus que ganharam o poder de curar, mas também outros setenta e dois discípulos, e mesmo uma pessoa que não era conhecida de Jesus. E Jesus permitiu que ela assim o fizesse.

No livro de *Atos* temos o veredito de muitas curas e expulsão de demônios feitos pelos apóstolos. Até mesmo ressuscitar mortos, que foi uma conquista de Pedro, que ressuscitou Tabita após a morte de Jesus.

Mesmo Paulo, que não conviveu com Jesus e que o perseguiu, executou curas após sua conversão. Paulo curava os doentes que demonstravam fé.

Esse dom de Deus, que é o de curar doentes e de expulsar demônios, não se compra, como pensam alguns. Não há dinheiro que compre esse poder, ele é direito de todos os que têm fé e praticam isso em nome de Jesus.

Milhares de curas de doenças e expulsão de demônios se seguiram após Jesus e seus apóstolos, e mesmo em nossos dias continuam acontecendo. Testemunhos de curas por imposição de mãos ou por invocar o nome de Jesus com fé têm acontecido aos milhares em nosso tempo.

O cristão que nunca curou ninguém é porque nunca teve fé o suficiente ou porque simplesmente nunca tentou. Quem não tiver fé em tomar para si a autoridade de poder que Jesus lhe outorgou ou tiver medo de exercer esse poder não terá êxito nas curas divinas. No começo as tentativas podem até ser infrutíferas, como todo início de coisa nova, mas com o tempo, depois de o cristão exercitar bastante a sua fé, agindo naturalmente, as curas começarão a ocorrer. Tente a cura com fervor, nunca desista; o nome de Jesus tem poder, não se esqueça disso.

Vamos praticar as curas dos doentes e as expulsões dos demônios, sempre em nome de Jesus, para todos aqueles que forem próximos a nós e tiverem fé, usando as mesmas palavras de ordem que Jesus usava. Deixemos de ser incrédulos ou pequeninos, julgando que não temos esse poder ou que não somos merecedores desse poder (*1 Coríntios 4:20*). Praticar a cura e a expulsão dos demônios levará o cristão à felicidade de ver seu irmão curado e liberto.

A PORTA PARA DEUS É ESTREITA

Versículos associados ao tema:
Mateus 7:13-14 – "Entrai pela porta estreita. Porque larga é a porta e espaçoso o caminho que conduz à perdição, e muitos são os que tomam rumo por ele. Mas é estreita a porta e apertado o caminho que conduz à vida, e como são poucos os que o encontram."
Lucas 13:22-24 – Jesus passava por cidades e povoados ensinando, enquanto se dirigia para Jerusalém. E alguém lhe perguntou: "Senhor, são poucos os que se salvam?". Ele respondeu: "Esforçai-vos por entrar pela porta estreita, porque eu vos digo: muitos procurarão entrar e não conseguirão".
Mateus 22:14 – [Na parábola do banquete de casamento, Jesus conclui:] "Com efeito, muitos são os chamados, e poucos os escolhidos".
Êxodo 32:21-22 – [No episódio do bezerro de ouro, Moisés, inconformado, disse a Aarão:] "Que te fez esse povo para atraíres sobre ele um pecado tão grande?". Aarão respondeu: "Não se irrite o meu senhor! Tu sabes bem que este povo é inclinado ao mal".
Êxodo 23:2 – "Não seguirás a multidão, favorecendo o mal."
Eclesiastes 8:11 – Porque não se castiga instantaneamente a má ação, por isso o homem se anima em praticar o mal.

Jeremias 4:22 – "Meu povo é insensato, não Me conhece; são filhos tolos e sem inteligência; sabem praticar o mal, mas não sabem fazer o bem."
1 João 1:8 – Se dissermos que não temos pecado, nos enganamos a nós mesmos, e não há verdade em nós.
Jó 1:8 – Disse Javé ao Satã: "Notaste o meu servo Jó? Não há ninguém na Terra que lhe seja igual: íntegro e reto, temente a Deus, longe do mal".
Lucas 15:7 – Jesus respondendo aos fariseus e escribas disse: "Eu também vos digo: assim é que haverá maior alegria no céu por um pecador que se converter do que por noventa e nove justos que não precisarem de conversão!".
Mateus 19:23-26 – Jesus, então, falou aos seus discípulos: "Eu vos declaro esta verdade: é difícil para um rico entrar no reino dos céus. Repito: é mais fácil um camelo passar pelo buraco de uma agulha do que um rico entrar no reino dos céus". Ouvindo isto, os discípulos ficaram imensamente impressionados, e disseram: "Neste caso, quem poderá se salvar?". Jesus fixou o olhar sobre eles e lhes disse: "Aos homens isso é impossível, mas a Deus tudo é possível".
1 Timóteo 6:10 – Porque a ganância pelo dinheiro é a raiz de todos os males. Apegados a ela, muitos se desviaram para longe da fé e se torturaram com muitos sofrimentos.

A leitura da Bíblia nos deixa claro que o caminho da salvação é estreito. Podemos deduzir dos versículos anteriores que, em qualquer época da existência do homem na Terra, mais de 50% deles não entraram ou não vão entrar no Reino de Deus.

Porque será que são poucos os que entram no reino de Deus? A resposta é: o homem expulso do paraíso ficou naturalmente propenso ao mal, sob as tentações de Satanás. Longe de Deus ficou fácil para o homem deixar-se levar pelas ofertas que o mundo lhe oferece. E Deus, irritado com o pecado do homem, deixou-lhe uma possibilidade estreita de salvação, a de seguir os passos de Cristo. E isto só seria viável para o homem depois de ele empreender um tremendo esforço para afastar-se do mal e praticar o bem. Esse caminho da salvação só poderia ser estreito, para distinguir o forte do fraco, o que resiste às tentações e o que não resiste às tentações do demônio. O prêmio, a recompensa aos que batalharam por uma vida santificada, só poderia ser dado aos vencedores, aos obedientes a Deus, aos tementes a Ele, aos que não murmuraram contra Deus, aos que se humilham para Ele, e rejeitam lutar sozinhos, aceitando fazer um pacto com Deus, uma aliança com Ele. Isso exige sacrifício, esforço. Você deve dar em vez de receber, amar em vez de ser amado.

Aarão, sentindo-se acuado pela multidão do povo de Deus, acabou aceitando o mal proposto pelo povo. Deixou construir um bezerro de ouro, o deus visível desse povo incrédulo. A multidão pendeu para o mal. Aarão ficou fraco diante da multidão e cedeu. Faltou a Aarão repreender o mal pela raiz, afirmando ao povo que Deus não admite nenhuma idolatria.

Os versículos a seguir apontam saídas para vencer o mal:

Efésios 2:1-6 – [Paulo, em sua carta aos efésios, ensina assim:] E vós estáveis mortos pelas ofensas e pecados, nos quais vivíeis antes, segundo o modo de ser deste mundo, segundo o Príncipe do império do ar, este espírito que ainda atua nos rebeldes. Antes, nós todos também éramos como eles. Viviam segundo as inclinações da carne, satisfazendo seus caprichos e desejos, e sendo, por natureza, filhos da ira, como os outros. Mas Deus, rico em misericórdia, pela imensa caridade com que nos amou, nos deu de novo a vida com Cristo, quando estávamos mortos pelos nossos pecados! É por graça que agora estais salvos! Ressuscitou-nos com ele e nos levou aos céus em Cristo Jesus!
Romanos 12:21 – [Na carta de Paulo aos romanos ele aconselha:] Não te deixes vencer pelo mal, mas vence o mal pelo bem.
3 João 1:11 – Caríssimo, não imites o mau, mas o bom. Quem faz o bem é de Deus. Quem faz o mal não viu a Deus.
1 João 2:16-17 – Porque tudo o que há no mundo – desejo incontrolado da carne, desejo incontrolado dos olhos e orgulho pelos bens da vida – não vem do Pai mas do mundo. O mundo passa e seus desejos imoderados também, mas o que cumpre a vontade de Deus permanece para sempre.
1 Tessalonicenses 4:3-7 – Esta é a vontade de Deus, a vossa santificação: que vos afasteis da impureza; que cada um de vós saiba usar

do próprio corpo com santidade e respeito, sem se deixar levar pela paixão, como os pagãos, que não conhecem a Deus. [...] Isto porque Deus não nos chamou para a impureza, e sim para a santidade.

Uma forma de se agradar a Deus sendo rico é praticando dízimos e ofertas, pois você anulará a ganância pelo dinheiro, que é a raiz de todos os males.

Ao homem pecador, Deus, por ser misericordioso, abriu uma chance de vitória celestial: mostrou o caminho de Cristo, o caminho da redenção, o caminho da conversão. Isso dependerá de cada um: pegar ou largar. Cada um de nós responderá pelos seus atos e atitudes diante da vida, e não poderemos culpar ninguém pela nossa derrota.

A opção em seguir o mundo ou seguir a Deus é dada a todos. Qual dos dois caminhos você quer trilhar? O caminho do mal é mais fácil, não exige esforço, é o caminho da preguiça, do deixar o barco da vida o levar. O outro caminho, que é o voltado para Deus, exige obediência às palavras de Deus, exige conhecer a Deus e ficar cada vez mais perto dele. Aos poucos que aceitarem este caminho de salvação Deus dará como recompensa a vida eterna em vez da morte nas trevas. Todos nós estamos numa grande competição. Aqueles poucos que quiserem batalhar para serem salvos, se afastarem dos prazeres passageiros, terão direito assegurado a entrar no Reino de Deus, que Ele prometeu a todos os que praticarem o bem. Todos nós somos convidados a entrar, mas sabemos que infelizmente, devido às dificuldades desse caminho, poucos conseguirão passar pela porta estreita.

Esforce-se, pois Cristo revela que vale a pena. A recompensa será a felicidade da vida eterna com Deus a seu lado. Você tem novamente a chance de voltar ao paraíso perdido, e passar a contar com todas as bênçãos de Deus.

AS TRÊS FORMAS DE ORAÇÃO

Sabemos da importância da oração para mantermos um bom relacionamento com Deus, como está escrito em:

1 Tessalonicenses 5:17 – Orai sem cessar.

Este é o menor dos versículos da Bíblia, e, no entanto, um dos mais poderosos na solução dos seus problemas.

Vamos examinar mais atentamente neste estudo as três formas de oração que estão reveladas na Bíblia, e assim aprenderemos como as realizar:

1) *Oração no oculto*

Sobre essa forma de orar, Jesus ensinou ao povo através do seu sermão na montanha, escrito em:

Mateus 6:1-8 – "Evitai praticar vossas boas obras diante dos homens para serdes notados por eles, porque assim não tereis recompensa da parte de vosso Pai que está nos céus. Quando, portanto, deres esmolas, não faças tocar trombeta diante de ti, como procedem os hipócritas nas sinagogas e nas ruas, com o fim de serem aplaudidos pelos homens. Eu vos declaro esta verdade: já receberam a sua recompensa. Mas, quando deres esmola, não saiba tua mão esquerda o que faz a direita, para que a tua esmola fique oculta. O Pai, que vê a ação oculta, te recompensará. E quando orardes, não sejais como os hipócritas, que gostam de orar com ostentação nas sinagogas e nas encruzilhadas, para aparecerem diante dos homens. Eu vos declaro esta verdade: já receberam a sua recompensa. Mas, quando orares, entra em teu quarto, fecha a porta, e ore a teu Pai que está presente até em lugar oculto. E teu Pai, que vê o que fazes ocultamente, te dará a recompensa. Quando orares, não multipliqueis as palavras como fazem os pagãos: pensam que, devido à força de muitas palavras, é que são atendidos. Não sejais semelhantes a eles; porque o vosso Pai sabe do que precisais, antes de fazerdes o pedido."

Essa é a primeira forma de orar, pois é totalmente íntima com Deus, e revela que você, para orar, não precisa de mais ninguém, não precisa de nenhum instrumento ou estímulo alheio, não precisa de nenhuma pessoa para apoiar ou dar forças espirituais. Se você tiver algo de pessoal para alcançar, um projeto a desenvolver, uma criação a desenvolver, revele-o a Deus através da oração no oculto. O interessante nesse ensinamento de Jesus é Ele ter começado a explicar nesse tipo de oração pela boa prática das ofertas no oculto. A sua oferta não é para ser alardeada como ostentação sua, ou para seu gozo espiritual. Você estaria copiando os hipócritas que agem assim nas igrejas ou nas ruas. Estes o fazem em público para serem reconhecidos. Sua oração, assim como sua oferta, deve ficar no oculto, só entre você e Deus.

Se no seu projeto de criação faltar inspiração, faltar uma peça para solucionar o seu quebra-cabeça, ore ao Pai eterno para encontrar a solução, e Ele lhe dará a resposta. Faça uma aliança com Deus, expresse a Ele seu desejo de tê-lo como sócio no seu projeto, e vencerá sempre. Sozinhos alcançamos pouco ou nada.

2) *Oração em concordância*

Sobre essa forma de orar, Jesus nos ensina em:

Mateus 18:19-20 – "Eu vos repito: se dois dentre vós na Terra se puserem de acordo para pedir seja qual for a coisa, esta lhes será concedida por meu Pai que está nos céus. Porque, onde estão dois ou três reunidos em meu nome, eu estou lá entre eles."

Essa é uma forma de oração adequada para fazer com algum irmão ou irmã na fé, quando não estiver conseguindo respostas de Deus na oração em oculto. Você pode revelar seu pedido a alguém em quem você confie para atingir seus objetivos, como, por exemplo: poder pagar contas do mês, libertar-se dos demônios, encontrar oportunidades de emprego, curar-se de uma doença, e outros. Você e a outra pessoa que aceita orar junto com você entram em concordância com aquele seu pedido específico, e estarão em conformidade com essa prática que Jesus ensinou.

Quando você não consegue obter respostas através da oração no oculto, porque o demônio está agitando a sua vida, você pode pedir ajuda a um irmão na fé que entre em concordância com você para obter aquilo que quiser, e aí orarem juntos, nesse sentido, em nome de Jesus.

O perigo aqui é você ficar dependente do outro, desse parceiro da oração, para obter sucesso perante Jesus. O parceiro da oração não deve se tornar seu cão de guarda, não deve ser uma muleta para você, pois isso seria prejudicial à sua saúde espiritual. Alguns se sentem tão fracos na sua oração no oculto que pedem a seu pastor da Igreja para orar junto com eles, e acabam ficando dependentes do pastor, em vez de crescer e alimentar mais a sua fé em Deus.

3) *Oração em público*

Os seguintes versículos bíblicos falam da importância da oração em público:

João 11:11-15 – [Jesus disse a seus discípulos no local onde Ele estava, fora da Judeia:] "Nosso amigo Lázaro dorme, mas vou despertá-lo [...]". Então Jesus declarou abertamente: "Lázaro morreu. E alegro-me por vós de não ter estado lá, pois é para que creiais".

João 11:40-44 – [Jesus respondeu a Marta, irmã do morto Lázaro:] "Não te disse que se creres verás a glória de Deus?". [...] Jesus levantando os olhos para o céu, disse: "Pai, eu te dou graças porque me ouviste. Bem sabia que sempre me ouves, mas digo isto por causa da multidão que me rodeia, para que creiam que me enviaste". Tendo dito isto, gritou com voz forte: "Lázaro, vem para fora!". E o morto saiu.

A oração em público é uma oração de estímulo, de encorajamento, de motivação, de glorificação a Deus. A oração em público não substitui a oração em oculto. Esse tipo de oração não é de comunhão com Deus, mas sim de comunhão com os irmãos, ela leva todo o grupo a orar. Dá pouco crescimento espiritual. Você poderá se sentir protegido pelo grupo, e não por Deus, o que poderá desviar a sua fé. Esse tipo de oração não santifica, não inspira, não dá crescimento como a oração no oculto. Na oração no oculto falamos sem medo, a conversa com Deus é franca, pessoal, em íntima comunhão com Ele, sem frases programadas por terceiros. Na oração em público pode acontecer o mesmo que com os fariseus ao dar esmolas em público. Eles mostravam a todos o seu ato para ganhar importância, para dar valor a seu gesto, para ganhar um tapinha nas costas, como recompensa dada por homens. Na oração em oculto ninguém o glorifica, é só Deus que ouve e que vê você. Dele vem a melhor recompensa.

A oração em público se presta muito bem para pedidos coletivos, como o andamento fértil da construção de uma Igreja para Cristo, ou para uma campanha evangelística de toda uma Igreja, ou para que chegue um pastor a uma Igreja sem líder, ou para que seja fortalecido o caráter espiritual dos governantes de sua nação.

Una sua força com os agentes do bem. Deus gosta do ajuntamento entre os cristãos. Assim como o mal se ajunta com o mal para fazer o mal, o bem se ajunta com o bem para fazer o bem.

Jesus fez esse tipo de oração em público para ressuscitar Lázaro, a fim de revelar ao público incrédulo que Deus ouve as nossas orações no oculto e soluciona tal qual pedimos. Jesus já havia orado no oculto a Deus, mas resolveu fazê-lo publicamente para que o povo acreditasse.

Na igreja de Cristo não há espaço para timidez quando você tiver que falar em público, através de uma oração, apelo, palestra ou mensagem, principalmente se você for representante de um grupo de cristãos. Nós aprendemos, em *Êxodo 4:14-16*, quando Deus fala a Moisés na sarça ardente: "Acaso não é teu irmão Aarão, o Levita? Eu sei que ele fala bem. Ele virá ao teu encontro e, vendo-te, alegrar-se-á no seu coração. Tu lhe falarás e porás as palavras na sua boca. Eu estarei com a tua boca e com a boca dele, e vos ensinarei o que devereis fazer. Ele falará ao povo em teu lugar; ele será como a tua boca, e tu serás o seu Deus. Antes disso acontecer, em *Êxodo 4:10-12*, Moisés objetou a Javé: "Ah, Senhor, eu não tenho facilidade de palavra! Não a tive ontem, nem anteontem, nem agora que falaste ao teu servo; minha boca é pesada, e lenta a minha língua". Javé replicou-lhe: "Quem deu boca ao homem? Ou quem o fez mudo ou surdo? Clarividente ou não? Não sou eu, Javé? Vai, pois, e eu estarei com a sua boca e te ensinarei o que deverás falar".

No povo de Deus não pode haver falta de coragem ou necessidade de cursos de oratória. Quando você sentir a necessidade de falar em público, ou tiver de falar sobre Jesus, fale sem medo, porque na sua boca estarão instaladas as palavras de Deus. Ele falará através da sua boca. Nisso você deve crer.

Esses três tipos de oração já foram revelados por Deus. Segundo *Êxodo 3-4*, Ele fala com Moisés no oculto. Deus apareceu a Moisés numa sarça ardente. Depois, Deus conclama a Aarão, o irmão de Moisés, o Levita, para que os dois entrassem em concordância no projeto de Deus. Finalmente, Moisés e Aarão seguiram juntos, e reuniram todos os anciãos de Israel. Aarão referiu todas as palavras que Javé havia dito a Moisés. E este realizou os sinais diante do povo. O projeto de Deus foi assim revelado ao povo de Israel. Era um projeto de libertação dos judeus escravizados no Egito, para irem à terra prometida de Canaã, onde iria brotar leite e mel.

Isaías 40:28 – Javé é um Deus eterno que criou os confins da Terra. Ele não se cansa, nem se fatiga.

Algumas pessoas que não conhecem o tamanho do nosso Deus acham que vamos fatigá-Lo com tantas orações. Mas Deus não se cansa nem se fatiga. Portanto, podemos orar à vontade, não há limites para você orar.

Pelo que já foi mostrado anteriormente, nós podemos empregar os três tipos de oração. Você pode praticar a seguinte escala de importância da oração: 1º) oração no oculto; 2º) oração em concordância; 3º) oração em público. Você começa se comunicando com Deus orando no secreto, depois você entra em concordância se assim julgar necessário, e finalmente faz uma oração com os irmãos em uma Igreja, que é um local público indicado para cultivar a sua fé em Deus. Com isso, você fará bom uso dos três tipos de oração.

VENÇA OS PECADOS

Todo tipo de pecado, seja grande ou pequeno, destrói o homem. No entanto, o homem pode vencer o pecado. A Bíblia nos fornece e ensina os versículos que nos levam à destruição ou à vitória quando o assunto é pecado. Focalizemos esses versículos.

Versículos associados à destruição do homem pelo pecado:
Gálatas 5:19 – As obras da carne são bem patentes: prostituição, impureza, libertinagem, idolatria, feitiçaria, ódios, brigas, ciúme, cóleras, intrigas, discussões, divisões, inveja, bebedeiras, orgias e outras coisas parecidas. [...] os que praticam essas coisas não tomarão parte no Reino de Deus.
Colossenses 3:5-9 – Mortificai, portanto, para sempre os vossos membros terrestres: as relações sexuais desonestas, a paixão desregrada, os maus desejos e a cobiça que é uma idolatria. Essas coisas atraem a ira de Deus sobre aqueles que resistem ao seu apelo [...]. Mas, agora, rejeitai também tudo isso: a ira, a indignação, a maldade, a injúria, a linguagem indecente esteja longe de vossos lábios. Não vos enganeis uns aos outros.
Mateus 12:31 – Disse Jesus: "Por isso vos digo: todo pecado e toda blasfêmia serão perdoados aos homens, mas a blasfêmia contra o Espírito Santo não será perdoada. Se acaso alguém disser uma palavra contra o Filho do homem, isto lhe será perdoado; mas, se a disser contra o Espírito Santo, isto não será perdoado, nem neste mundo nem no que virá".
João 8:34-36 – Jesus respondeu: "Eu vos afirmo e esta é a verdade: aquele que comete pecado é escravo do pecado. Ora, o escravo não fica sempre com a família, é o filho que fica habitualmente com ela. Se, portanto, o Filho vos libertar ficareis realmente livres".
Deuteronômio 24:16 – Os pais não serão entregues à morte por causa dos filhos, nem os filhos por causa dos pais; cada um será entregue à morte por seu próprio pecado.
Hebreus 6:4-8 – Na verdade, há os que uma vez foram iluminados, provaram o dom celeste, tiveram parte no Espírito Santo, conheceram por experiência a bela palavra de Deus e os poderes do mundo vindouro. Mas, se depois caíram, é impossível renová-los uma segunda vez, porque estão crucificando de novo o Filho de Deus, e expondo-o publicamente às zombarias. Pois a terra que absorve a chuva, que muitas vezes cai sobre ela, e produz plantas úteis para seus próprios agricultores, recebe a bênção de Deus; mas, se produz espinhos e urtigas, não serve para nada e logo será amaldiçoada. Acabará sendo queimada.

Versículos associados à vitória do homem sobre o pecado:

Gálatas 1:3-4 – A vós graça e paz da parte de Deus, nosso Pai, e do Senhor Jesus Cristo, que se entregou por nossos pecados, a fim de arrebatar-nos da perversidade deste mundo presente, segundo a vontade de nosso Deus e Pai.

Apocalipse 1:5 – A Jesus, que nos ama e nos lavou de nossos pecados no seu sangue, e que fez de nós um reino de sacerdotes para seu Deus e Pai, a ele, glória e poder por todo o tempo.

Romanos 5:20-21 – A Lei interveio para que se multiplicasse a culpa, mas onde o pecado se multiplicou a graça de Deus se multiplicou muito mais: assim como o pecado tem reinado por meio da morte, também a graça há de reinar mediante a justificação para a vida eterna, por Jesus Cristo Nosso Senhor.

Romanos 6:6-23 – Nós bem sabemos que o nosso homem velho foi crucificado com Cristo, para que este corpo pecador fosse destruído e não tenhamos mais que viver escravizados ao pecado. [...] Porque nós sabemos que Cristo uma vez ressuscitado dentre mortos, não morre mais. A morte já não exerce seu domínio sobre ele. A sua morte foi morte para o pecado, uma vez por todas, mas sua vida agora é uma vida para Deus. Assim também vós deveis considerar que estais mortos para o pecado e vivos para Deus, em Cristo Jesus. [...] Portanto, o pecado já não deverá dominar sobre vós, porque não viveis sob o regime da Lei, mas sob o da graça. [...] Pois, o salário do pecado é a morte, mas o dom gratuito de Deus é a vida eterna em Cristo Jesus, Senhor nosso.

Colossenses 3:9-17 – Porque despistes o homem velho com as suas obras, e vos revestistes do novo, o qual continuamente se renova, para alcançar o pleno conhecimento, segundo a imagem do seu criador. Esta é a razão pela qual não existe mais pagão ou judeu, circunciso ou incircunciso, nem inculto, nem selvagem, nem escravo, nem livre, mas somente Cristo, que é tudo em todos. Por isso, revesti-vos de toda ternura, bondade, humildade, delicadeza e paciência, como escolhidos de Deus. [...] Suportai-vos uns aos outros. Perdoai-vos mutuamente, sempre que alguém der a outro motivo de queixa. Como o Senhor vos perdoou, assim também vós. Mas sobretudo distingui-vos pelo amor que é o laço da união perfeita. [...] Ensinai-vos e admoestai-vos uns aos outros com toda a sabedoria. Agradecidos do fundo dos vossos corações, cantai louvores a Deus, com salmos, hinos e cânticos inspirados. E tudo que disserdes ou fizerdes, *seja sempre em nome de Jesus*, o Senhor, dando por ele graças a Deus Pai!.

Atos 22:16 – [Paulo narra sua conversão:] "E agora, que estás esperando? Vamos! Recebe o batismo, purifica-te de teus pecados, invocando o seu nome".

Romanos 3:19 – Portanto, convertei-vos, seriamente, para que vos sejam perdoados os pecados.

Ezequiel 33:14 – Disse o Senhor Javé a Ezequiel: "Se digo ao ímpio que ele morrerá e ele se converter de seu pecado, fazendo o que é reto e justo, devolvendo penhores recebidos e restituindo objetos roubados, procedendo segundo o preceito que dá vida, não praticando mais a impiedade, ele terá a vida e não morrerá".

1 Coríntios 10:13 – Nenhuma tentação, que superasse as forças humanas, veio sobre nós. Deus é fiel: não permitirá que sejais tentados acima das vossas forças, mas, com a tentação, vos dará também o meio de livrar-vos e a força para que possais suportá-la.

1 João 5:1-19 – Sabemos que quem nasceu de Deus não peca, mas o gerado por Deus Ele o guarda, e o Maligno não o toca. Sabemos que somos de Deus e que o mundo todo está sob o poder do Maligno.

Hebreus 11:24-26 – Pela fé, Moisés, já adulto recusou ser chamado filho da filha do faraó. Ele preferiu tomar parte nos sofrimentos do povo de Deus, a desfrutar as delícias passageiras do pecado. [...] porque ele fixava os olhos na recompensa futura.

A Bíblia trata com a mesma severidade qualquer pecado, seja de natureza grande ou pequena. O ideal é não pecar. Não confie que se pecar será perdoado, porque a Bíblia salienta que há pecado para a morte, e pecado que não causa a morte (*1 João 5:16-17*). Como você saberá? Todos os pecados devem ser classificados no mesmo nível de seriedade, pois todos eles levam ao desvio de Deus.

Os pecados de blasfêmia contra o Espírito Santo são considerados sem perdão, são pecados pesados que fazem perder a salvação. Blasfemar é resmungar, é insultar, é rejeitar, é proferir palavras que ultrajam o plano da salvação que é Jesus. É um total desrespeito ao Espírito da Graça. Essa categoria de pecado é a mais grave, pois Deus não permite insulto desta natureza, punindo de forma dolorosa as pessoas que praticam esses atos.

Nos versículos anteriores fica claro também que o pai não é culpado pelo pecado do filho, nem o filho é culpado pelo pecado do pai. Cada um responde pelo seu próprio pecado. Jesus veio para quebrar o carma ou a saga de uma família sobre seus descendentes. Não jogue a culpa em terceiros pelos seus pecados, não ache desculpas ou justificativas para pecar. Não resolva os pecados com a vingança, querendo fazer justiça com as próprias mãos, entregue nas mãos de Deus e Ele saberá como resolver sua situação da forma mais inteligente e adequada. Lembremos de Caim: por ciúme e inveja sofreu a tentação e matou seu irmão Abel, não dominando o ímpeto do mal. Além de não resolver a questão, recebeu um sinal de maldição, sofreu a vida inteira porque não venceu o mal.

É forte a necessidade de vencer o pecado. Dentro de você, Deus colocou um poder para dominá-lo. Portanto, reaja! Não se deixe dominar, domine o que te domina, persiga o que te persegue.

Jesus disse: "Não seja escravo do pecado!" A seguir damos algumas razões pelas quais você deve vencer o pecado:

1) Porque Jesus venceu o pecado, e nós somos discípulos de Jesus, ele nos dá poder para vencer.
2) Porque toda tentação é humana, e nenhuma tentação supera as forças humanas. Nós somos humanos e temos capacidade de vencer. Assim como um físico fraco pode se adestrar para ser forte, através de exercícios e prática de esportes, um espírito fraco pode se adestrar para ser forte, através do ouvir a palavra de Deus e das orações.
3) Porque você foi batizado, recebeu unção, foi iluminado pela graça, recebeu dons espirituais, milagres aconteceram em sua vida. Jesus está em seu coração e você tem fé em Deus.

Por causa disso tudo você tem a obrigação de vencer o pecado e não ser derrotado. Sujeite-se a Deus, resista ao Diabo, e ele fugirá de você (*Tiago 4:7*).

Alguns crentes acham que conhecem os limites do pecado, e saberão freá-lo na hora certa. Essa mesma pessoa pode abusar dos seus atos, facilitar a tentação do inimigo e cair na armadilha. Por exemplo, um bêbado, se estiver dirigindo, pode matar uma pessoa. O melhor seria ele não ter bebido, não ter dado brechas para a tentação. Por isso, fique sempre com Deus, sem dar margem aos atalhos da vida. Feliz é a pessoa que persevera nos momentos das provações, sem cair, porque depois da vitória, da aprovação, receberá a coroa da vida que Deus prometeu aos que o amam (*Tiago 1:12*).

Diante de tudo o que Deus deu, se você não vencer o pecado, cair da graça, será impossível obter a salvação. Portanto não brinque com o pecado. Só se vence com a ajuda de Deus, em comunhão com o Espírito Santo. Deus tenha misericórdia de nós e nos abençoe, capacitando-nos dia após dia a vencer até o fim, pois aí receberemos a coroa da vida.

A recompensa por vencer o pecado pode ser resumida da seguinte forma:

1) seremos salvos (*Mateus 24:13*);
2) veremos a Deus (*Hebreus 12:14*);
3) receberemos a coroa da vida eterna (*Apocalipse 2:10*).

O LADRÃO ARREPENDIDO

Versículos associados ao tema:
Mateus 27:38 – Então foram crucificados com Jesus dois ladrões: um do lado direito, outro do esquerdo.
Lucas 23:33 – Chegaram ao lugar chamado Calvário e ali crucificaram Jesus, juntamente com os malfeitores, um à direita, outro à esquerda.
Lucas 23:39-43 – Um dos malfeitores crucificados o insultava: "Não és tu o Cristo? Salva-te, então, a ti mesmo, e a nós também!". Mas o outro o repreendia: "Tu, que sofres a mesma pena, não temes a Deus? Para nós, o castigo é justo: pagamos nossos crimes. Mas este não fez

nenhum mal!". E continuou: "Jesus, lembra-te de mim quando entrares no teu reino!". Jesus lhe respondeu: "Eu te asseguro: hoje mesmo estarás comigo no Paraíso!".

Neste estudo fazemos uma reflexão sobre o ensinamento de Deus por ocasião da crucificação de Jesus, centrando no comportamento dos dois ladrões que foram crucificados ao lado dele.

Em diferentes fontes da mesma Bíblia existem os termos "bandidos, malfeitores, ladrões" para se referir aos dois homens que foram crucificados ao lado de Jesus. Tomamos aqui a designação de "ladrões" por razões didáticas, para facilitarmos a compreensão do texto.

Os ladrões poderiam ser em número de 3, 4, 5, ou ser colocados todos do mesmo lado de Jesus. Mas, assim, o ladrão que estivesse mais longe não teria acesso a Jesus, e a oportunidade de cada um para conversar com Jesus seria desigual. O que estivesse mais perto seria um privilegiado. Por isso, Deus concedeu condições iguais aos ladrões, os mesmos privilégios. Ambos os ladrões estavam afastados igualmente de Jesus, podendo cada um se manifestar nas mesmas condições, dependendo da iniciativa de cada um. No entanto, Deus mostra que, apesar das mesmas condições, a aproximadamente o mesmo número de metros de Jesus, apenas um deles se converteu e foi salvo, na última hora, momentos antes da sua própria morte. Até a pena dos dois ladrões era igual perante a lei dos homens: deveriam morrer crucificados e ao mesmo tempo.

Deus apresenta os ladrões como a personificação do mal e do bem, do bom homem e do mau homem. Um deles, personificando o mal, fez injúrias a Jesus, zombou dele, se uniu ao povo judeu que condenou Cristo. O outro ladrão, personificando o bem, teve compaixão de Jesus, sabia que Jesus era inocente e se apresenta como pecador, sabendo que seu castigo era justo. Mais uma vez Deus usou os modelos do bem e do mal para ensinar aos homens os dois tipos de comportamento através dos dois ladrões, dentro do mesmo cenário. Até mesmo nos últimos momentos da vida de Jesus existe um grande ensinamento.

Na fala de Jesus ao ladrão arrependido presenciamos Seu poder para perdoar os pecados. Chegou a graça, a grande libertação do homem. O ladrão não arrependido também queria ser salvo, porém faltava-lhe a condição básica: crer em Jesus, pedir em oração, em súplica. O ladrão arrependido estava com o coração quebrantado, acreditava em Jesus e suplicou pela sua salvação. A este Jesus salvou, ao outro Jesus se calou. Assim acontecerá conosco. Não havia nenhum sacrifício, nenhum comprometimento da parte do ladrão não arrependido em relação aos princípios deixados por Jesus, nenhum envolvimento espiritual com Cristo. Se dois dentre nós estivermos lado a lado com Jesus, em espírito e em verdade, quem se arrependerá, de fato, e se humilhará? Vai depender de cada um de nós. O ladrão não arrependido foi orgulhoso, e o ladrão arrependido foi humilde diante de Jesus. Nesta passagem da vida de Jesus, Ele nos mostra que, apesar de sermos pecadores, se reconhecermos isso, nos arrependermos de fato de nossos pecados e aceitarmos Jesus como nosso Salvador, seremos salvos. Mesmo que isto aconteça nos últimos momentos de nossa vida.

O ladrão mau queria privilégios para si, ser salvo por Jesus. No entanto, blasfemava contra o Mestre. Faz lembrar Simão, feiticeiro profissional, que queria comprar os poderes de Filipe com dinheiro e foi punido pelos discípulos de Jesus (*Atos 8:18-24*). O ladrão mau entrou na mesma linha de insultos e injúrias a Jesus que o povo judeu. É fácil o homem se deixar levar pela massa e pelo jogo político de alguns líderes. Para entendermos melhor a trama política que culminou na crucificação de Jesus, vamos apreciar os versículos a seguir.

Versículos associados à trama política para a crucificação de Jesus:
Mateus 27:41-42 – Também os sacerdotes-chefes, os mestres da lei e os anciãos caçoavam dele e comentavam: "Salvou os outros e não pode salvar a si mesmo! É o rei de Israel: desça agora da cruz e creremos nele!".
João 19:12-16 – A partir desse momento Pilatos procurava soltá-lo. Mas os judeus gritavam: "Se o soltares, não serás mais amigo de César: todo aquele que se faz rei se opõe a César". Ouvindo isto, Pilatos levou Jesus para fora e sentou-se no tribunal instalado no lugar chamado Litóstrotos, em hebraico, Gabbatá. Era o dia da Preparação da Páscoa, por volta do meio-dia, Pilatos disse aos judeus: "Aqui está o

vosso rei!". Eles começaram a gritar: "À morte! À morte! Crucifica-o!". Pilatos insistiu: "Como? Crucificar vosso rei?". Os sacerdotes-chefes responderam: "Não temos outro rei senão César!". Então, Pilatos o entregou para ser crucificado.
João 19:21-22 – Os sacerdotes-chefes dos judeus pediram inutilmente a Pilatos: "Não escrevas: 'O rei dos judeus', mas sim: 'este homem disse: eu sou o rei dos judeus'". Pilatos respondeu: "O que escrevi está escrito".

Nenhum evangelista foi tão claro como João sobre a trama política envolvendo a crucificação de Jesus. Os sacerdotes-chefes tinham ódio de Jesus, porque antes da sua chegada eles eram os únicos que entendiam das coisas do espírito e do relacionamento com Deus. Antes eles se sentiam orgulhosos e poderosos por causa disso. Com a vinda de Jesus, perderam seu poder, pois Ele executava curas milagrosas, expulsava demônios, ressuscitava os mortos, algo que eles, "sacerdotes-chefes", não conseguiam fazer. Então, uniram-se e deliberaram que tinham que fazer algo para matar Jesus, sem que a pena recaísse sobre eles. A estratégia política montada foi esta: colocar na cabeça do povo judaico que Jesus queria ser o rei dos judeus, contrariando a ordem natural que era o povo se submeter a um único rei, César, rei dos romanos e dos judeus. O povo judeu caiu nessa armadilha, e poucos escaparam dela. Até mesmo Pilatos, que não via culpa em Jesus, deixou que o povo o julgasse e aceitou o mandato popular para sua crucificação.

Os sacerdotes-chefes queriam uma mudança no letreiro que Pilatos havia encomendado para colocar por sobre a cabeça de Jesus, para incriminá-lo, inocentando-os de qualquer culpa sobre a condenação. O novo letreiro daria um pouco de tranquilidade à pobre consciência deles.

O ladrão bom não se contaminou pela massa de gente que insultava Jesus e se destacou como um de seus seguidores, ganhando individualização e o reconhecimento de Jesus.

Em vez de dois ladrões, poderiam ter sido dois estupradores, dois contrabandistas, dois adúlteros, dois leprosos. Até mesmo este detalhe Deus reservou para ensinar algo a Seu povo, nos últimos momentos de Jesus. Deus tomou dois seres que haviam pecado da mesma forma para equalizar a situação deles diante de Jesus. No plano de Deus deveriam ter a mesma condição de pecado, para demonstrar que a conversão do pecador só depende do coração dele, e não do estágio ou gravidade do seu pecado. Deus dá a mesma oportunidade e a mesma liberdade para agir a todo ser humano. O sol, por exemplo, nasce para todos, ricos e pobres, brancos e negros. A maneira de desfrutar do sol, porém, diverge de pessoa para pessoa. Algumas pessoas ficam se bronzeando ao sol dez horas por dia, na piscina ou na praia. Outras pessoas, como os orientais, se expõem pouco ao sol, pois aprenderam com os médicos que o sol em demasia, ou nos horários de pico solar, envelhece e resseca a pele, e pode causar câncer de pele.

Nós sempre tivemos e teremos livre-arbítrio para executarmos o bem ou o mal nas nossas ações. Tudo depende de cada um de nós. A mesma mão que mata é a mão que cura. A mesma boca que agride é a boca que harmoniza. Cabe a nós escolhermos o lado certo da vida, compreendermos que estamos submetidos às forças do mal e do bem. A quem você prestará louvores: a Satanás ou a Deus? Ao lado que escolhermos em nossa vida, por livre deliberação nossa, caberá o resultado final: se aceitarmos Satanás estaremos nas trevas, se aceitarmos Deus estaremos na luz.

REVOLTE-SE E VOLTE-SE PARA DEUS

Versículos associados ao tema:
Romanos 12:2 – [Paulo enfatiza:] Não vos conformeis com este mundo, mas transformai-vos pela renovação do espírito, para chegardes a conhecer qual seja a vontade de Deus, a saber, o que é bom, agradável e perfeito.
Efésios 6:12 – [Paulo escreveu:] [...] Não temos que lutar contra a carne e o sangue, mas contra os Principados, as Potestades, os dominadores deste mundo das trevas, e os Espíritos malignos dos ares.

Se você se encontra com dívidas, desempregado, com desarmonia no seu lar, com alguma doença dita incurável, negócios desaparecendo, sua empresa minguando, sem dinheiro para pagar suas contas, isso não é de Deus. São obras das trevas, dos espíritos malignos que estão invadindo o seu espaço, seu desejo, sua liberdade, o seu ser.

Na carta de Paulo aos Efésios fica transparente a identidade do inimigo. Quem está atrapalhando você, quem não quer que você cresça, que você tenha uma vida em abundância são esses espíritos do mal. Expulse-os da sua vida, revista-se da armadura de Deus para que possa resistir no dia mau. Você não é assim, mas você está assim. Você pode mudar a sua vida, acredite nisso, e siga em frente para Deus, esse é o caminho certo.

Se você se acomodar nada acontece. Se disser algumas dessas frases: "É, o médico disse que eu não tenho mais cura. Vou ter que conviver com essa doença até o fim da minha vida", "A situação econômica do nosso país está um caos. O desemprego está aumentando. Ao redor de mim cada vez mais gente desempregada. Não vou conseguir emprego. Vou viver da misericórdia dos homens", em todas essas situações você se deixou levar pela voz do mundo, que não é a vontade de Deus. Deus quer que você se indigne com essas coisas. Você está levando uma vida que só conta com suas forças, que são pequenas e estão se acabando.

Existem duas atitudes sadias contra essas más situações em que você se encontra. De um lado, não aceitar isso, revoltar-se, não ficar parado esperando que algo aconteça. É preciso eliminar as forças do mal, as potestades que estão interagindo em você. De outro lado, buscar a força suprema que é Deus, que criou os céus e a Terra, e tem o poder ilimitado de resolver tudo o que você precisa. No entanto, isso tem um preço. Deus quer que você seja Dele, que siga os passos Dele, que caminhe na fé. Não adianta somente se revoltar, e voltar-se contra o mundo dando socos e pontapés no primeiro que aparece, batendo a porta de casa com raiva. A revolta, a indignação, esse é apenas o início da vitória. Voltar-se para o lado certo, tomar a atitude certa, que é procurar Deus, ter uma conversa íntima com Ele, e entregar-se de coração para esse Deus maravilhoso que quer o seu bem, a sua vitória, esses são os passos seguintes para que as coisas mudem. Se você se acomodar não atingirá Deus e acabará não fazendo seu clamor, sua petição a Deus.

Em *Romanos 12:2*, Paulo enfatiza este princípio que é básico para uma verdadeira mudança em você e que se constitui na parte central deste tema: não podemos aceitar o mal que está em nós ou ficar de braços cruzados para a fatalidade. Temos que buscar a transformação, revoltar-nos contra o mal. Revolte-se, e volte-se para Deus. Transforme-se pelos seus pensamentos. Você deve ter um verdadeiro encontro com Deus.

Ora, se a vontade de Deus é o bom, o agradável e o perfeito, Ele não está feliz com a situação infeliz em que você se encontra. Ele quer a sua transformação. Não fique quieto, revolte-se contra essa situação insustentável. Não é da vontade de Deus que este sofrimento pelo qual você está passando continue. Você deve revoltar-se contra essa situação, buscar esse Deus vivo, voltar-se para Deus. Não se conforme com a sua vontade, mas com a vontade de Deus. A libertação de Israel do domínio de Madiã não aconteceu como Gedeão queria, mas segundo a vontade de Deus (*Juízes 6:12-16*). Não é da vontade de Deus que você seja derrotado, que seja miserável. Jesus enfatizou estas palavras, quando passou a mensagem aos fariseus em *João 10:10*: "[...] Eu vim para que os homens tenham vida e a tenham em abundância".

Mostre para Deus que agora você é dele. Faça um sacrifício para mostrar esse seu novo amor para com Ele. É necessário que faça a sua parte. Uma vez tendo assumido um compromisso com Deus, você deve cumprir esse compromisso, honrar esse compromisso até o fim, e Deus cumprirá a palavra Dele, pois Ele é fiel, nunca falha. Você verá sua vida mudada em todos os sentidos, e a alegria se instalará para sempre em seu coração.

O CLAMOR A JESUS NA AFLIÇÃO

Versículos associados ao tema:
João 16:33 – Jesus disse: "[...] No mundo tereis aflições. Vós tereis que sofrer no mundo. Mas tende coragem! Eu venci o mundo".
Mateus 11:28 – Jesus disse: "Vinde a mim, vós todos que estais cansados e sobrecarregados, e eu vos aliviarei. Tomai sobre vós o meu jugo e aprendei de mim que sou manso e humilde de coração, e encontrareis repouso para vossas almas. Porque o meu jugo é suave, e o meu peso, leve".

Poucas pessoas no mundo conhecem ou conheceram verdadeiramente a Jesus, ou tiveram um contato tão íntimo com Ele. A oração é fraca, o clamor a Jesus é forte. A oração se faz quando estamos bem; o clamor, quando estamos sofrendo. A oração leva tempo para ser atendida, mas o clamor é atendido mais rapidamente. Para clamar a Jesus, escolha uma postura de joelhos, de preferência, em que você deixará seu orgulho de lado e fará toda a reverência que o ato de clamar a Jesus exige. Concentre-se profundamente Nele, e saiba que Sua presença está próxima a você.

Clamor é a oração a Jesus com o coração. Sua dívida será sanada. Jesus lhe dá a certeza da conquista. As pessoas vivem com medo, fazem seguro de vida, vivem na incerteza, com medo de morrer. Quando você clama e invoca a Jesus com todo o seu coração, na hora vem a resposta: "Eu estou contigo". Como fazer isso se os seus olhos estão fitos no Jesus morto? Você tem que saber que Jesus está vivo, que Jesus é o Senhor glorificado.

Se você estiver bem, sem problemas, você apenas faz suas orações a Jesus. Sirva-se da desgraça, da dor, do sofrimento, para clamar a Jesus, e fazer um contato próximo com Ele. A resposta é imediata. Você está enfraquecido porque ainda não se colocou nas mãos do senhor Jesus. Aí virá a sua vitória, graças a seu esforço, seja de que ordem for: dinheiro, dívida, saúde, separação etc. Se estiver perdido, Jesus salvará você. Quanto mais aflitiva estiver a sua vida, quanto mais afundado você estiver, mais dependente de Jesus você estará, e é exatamente aí, nesta hora, que Ele quer entrar na sua vida para mostrar a Glória Dele. A resposta que você espera só Ele pode dar.

Quando você estiver em situação de perigo, com uma arma apontada para a sua cabeça, com uma doença grave na UTI, com um sufoco financeiro que não dá mais para aguentar, esse é o momento para pedir socorro a Jesus.

Vamos aprender a fazer um clamor a Jesus em benefício de todas as pessoas que estão aflitas, no mundo de incertezas:

"Senhor Jesus, te invoco porque sei que o Senhor está vivo. Não sou louco de invocar um Deus morto. Te invoco a favor dessas pessoas angustiadas, desesperadas, endividadas, doentes, desempregadas, em conflito, que estão esperando uma solução para os seus problemas.

Por causa do gemido do teu povo de Israel, concedestes a vitória e a graça, cumprindo a tua promessa que fizestes ao firmar a aliança feita com Abraão e com Israel. Te clamo a favor dessas pessoas que estão sofridas, que estão doentes, venha trazer esta certeza de cura. Salva, Jesus, essas pessoas aflitas. Encha o coração delas de certeza, que Vós sejais a certeza, a solução dessas pessoas. Estende a Tua mão para livrar essas pessoas desses sofrimentos, dessa miséria. Há tantas pessoas confusas, desesperadas, cheias de dúvidas, com medo. Eu te clamo por todas essas pessoas, a favor de todos que pedem ajuda, por não saberem o que mais fazer. Oh, meu Senhor Jesus, eu Te peço e Te agradeço".

O meu Senhor está andando aqui e agora no nosso meio, está tocando na vida daqueles que clamam, renovando suas vidas. Fale agora com Jesus, com suas próprias palavras, entre em intimidade com Ele e revele sua aflição. Ele o ouvirá e lhe dará a solução. A resposta vem agora, creia.

CONCENTRE-SE EM DEUS NA ORAÇÃO

Versículos associados ao tema:
Mateus 26:36-41 – Então Jesus chegou com eles a um sítio chamado Getsêmani e disse aos discípulos: "Sentai-vos aqui, enquanto vou ali orar". Levou consigo Pedro, mais os dois filhos de Zebedeu, e começou sentir tristeza e angústia. Disse-lhes: "A minha alma está envolta numa tristeza mortal. Ficai aqui e vigiai comigo". Adiantou-se um pouco e caiu com o rosto por terra, fazendo esta prece: "Meu pai, se é possível, afaste-se de mim este cálice! Entretanto não se faça como eu quero, mas como tu queres!". Voltando em seguida aos discípulos, encontrou-os dormindo. E disse a Pedro: "Mas não fostes capazes de vigiar uma hora comigo? Vigiai e orai para não entrardes em tentação, porque o espírito está pronto, mas a carne é fraca".
Lucas 21:6-36 – Jesus disse: "Virão dias em que, de tudo quanto contemplais, não ficará pedra sobre pedra: tudo será destruído. [...] Portanto, tomai cuidado convosco para que os vossos corações não fiquem pesados por causa dos excessos da mesa, da embriaguez e das

preocupações desta vida, para que este dia não vos pegue de repente, como uma armadilha; porque vai atingir a todos os habitantes da Terra. Vigiai, então, e orai em todos os momentos, para serdes dignos de escapar de todas essas desgraças e de vos apresentardes com segurança diante do Filho do homem".
1 Coríntios 14:15 – O que fazer então? Orarei com o espírito, mas orarei também com a inteligência; cantarei hinos com o espírito, mas os cantarei também com a inteligência.
1 Coríntios 14:40 – Que tudo, porém, se faça com decoro e com ordem.
1 Coríntios 10:32 – Procedei de modo a não dar escândalo, nem aos judeus, nem aos gregos, nem à Igreja de Deus.
1 Coríntios 14:33 – [...] porque Deus não é um Deus de desordem, mas de paz.
Habacuque 2:20 – "Mas o Senhor está no seu santo Templo: terra inteira, silêncio diante dele."

Se analisarmos as atividades de qualquer pessoa durante a vida, perceberemos que a vitória e o sucesso que obtiveram só foram alcançados com muita concentração. A falta de concentração leva ao desvio de pensamento, leva à falta de atenção, à distração.

Se um cozinheiro estiver cortando alimentos sem concentração, poderá cortar os dedos. Se um pedreiro estiver usando um martelo para pregar sem se concentrar, poderá dar uma martelada nos dedos. Se um motorista se distrair ao volante, poderá causar acidente fatal. Assim, poderíamos descrever diversas atividades do ser humano que, sem concentração, geram sofrimento, dor ou derrota.

Nosso relacionamento com Deus não é diferente. O encontro verdadeiro com Deus só se dará com muita *concentração* no Senhor. Todas as vezes que pedirmos algo para Deus, só alcançaremos sucesso se tivermos fé e estivermos em "estado de oração", como revelou o mestre Jesus Cristo aos discípulos em *Mateus 21:22*. O estado de oração é um estado afastado do mundo, quando você se desliga de tudo o que é material. É um estado meditativo, reservado, *concentrado*, sem o qual você não entra na frequência de Deus.

Fazer uma oração sem concentração não atinge Deus. É melhor não fazê-la. Muita graça esperada não é alcançada por falta de concentração no Senhor. Outra falha comum do cristão é insistir em só pedir, pedir e pedir, sem se concentrar em ouvir a resposta do Senhor ao seu pedido. Depois de pedir, concentre-se em ouvir o que Deus tem a falar para você. Esteja atento na resposta e a ouvirá.

Por sua vez, para que haja concentração, é necessário que você esteja preparado para isso, que exista uma predisposição de fazer, uma vontade e decisão própria, espontânea, sem imposição de terceiros.

Aqui estão três sugestões para se concentrar de maneira adequada: primeiro, você deve conhecer a necessidade da concentração; segundo, você deve reconhecer que colocá-la em prática traz vantagens para você; terceiro, você deve se autoimpor essa concentração para vencer seus vícios, sua preguiça, seus maus costumes.

Citamos agora alguns hábitos inadequados de cristãos dentro da Igreja que sinalizam a falta de concentração:

1) Namorada fica com a cabeça no ombro do namorado, ou namorados ficam preocupados em namorar, em vez de adorar a Deus.
2) Jovem entra na Igreja mascando chiclete, e assim permanece durante o culto, em vez de se alimentar apenas do espírito de Deus.
3) Fiel fica sonolento ou dormindo durante o culto. Faltou preparação do cristão antes de vir à Igreja, quebrando o cansaço, dormindo ou relaxando antes de chegar à Igreja. O Templo de Deus é local para o despertar da fé, e não para o dormir corporal.
4) O crente fica olhando para outras pessoas, em vez de olhar para Deus.
5) Cantar hinos de louvor, apenas lendo os versos, não é louvar a Deus. Ao contrário, se você sentir o que está pronunciando, com estas palavras penetrando no seu interior, você estará cantando para Deus.
6) Crente se distrai com o choro das crianças ou com o circular das crianças na Igreja, em vez de se concentrar em Deus. Aos pais dessas crianças cabe a iniciativa para levá-las ao berçário ou para fora da Igreja até que se acalmem.

7) Crentes cochichando na hora da oração, lançando sorrisos, mandando recados: são distrações perigosas que podem tirar a bênção tanto de um como de outros.
8) Cristãos entram na Igreja com aparelho celular ligado, aceitam e recebem chamadas, atrapalhando e distraindo os outros. O respeito a Deus recomenda que o celular seja desligado ao se entrar na Igreja. Ligue-se somente a Deus.
9) A falta de asseio e higiene corporal gera desconforto para seus vizinhos, dificultando a atenção no culto. Evite isso, fazendo uma higiene corporal completa antes de chegar à Igreja. Perfume-se para Deus.
10) Pessoas entram e saem da Igreja a qualquer tempo durante o culto, em vez de permanecerem concentradas em Deus, ou nas palavras de Jesus. Afinal, permanecerem em seus lugares durante o culto, apenas por uma ou duas horas por semana, não é pedir muito. Se você comparar quanto tempo por semana você se dedica a futilidades, passatempos ou qualquer outra atividade, verá que duas horas é pouco para adorar a Deus com os irmãos.

Ao entrar na Igreja, toda a atenção e dedicação deve ser dada ao Senhor. Ele é a razão de você estar ali, é para Ele que você vai dedicar todo o tempo de permanência na Igreja, e não para qualquer outro fim. Pense nos visitantes famintos e sedentos de encontrar um lugar sério e equilibrado para adorar a Deus. Ele quer se concentrar. Como conseguirá se a Igreja está distraída?

Concentre-se em Deus em todo seu relacionamento com Ele. Ele quer sentir isso de você. Em qualquer atividade que você for realizar para servir a Deus, concentre-se, pois assim ensinou Jesus em *Mateus 21:22*.

O MILHO QUE VIROU PIPOCA

O milho da pipoca não é o que deve ser. Ele tem uma missão: virar pipoca. Ele deve ser aquilo que acontece depois do estouro, depois de passar pelo fogo. Milho de pipoca que não passa pelo fogo continua a ser milho de pipoca para sempre.

Imagino que o pobre milho, fechado dentro da panela, lá dentro ficando cada vez mais quente, pensa que sua hora chegou: vai morrer. Não pode imaginar a transformação que está sendo preparada. O milho não imagina aquilo de que ele é capaz.

Aí, sem aviso prévio, pelo poder do fogo. a grande transformação acontece: PUM! e ele aparece como outra coisa completamente diferente, com que ele mesmo nunca havia sonhado.

Bom, mas ainda temos o piruá, que é o milho de pipoca que se recusa a estourar. Terminado o estouro alegre das pipocas, no fundo da panela ficam os piruás, que não servem para nada. Seu destino é o lixo.

Versículos associados ao "milho":
Gênesis 1:26-27 – Por fim Deus disse: "Façamos o homem à nossa imagem, como nossa semelhança. Domine ele sobre os peixes do mar, sobre as aves do céu, sobre os animais domésticos, todos os animais selvagens e todos os répteis que rastejam sobre a terra".

Cada pessoa é um milho de pipoca, que deve passar de milho duro em pipoca macia através de uma grande transformação, para que o homem venha a ser quem deve ser. O milho de pipoca é o homem ainda duro, quebra dentes, impróprio para comer, que não cumpre sua missão.

A proposta de Deus para o homem é gigantesca, é fascinante. O homem foi criado por Deus para ser grande, para produzir, para dar frutos, para dar alegria aos outros, e, através das suas atitudes, dar alegria a Deus. O homem foi feito para dominar toda a Terra, administrá-la, trabalhar para Deus, dar fruto.

Versículos associados ao "fogo":
Hebreus 12:29 – Porque nosso Deus é um fogo devorador.

Mateus 13:3-9 – Ele dizia: "Saiu certo semeador a semear. Quando semeava, caíram grãos pelo caminho, vieram as aves do céu e os comeram. Outros caíram em terreno pedregoso, onde não havia muita terra, e logo germinaram, porque a terra não era profunda; mas nascendo o sol, foram queimados pelo calor, e não tendo grandes raízes secaram. Outros ainda caíram por entre os espinheiros. Estes cresceram e os sufocaram. Outros por fim caíram em boa terra, e produziram frutos, uns na base de cem, outros de sessenta e outros de trinta grãos por um. Quem tiver ouvidos que escute bem".

Ezequiel 36:26 – "Dar-vos-ei um coração novo e porei em vosso peito um espírito novo. Tirarei de vosso corpo o coração de pedra, e vos darei um coração de carne. [...] Livrar-vos-ei de todas as vossas impurezas."

O fogo é o nosso teste, a nossa provação. O fogo é quando a vida nos lança numa situação que nunca imaginamos. É a nossa dor, o nosso sofrimento, as nossas perdas: perder um amor, perder um filho, perder um pai, ficar doente, perder o emprego, ficar pobre, ter pânico, medo, ansiedade, depressão. A perda dos bens deste mundo é pequena diante de Deus.

Pelo poder do fogo podemos, repentinamente, nos transformar em outra coisa. As grandes transformações acontecem quando passamos pelo fogo. Quem não passa pelo fogo fica do mesmo jeito a vida inteira. O fogo não veio para consumir, mas para transformar. As perdas não vêm para sempre. Deus provê algo maior para você.

Versículo associado à "pipoca":
Hebreus 11:6 – [...] Pois quem chega perto de Deus deve crer que ele existe, e que recompensa os que O procuram.

A pipoca faz a alegria de quem assiste a um filme. É deliciosa. O homem também, uma vez transformado com a graça de Deus, se reveste de poder, dá alegria aos que vivem ao seu redor e conquista seus mais impossíveis sonhos.

O homem que se transformou com o fogo de Deus conquista o Reino de Deus, onde não há fome, lamentações, e onde os prazeres são eternos. O homem transformado para Deus consegue bênçãos, recompensas e graças.

Versículos associados aos "piruás":
Romanos 14:7-8 – Ninguém de nós vive e ninguém de nós morre para si mesmo. Porque se vivemos, vivemos para o Senhor, e se morremos, morremos para o Senhor. Tanto na vida como na morte pertencemos ao Senhor [...].
Jeremias 48:10 – Maldito quem faz sem energia a obra de Javé.
Lucas 13:6-9 – Jesus contou também esta parábola: "Um homem tinha uma figueira plantada na sua vinha. Foi buscar os frutos e não os encontrou. Disse então ao viticultor: 'Já faz três anos que venho buscar frutos nesta figueira e não encontro nada. Vai cortá-la. Para que ocupar o terreno inutilmente?' Mas o outro respondeu: 'Senhor, deixa-a também por este ano. Enquanto isso, eu vou cavar em sua volta, e colocar adubo. Talvez ela dê fruto depois [...] Do contrário, a cortarás'".

Piruás são assemelhados àquelas pessoas que, por mais que o fogo esquente, se recusam a mudar. Elas acham que não pode existir coisa mais maravilhosa do que o jeito delas de ser. A sua presunção, prepotência, orgulho e o medo da mudança são a dura casca de milho que não estoura.

O destino delas é triste, ficarão duras a vida inteira. Não vão se transformar na flor branca e macia. Não vão dar alegria a ninguém. Nascem para si e morrem para si. Ao homem, Deus sempre dá mais uma chance para não morrer um piruá.

SANTA CEIA

Versículos associados ao tema:
Lucas 22:14-20 – Chegando a hora, Jesus pôs-se à mesa com os apóstolos e lhes disse: "Desejei ardentemente comer esta Páscoa convosco antes de sofrer; porque eu não vou mais comer dela, até que se realize plenamente no Reino de Deus". Tomou então um cálice, deu graças e disse: "Tomai-o e passai entre vós. Porque, eu vos digo: de agora em

diante não beberei mais do fruto da vinha até que chegue o Reino de Deus". Depois, tomou o pão e deu graças. Então, o partiu e deu-lhes, dizendo: "Isto é o meu corpo, que é dado por vós. Fazei isto em minha memória". No fim da ceia, fez o mesmo com o cálice dizendo: "Este cálice é a nova Aliança do meu sangue, que é derramado por vós".
João 6:53-58 – Jesus insistiu: "Eu vos afirmo e esta é a verdade: se não comerdes a carne do Filho do homem e não beberdes seu sangue, não tereis a vida em vós. Quem come minha carne e bebe meu sangue tem a vida eterna e eu o ressuscitarei no último dia. Porque minha carne é verdadeira comida, e o meu sangue é verdadeira bebida. Quem come minha carne e bebe meu sangue permanece em mim e eu nele. Como o Pai, que vive, me enviou e eu vivo para Ele, assim quem come a minha carne viverá para mim. Este é o pão descido do céu. Não é igual ao que comeram vossos pais e apesar disso morreram. Quem come deste pão vive para sempre".

Através dos versículos anteriores, Jesus exprimiu seu desejo de celebrar aquela Páscoa com os seus discípulos. Ele explicou o motivo: a passagem da antiga para a nova Páscoa. A antiga Páscoa era o memorial da libertação de Israel, e a nova Páscoa passou a ser o memorial da salvação definitiva trazida por Jesus.

Toda a Igreja de Cristo comemora o cerimonial da Santa Ceia distribuindo um pedaço de pão e um cálice de suco de uva para cada membro da Igreja. Cada um, quando come e bebe, o faz em memória do sacrifício de Jesus, lembrando que, para nos livrar do pecado, Ele aceitou o sacrifício da cruz. Em razão disto, é importante que todo aquele que quiser participar da Santa Ceia seja seguidor de Jesus, e se estiver em pecado se arrependa dele antes de tomar a Santa Ceia. Caso não o fizer, o melhor é não participar dessa cerimônia, para não entrar em choque com esse propósito.

A Santa Ceia simboliza a Nova Aliança que Deus quer fazer com o homem através do sacrifício de Jesus. É vital participarmos da Santa Ceia, pois comendo do pão que simboliza a carne de Jesus passamos a ter mais saúde física, e tomando o suco de uva que simboliza o sangue de Jesus passamos a ter mais crescimento espiritual.

CAPÍTULO 3
SALVAÇÃO
(derramamento do Espírito Santo
e vida eterna)

BATISMO COM ÁGUA E BATISMO NO ESPÍRITO SANTO

Versículos associados ao tema:
Marcos 16:15-16 – E disse Jesus: "Ide ao mundo inteiro, proclamai o Evangelho a todas as criaturas. Quem crer e for batizado, será salvo. Quem não crer, será condenado".
João 4:2 – Se bem que Jesus mesmo não batizasse, mas seus discípulos.
João 4:13-14 – Jesus respondeu: "Quem beber desta água terá sede novamente; mas quem beber da água que eu lhe der nunca mais terá sede: porque a água que eu lhe der, nele se tornará em fonte de água corrente, para a vida eterna".
Atos 8:36-38 – Continuando a viagem, a certa altura do caminho encontraram água. E o eunuco disse: "Aqui temos água. Que impede que eu seja batizado?". Deu ordem de parar a carruagem e entraram na água. Aí Filipe o batizou.
Atos 16:30-33 – Depois, conduziu os dois [Paulo e Silas] para fora e disse: "Senhores, que devo fazer para me salvar?". "Acredita no Senhor Jesus", responderam, "e te salvarás com toda a tua família". E, anunciaram a palavra do Senhor a ele e a todas as pessoas de sua casa. O carcereiro começou a cuidar deles, naquela mesma hora da noite e a lavar as suas feridas. Logo depois, recebeu o batismo com todos os seus.
Gálatas 3:26-29 – Todos vós, de fato, sois filhos de Deus pela fé em Cristo Jesus. Vós todos que fostes batizados em Cristo, fostes revestidos de Cristo. Não há mais nem judeu, nem grego, [...] não há mais nem homem, nem mulher; todos vós, realmente, sois um só em Cristo Jesus. Se pertenceis a Cristo, sois então a descendência de Abraão: sois herdeiros por força da promessa.

Efésios 4:5 – Só há um Senhor, uma fé, um batismo.

1 João 5:5-6 – Quem vence o mundo senão quem acredita que Jesus é o Filho de Deus? Foi ele quem veio pela água e pelo sangue: Jesus Cristo.

Atos 2:38 – Pedro lhes respondeu: "Convertei-vos, e cada um peça o batismo em nome de Jesus Cristo, para conseguir perdão dos pecados. Assim, recebereis o dom do Espírito Santo".

Atos 8:9-21 – Ali havia um homem chamado Simão, feiticeiro profissional [...] Entretanto, tendo acreditado na palavra de Filipe que lhes pregava sobre o Reino de Deus e a pessoa de Jesus Cristo, tanto mulheres como homens receberam o batismo. Simão também acreditou, foi batizado e depois estava sempre com Filipe. Mas, observando os grandes milagres e prodígios que ele realizava, ficou maravilhado. Quando os apóstolos souberam em Jerusalém que a Samaria tinha recebido a palavra de Deus, enviaram Pedro e João para lá. Chegados que foram, estes oravam pelos samaritanos para que recebessem o Espírito Santo. De fato, o Espírito ainda não tinha descido sobre nenhum deles, porque eles estavam batizados só em nome do Senhor Jesus. Impuseram-lhes as mãos e eles receberam o Espírito Santo. Vendo Simão que o Espírito Santo era concedido pela imposição de mãos dos apóstolos, ofereceu-lhes dinheiro, dizendo: "Dai-me esse poder a mim também, para que recebam o Espírito Santo as pessoas sobre quem eu impuser as mãos". Mas Pedro lhe disse: "Que sejas condenado tu com o teu dinheiro, porque achaste que podias comprar o dom de Deus com dinheiro! De modo algum terás parte nesse poder, porque teu coração não está bem intencionado diante de Deus".

Atos 19:1-7 – Enquanto Apolo se achava em Corinto, Paulo, depois de percorrer as regiões montanhosas, chegou a Éfeso e lá encontrou alguns discípulos. E perguntou-lhes: "Recebestes o Espírito Santo quando abraçastes a fé?". Eles responderam: "Mas nem sequer ouvimos dizer que existe um Espírito Santo". Ele continuou: "Então, que batismo recebestes?". Eles replicaram: "O batismo de João". Paulo explicou: "João dava um batismo de conversão, dizendo ao povo que devia crer naquele que viria depois dele, isto é, em Jesus". Ouvindo isto, foram batizados no nome do Senhor Jesus. E quando Paulo lhes impôs as mãos, o Espírito Santo desceu sobre eles e começaram a falar em diversas línguas e a profetizar. Eram ao todo cerca de doze pessoas.

Atos 1:5 – Após sua ressurreição, disse Jesus a seus apóstolos: "Porque João batizava com água: vós, porém, sereis batizados no Espírito Santo, dentro de poucos dias".

Atos 2:3-4 – Então, lhes apareceram línguas como se fossem de fogo, que se dividiram e pousaram sobre cada um deles. Todos ficaram cheios do Espírito Santo e começaram a falar em outras línguas, conforme o Espírito os impelia a que se exprimissem.

Atos 9:17-18 – Então Ananias foi, entrou na casa de Judas e impôs as mãos sobre Saulo, dizendo: "Irmão Saulo, foi o Senhor que me enviou a ti, esse Jesus que te apareceu na estrada que tu seguias, para que recuperes a vista e recebas a plenitude do Espírito Santo". E improvisadamente caíram dos seus olhos coisas parecidas com escamas e recuperou a visão. Levantou-se e recebeu o batismo.

Atos 10:44-48 – Pedro ainda falava, quando o Espírito Santo desceu sobre todos os que escutavam seu discurso. Os fiéis de origem judaica, que tinham ido de Jope com Pedro, ficaram admirados por verem que o dom do Espírito Santo tinha sido derramado também sobre os não judeus. De fato, eles os ouviam falar em diversas línguas e glorificar a Deus. Então Pedro disse: "Quem poderá recusar a água do batismo a esses, que receberam o Espírito Santo da mesma forma que nós?". E decidiu que fossem batizados em nome de Jesus Cristo.

Efésios 1:13 – É nele que também vós, depois de ouvirdes a palavra da verdade, a Boa Nova da vossa salvação, tendo acreditado, fostes marcados com o sinal do Espírito Santo prometido.

A palavra *batismo* em si significa imersão ou banho. O batismo com água passou a ser feito desde João Batista, e continuou a ser praticado pelos discípulos de Jesus, como é notório no livro de *Atos*. É feita para manter a unidade do corpo de Cristo. Entendemos que há um só batismo com água.

O batismo com água era praticado em nome de Jesus, pelos seus discípulos, pois Jesus não batizava nas águas. O batismo nas águas era necessário para cada cristão tornar-se membro da comunidade cristã. Com esse procedimento a pessoa ficava identificada com um carimbo, passava a fazer parte do time de Jesus, ela entrava no Corpo de Cristo. E isto era uma cerimônia feita sempre em público, para haver testemunhas do ato.

As condições para o batismo com água são: primeiro, crer em Jesus; segundo, se converter para Jesus; terceiro, se arrepender de todos os seus pecados. O batismo nas águas é um sinal simbólico de sua fé em Jesus Cristo. Significa inserção no corpo de Cristo, confissão de fé, iniciação de sua vida com Cristo em alguma irmandade cristã.

Como prática normal nas igrejas cristãs do mundo inteiro, é pedido a todo aquele que decidiu aceitar Jesus responder afirmativamente à seguinte pergunta: "Você aceita Jesus como Senhor e Salvador da sua vida?". Se você responder: "Sim", logo a seguir você será imerso nas águas para consolidar o seu batismo. "Crê no Senhor Jesus e serás salvo" (*At 16:31*).

A água tem uma grande importância no tema do batismo, pois é através dela que apresentamos a Deus a nossa condição de perdidos que querem ser salvos e aceitamos o seu plano para nossas vidas. Por que água? Jesus é representado na palavra como água da vida (*Jo 4:13-14*). Jesus diz que a água que Ele dá produz vida, e quem bebe desta água jamais terá sede. A água é um ponto de contato entre nós e Jesus, nosso Salvador.

O batismo nas águas é um dos sinais de testemunho e mudança de vida das pessoas. João Batista usava do batismo nas águas como este sinal, tanto que Jesus exigiu receber este sinal antes do início de seu ministério. Jesus iniciou a sua missão, submetendo-se ao rito do batismo de João Batista com água e a concluiu pelo sacrifício na cruz, quando do seu lado aberto saiu sangue e água. Após o batismo de Jesus é que ocorreu uma mudança no rumo da história da humanidade e da própria salvação do homem. O batismo nas águas representa uma mudança de estado, uma mudança de vida, de pensamento, de ideias, de propósitos de fé.

O batismo com água é um sinal de transformação, é o sinal de que a pessoa saiu de uma vida pecadora e perdida e passou para o lado da salvação, santificação e fé. O batismo nas águas é este sinal que podemos e devemos demonstrar para as pessoas ao nosso redor, e principalmente a Deus, que realmente estamos transformados pela Palavra.

Já o batismo no Espírito Santo é para o cristão que deseja ter o recebimento do Espírito Santo, ser cheio Dele, para definitivamente o Espírito Santo fazer morada no corpo dele. O batismo no Espírito Santo é o derramamento, a imersão do Espírito Santo no corpo daquele que o deseja receber.

As condições para o batismo no Espírito Santo são: primeiro, conhecer as palavras e as promessas de Deus, que quer enchê-lo com o seu Espírito; segundo, desejar firmemente receber o Espírito Santo; terceiro, deixar que ele o preencha em silêncio, após falar com o Espírito Santo do seu modo, da sua maneira. O Espírito Santo é dado como penhor após o convencimento da Palavra, que é Jesus. Tudo o que aconteceu com Jesus é passível de acontecer também com aquele que o segue, que anda junto com Ele.

Outra maneira de receber o Espírito Santo é estar em um ambiente ouvindo a palavra de Jesus e ficar submerso em uma atmosfera favorável a que esse batismo seja derramado, como aconteceu enquanto Pedro explicava a Palavra (*Atos 10*). Outra forma é por imposição de mãos feita pelos discípulos de Jesus, como os missionários nas igrejas de Cristo, demonstrando claramente esta intenção verdadeira.

Para ficar cheio do Espírito Santo, deve-se estar preparado antecipadamente, em um relacionamento mais íntimo com Deus, numa espécie de aliança com Ele, e haver um desejo de tê-lo totalmente dentro do seu corpo, que passa a ser Templo do Espírito Santo, libertando-se de todos os vínculos com Satanás. Deve ser uma experiência sublime e especial em sua vida, algo que vai marcá-lo com uma paz extraordinária que você nunca sentiu antes.

O que não pode acontecer é querer enganar o Espírito Santo, querendo apenas recebê-lo para ganhar poder para demonstrar aos outros os milagres que você pode fazer depois. Como Simão, feiticeiro profissional, que quis comprar o batismo no Espírito Santo, mas ganhou uma repreenda por parte de Pedro, que percebeu suas más intenções e negou a imposição de mãos sobre ele. Tanto o batismo com água como o batismo no Espírito Santo não são vendidos, mas sim ofertados àquele que tem fé.

PODER DO ESPÍRITO SANTO

Versículos associados ao tema:
João 7:37-39 – Jesus dizia, de pé em alta voz: "Se alguém tiver sede, venha a mim, e beba aquele que crer em mim", conforme diz a Escritura. Do seu seio correrão rios de água viva. Disse isto falando do Espírito que havia de receber os que acreditassem nele; pois ainda não fora dado o Espírito, visto como Jesus ainda não tinha sido glorificado.
Atos 1:8 – [Jesus após sua ressurreição ensinou aos apóstolos:] "Mas recebereis um poder quando o Espírito Santo descer sobre vós. Então, sereis minhas testemunhas em Jerusalém, em toda a Judeia e Samaria, até os confins da Terra."
1 Coríntios 7:7 – [Paulo, em sua primeira carta aos coríntios, com a Igreja de Deus estabelecida em Corinto, escreveu:] Mas cada um recebe de Deus o seu dom particular: uns de um modo, e outros de outro modo.
1 Coríntios 12:4-11 – São vários os dons espirituais, mas o Espírito é o mesmo. [...] A cada um é dada a manifestação do Espírito em vista do bem de todos. A um é dada pelo Espírito uma palavra de sabedoria; a outro, uma palavra de conhecimento, segundo o mesmo Espírito; a outro, a fé no mesmo Espírito; a outro, o dom de curar, neste único Espírito; a outro, o poder de operar milagres; a outro, a profecia; a outro, o discernimento de espírito; a outro, a diversidade das línguas; a outro, o dom de interpretação. Mas é o único e mesmo Espírito que realiza isto tudo, distribuindo a cada um como quer.
1 Coríntios 12:27-31 – Vós sois o corpo de Cristo. E cada um, por sua vez, é um dos membros dele. Por isso, Deus estabeleceu na Igreja, em primeiro lugar, a uns como apóstolos, em segundo lugar, como profetas, em terceiro lugar como doutores. Depois vêm os dons de realizar milagres, de curar, de assistir, de governar, as diversidades das línguas. São todos apóstolos? Todos profetas? Todos doutores? Todos fazem milagres? Tem todos o dom de curar? Falam todos em línguas? Todos interpretam?
Gálatas 5:22-24 – Pelo contrário, eis o fruto do Espírito: amor, alegria, paz, paciência, gentileza, bondade, fidelidade, doçura, autodomínio. [...]

Os que pertencem a Cristo Jesus crucificaram suas tendências baixas com suas paixões e desejos.
2 Coríntios 1:22 – [...] e também nos marcou com o seu selo e pôs em nossos corações uma garantia, que é o Espírito.
Efésios 1:13-14 – É nele [Jesus] que também vós, depois de ouvirdes a palavra da verdade, a Boa Nova da vossa salvação, tendo acreditado, fostes marcados com o sinal do Espírito Santo prometido.
1 Coríntios 10:13 – Nenhuma tentação que superasse as forças humanas, veio sobre vós. Deus é fiel: não permitirá que sejais tentados acima das vossas forças, mas, com a tentação, vos dará também o meio de livrar-vos e a força para que possais suportá-la.

O batismo com água não confere os poderes proporcionados pelo batismo no Espírito Santo (*Atos 1:8*). Esses poderes estão assinalados em *1 Coríntios 12*, e são: sabedoria, conhecimento, fé, cura, operação de milagres, profecia, discernimento de espírito, diversidade de línguas, interpretação. Esses dons não vêm todos para a mesma pessoa, mas é o Espírito que os distribui a cada um como Ele quer. E pelo menos um desses dons virá para você, após o batismo no Espírito Santo, disso você pode estar certo. Só se manifestam os dons para quem se deixa ser cheio do Espírito Santo, e o Espírito Santo só está nos salvos e batizados com água. Não pode um ser puro habitar em um corpo impuro.

Os versículos anteriores revelam que os discípulos de Jesus falavam em línguas, profetizavam, praticavam milagres. Essas pessoas manifestaram um dom, mas isso só aconteceu por já existir o selo do Espírito, e não como sinal de batismo no Espírito Santo. Esses dons não necessariamente precisam ocorrer com você logo após o batismo, após o derramamento do Espírito Santo. É Ele que decide que tipo de dom vai querer lhe entregar.

O que virá para todos após o batismo no Espírito Santo é o fruto do Espírito, descrito em *Gálatas 5*: amor, alegria, paz, paciência, gentileza, bondade, fidelidade, doçura, autodomínio; esse é o pacote todo, e esse fruto será notório. O sinal de quem está selado pelo Espírito Santo é a manifestação do fruto do Espírito, este sim deve estar manifesto em nossas vidas e ser visível. É a maneira de vermos o selo do Espírito

Santo em nossas vidas, e se constitui uma prova de que realmente fomos batizados no Espírito.

Com o batismo no Espírito Santo você passa a ter uma nova vida. Aquilo que você não conseguia fazer durante vários anos, algum projeto seu que estava encalhado, agora terá solução, o poder de criação estará ao seu alcance. E é uma novidade mesmo, pois ninguém terá feito aquilo antes, ou daquela maneira. Você vai perceber que foi Ele, o Espírito Santo quem te forneceu a pista, a luz no final do túnel. Aquela doença que não tinha cura, agora terá desaparecido para sempre.

Novos desafios que você não sabia como executar agora terão saída, basta começar a fazê-los. Os obstáculos vão saindo de sua frente, um a um, e as vitórias vão sendo alcançadas. Esse é o poder do Espírito Santo. Novos projetos, novas ideias, novas oportunidades, vão surgindo um atrás do outro.

Os prazeres mundanos e os vícios que pareciam ser suas únicas fontes de alegria agora serão desprezíveis, dispensáveis, rejeitáveis, você não mais os desejará, e a paz interior que vem do Espírito chegará até você.

Entretanto, no pós-batismo no Espírito Santo virão, de um lado, o poder do Espírito Santo manifestado em sua vida e, do outro lado, as provações, as perseguições, que serão dirigidas a você por Satanás e seus demônios. O adversário, o demônio, sabe que perdeu você para Deus, então ele não vai deixá-lo em paz. Vai querer persegui-lo, importuná-lo, tanto em casa como no trabalho. Vai querer gerar um caos na família, a família não o entenderá. Mas, acredite, isso é um bom sinal, isso mostra que você está mesmo com o Espírito Santo, pois você será provado, será testado se fica com Deus ou volta para Satanás.

Virão as provações, uma prova para purificação, como resistência para enfrentar as dificuldades trazidas pelos demônios. É uma fase difícil porque se deixa uma vida de erros para abraçar a fé. Deus prova os corações. Ele quer ver se estão purificados, aptos para serem aprovados.

1 Coríntios 10:13 fala que passamos por provações, que são humanamente possíveis de serem vencidas, mas somente com a ajuda de Deus; de outra forma não conseguimos sair vivos da fornalha das provações.

Deveremos manter a fé diante das provações da vida, uma vez que Satanás vai buscar brechas para nos derrubar e atingir, ele tentará nos fazer desistir de nossa fé, e somente com a fidelidade em Deus é que podemos vencê-lo e ter a aprovação Dele em nossos corações.

ENTREGA TOTAL A DEUS

Versículos associados ao tema:
Lucas 23:44-47 – Era meio-dia, mais ou menos, quando o Sol entrou em eclipse e uma escuridão cobriu toda a Terra, até as três horas da tarde. O véu do Templo rasgou-se pelo meio, e Jesus deu um grande grito: "Pai, nas tuas mãos entrego o meu espírito!". E, dizendo isto, expirou. Vendo o que acontecia, o centurião glorificava a Deus, dizendo: "De fato, este homem era inocente!".
Efésios 5:2 – Procedei com amor, imitando Cristo que vos amou e se entregou por nós a Deus, como oferta e sacrifício de suave perfume.
Salmos 37:5 – Entrega o teu caminho ao Senhor, e o Senhor agirá: confia nele.
Filipenses 2:7-11 – Muito pelo contrário: ele mesmo se resumiu a nada, assumindo condição de servo e tornando-se solidário com os homens. E sendo considerado homem, humilhou-se ainda mais, fazendo-se obediente até a morte, e morte de cruz! Por isso é que Deus o exaltou grandemente, e lhe deu um nome que está acima de todo nome, para que ao nome de Jesus se dobre todo joelho, no céu, na terra, e debaixo da terra, e toda língua proclame para glória de Deus Pai: "Jesus Cristo é o Senhor!".
João 4:23-24 – Jesus disse: "Mas vem a hora, e já chegou, em que os verdadeiros adoradores adorarão o Pai em espírito e em verdade. Adoradores como estes é o que o Pai deseja. Deus é espírito, e os que o adoram devem adorar em espírito e em verdade".
Gênesis 12:1-4 – E Deus disse a Abrão: "Parte para longe de tua pátria, de teus parentes e da casa de teu pai, e dirige-te ao país que eu te indicar. Pois de ti farei uma grande nação, hei de abençoar-te e engrandecer teu nome: sejas tu uma bênção!" [...]. Abrão pôs-se a caminho conforme lhe dissera Deus.
Atos 5:29 – Então Pedro e os apóstolos responderam: "É preciso obedecer mais a Deus do que aos homens".

1 Pedro 1:14-17 – Como filhos obedientes, não sigais as paixões de outrora, quando éreis ignorantes. Sede santos em toda a vossa conduta, assim como é santo Aquele que vos chamou. Porquanto está escrito: "Sede santos porque Eu sou Santo".
1 Samuel 15:22 – Gosta Deus de holocaustos e sacrifícios como da obediência à voz de Deus? Sim, obediência vale mais do que sacrifício.
Êxodo 24:7-8 – Tomou então o livro da Aliança, lendo-o aos ouvidos do povo. E eles disseram: "Faremos tudo o que disse Deus, e seremos obedientes". A seguir, tomando o sangue, Moisés aspergiu-o sobre o povo, dizendo: "Este é o sangue da Aliança que Deus celebra convosco, segundo todas essas palavras".
Deuteronômio 27:9-10 – Moisés e todos os sacerdotes levitas falaram a todo Israel, nestes termos: "Silencia e escuta, Israel! Hoje, te tornaste um povo pertencente ao Senhor, teu Deus. Obedecerás, pois, a voz do Senhor, teu Deus, e praticarás seus mandamentos e suas leis que hoje te ordeno".
Mateus 16:26 – [Seis dias antes da sua transfiguração, Jesus disse a seus discípulos:] "Que adianta ao homem ganhar o mundo inteiro, se com isso perder a sua alma? Ou que poderá dar o homem, que tenha o valor da sua alma?".

O grande herói da fé, Abraão, abandonou tudo o que tinha para obedecer ao Senhor Deus. Depois de tentar vários deuses vazios e inoperantes, Abraão teve um encontro com o Deus verdadeiro, e a partir daí passou a obedecê-lo em tudo o que Ele lhe pedia para fazer. Até mesmo sair de sua parentela, tomar tudo o que era seu e dirigir seu povo e sua família por caminhos desconhecidos, para uma terra que Deus havia lhe prometido. Foi um dos maiores exemplos de entrega da vida humana a Deus.

Confiar inteiramente nele pela fé é entregar-se de corpo, alma, e espírito, como fez Abraão. Imitando Jesus no último instante de sua vida aqui na Terra, nós podemos entregar nossa vida no altar para Deus. É como se nós estivéssemos morrendo para nós mesmos e passando a viver totalmente para Deus. Tudo para Deus e nada para nós, 100% para Deus e 0% para Satanás. Ficaremos à mercê de Deus, e é exatamente isso o que Ele mais deseja que nós façamos: dependermos totalmente Dele, como garantia da nossa salvação.

De que nos adianta obtermos cura de uma doença, sermos abençoados com riqueza depois de estarmos no fundo do poço, resgatarmos nosso casamento perdido, se perdermos nossa alma, segundo está escrito em *Mateus 16:26*? Jesus quer que cuidemos da salvação de nossa alma como nosso bem mais precioso, porque esse é o setor mais importante de nossa vida, garantirmos nossa salvação. Se procurarmos somente um milagre pontual, como cura, riqueza ou libertação, podemos ganhar essa bênção pela fé, mas depois ficamos vulneráveis, e aí o demônio penetra em nossa alma, causando problemas crônicos ou aflição sem solução. Com a Aliança com Deus ficaremos protegidos contra os danos causados pelas investidas dos demônios.

Sem a Aliança com Deus, nós não somos ninguém, nós não valemos nada. E o pior: não estaremos inscritos no "Livro da Vida", que está reservado a todo aquele que obedece as palavras de Deus.

Deus exigiu nossa *obediência* às palavras dele, que estão expressas na Bíblia, e sermos *perseverantes* na fé até nossa morte. Durante todo esse tempo estaremos recebendo bênçãos e mais bênçãos, e nossa vida será muito feliz.

A entrega total a Deus só será verdadeira se você estiver preparado, decidido a *obedecer* as palavras de Deus, a aceitar Deus como seu Pai celestial, assim como fez Jesus.

QUEM NASCE DO ESPÍRITO É ESPÍRITO

Para termos uma base bíblica e os fundamentos para uma melhor compreensão do tema "Quem nasce do Espírito é espírito", é necessária uma leitura dos principais versículos que abordam este assunto.

Versículos associados ao tema:
João 3:3-12 – Jesus respondendo a Nicodemos, que era fariseu e um dos mestres mais importantes entre os judeus: "Eu te afirmo e esta é a verdade: se alguém não nascer do alto, não poderá ver o Reino de

Deus". Nicodemos perguntou: "Como é que pode o homem nascer, quando já é velho? Porventura poderá entrar de novo no seio de sua mãe e nascer?". Jesus respondeu: "Eu vos afirmo e esta é a verdade: se alguém não nascer da água e do Espírito, não poderá entrar no Reino de Deus. O que nasce da carne é carne; o que nasce do Espírito é espírito. Não te admires do que eu disse: é necessário para vós nascer do alto. O vento sopra para onde quer e ouve sua voz, mas não sabe donde vem, nem aonde vai. Assim é quem nasceu do Espírito". Nicodemos perguntou: "Como pode acontecer isso?". Jesus disse: "És mestre em Israel e não sabes estas coisas? Eu te afirmo e esta é a verdade: nós falamos do que sabemos e damos testemunho do que vimos, mas não recebeis nosso testemunho. Se não acreditardes quando vos falo das coisas terrestres, como acreditareis quando eu vos falar das coisas celestes?".

Romanos 8:5-17 – Quem vive de acordo com a carne, deseja as coisas da carne; mas quem vive segundo o Espírito, deseja as coisas do Espírito. Tudo o que a carne deseja é morte. Tudo o que o Espírito deseja é vida e paz. O desejo da carne é inimigo de Deus, porque não se sujeita à lei de Deus e nem o pode. Quem vive segundo a carne não pode agradar a Deus. Mas vós não viveis segundo a carne, mas segundo o Espírito, se é que realmente o Espírito de Deus habita em vós. Quem não possui o Espírito de Cristo, não pertence a Cristo. Se Cristo reinar em vós, mesmo que o corpo esteja sujeito à morte em consequência do pecado, o Espírito vive por causa da justificação. Se em vós habita o Espírito daquele que ressuscitou Jesus dentre os mortos, então ele, que ressuscitou a Cristo Jesus dos mortos, dará também vida a vossos corpos mortais, pelo seu Espírito que habita em vós. Portanto, irmãos, não devemos nada à carne, para vivermos segundo a carne. Pois, se viveis segundo a carne, estais caminhando para a morte. Mas se, pelo Espírito, fazeis morrer as obras da carne, vós vivereis. Todos os que são guiados pelo Espírito de Deus são filhos de Deus. Não recebestes o espírito de escravidão para recairdes no medo, mas recebestes o Espírito de filhos, que nos faz clamar: Abbá! Papai! E o próprio Espírito se une ao nosso espírito para atestar que somos filhos de Deus. Se somos filhos, somos também herdeiros; herdeiros de Deus e co-herdeiros de Cristo.

Porque, se tomamos parte nos seus sofrimentos, também tomaremos parte na sua glória.

Ezequiel 36:22-27 – Deus disse o seguinte à casa de Israel: "Não é por amor a vós, casa de Israel, que estou agindo, mas por causa de meu Nome Santo, que vós desonrastes no meio das nações, entre as quais vos encontrais. Manifestarei a santidade de meu grande Nome, profanado entre as nações, o qual vós desonrastes no meio delas. As nações reconhecerão que Eu sou Deus quando Eu manifestar em vós minha santidade, à sua vista. Então vos tirarei do meio das nações e vos juntarei dos diversos países e vos reconduzirei à vossa terra. Aspergirei água pura sobre vós e ficareis purificados; de todas as vossas imundícies e de todas as vossas idolatrias Eu vos purificarei. Dar-vos-ei um coração puro e porei em vosso peito um espírito novo [...] Infundir-vos-ei o meu espírito e farei com que procedais segundo os meus preceitos, observeis e ponhais em prática os meus mandamentos".

João 1:11-13 – Ele veio até a sua própria terra e a sua gente não o acolheu. Mas a quantos o acolheram, deu-lhes o poder de se tornarem filhos de Deus: os que creem em seu Nome, o qual não foi gerado do sangue nem da vontade da carne, nem da vontade do homem, mas de Deus.

1 João 5:1-4 – Quem acredita que Jesus é o Messias, nasceu de Deus. E quem ama o que gerou, ama o que foi gerado. Sabemos que amamos os filhos de Deus, quando amamos a Deus e cumprimos seus mandamentos. Nisso consiste o amor a Deus: em cumprir os seus mandamentos. E seus mandamentos não são pesados. Assim, quem nasce de Deus vence o mundo. E é esta a vitória que vence o mundo: a nossa fé.

1 João 5:18-19 – Sabemos que quem nasceu de Deus não peca, mas Deus guarda o gerado por Ele, e o Maligno não o toca. Sabemos que somos de Deus e que o mundo todo está sob o poder do Maligno.

Romanos 6:6-11 – Nós bem sabemos que o nosso homem velho foi crucificado com Cristo, para que este corpo pecador fosse destruído e não tenhamos mais que viver escravizados ao pecado. De fato, quem está morto ficou livre do pecado. Se estivermos mortos com Cristo, temos fé que também viveremos como ele. Porque nós sabemos que Cristo, uma vez ressuscitado dentre mortos, não morre mais. A morte já não exerce seu domínio sobre ele. A sua morte foi morte para o pecado, uma vez por todas, mas sua vida agora é uma vida para Deus. Assim também vós deveis considerar que estais mortos para o pecado e vivos para Deus, em Cristo Jesus.

Efésios 2:3-13 – Antes, nós todos também éramos como eles. Vivíamos segundo as inclinações da carne, satisfazendo seus caprichos e desejos, e sendo por natureza filhos da ira, como os outros. Mas Deus, rico em misericórdia, pela imensa caridade com que nos amou, nos deu de novo a vida com o Cristo, quando estávamos mortos pelos nossos pecados! É por graça que agora estais salvos! Ressuscitou-nos com ele e nos levou aos céus em Cristo Jesus! Quis mostrar assim, aos séculos futuros, as extraordinárias riquezas da sua graça, por sua bondade para conosco em Cristo Jesus. Porque é de fato pela graça que estais salvos, por meio da fé; não por mérito vosso, mas por dom de Deus. E não por obras, para que ninguém se glorie. De fato, somos obra dele, criados em Cristo Jesus para fazermos as boas obras que Deus estabeleceu de antemão para que as praticássemos. Por isso, lembrai-vos que, antes, vós éreis pagãos por nascimento, chamados incircuncisos pelos que se dizem circuncisos por uma operação praticada na carne! E estáveis sem Cristo, excluídos da comunhão com Israel, estranhos à aliança da Promessa, sem esperança e sem Deus neste mundo! Mas agora, em Cristo Jesus, vós, que estáveis longe, estais perto, pelo sangue do Cristo.

Todos nós sabemos o que é nascer da carne, fruto da união de um homem e de uma mulher, mas poucos sabem o que é nascer do Espírito. É um tema de difícil assimilação pelos leigos, mas uma vez compreendido e praticado, transforma um simples homem em um homem poderoso, verdadeiro filho de Deus, herdeiro Dele, feito à sua imagem e semelhança, tendo domínio sobre Satanás e assegurando para si as bênçãos do Deus eterno e uma vida em abundância.

O novo nascimento não é nascer da carne outra vez, nem se trata de reencarnação. Não se trata de um novo nascimento produzido pelo relacionamento sexual entre um homem e uma mulher, mas é resultado de uma ação sobrenatural do Espírito Santo. É nascer por obra de Deus. Todo aquele que deseja ver e entrar no Reino de Deus precisa nascer de novo. Este novo nascimento é uma operação do Espírito Santo, agindo diretamente no espírito do homem, que está morto para Deus por causa do pecado, restabelecendo assim a sua comunhão com Deus. É, portanto, uma ação do próprio Deus no interior do homem, mudando-lhe o coração e a mente e transformando-o em uma nova criatura.

Para que se opere em nós o novo nascimento, temos que crer que Jesus morreu por nós e que nós morremos com Ele para o pecado e ressuscitamos com Ele para Deus. O Espírito Santo nos batiza, isto é, nos une a Cristo, mediante a fé. É através desse novo nascimento que nos tornamos "filhos de Deus" e passamos a fazer parte da sua família. A prova evidente de que uma pessoa nasceu de novo, nasceu de Deus, é que ela não vive mais na prática do pecado. O pecado não mais terá domínio sobre você porque você não é mais seu escravo. Você era réu do juízo de Deus e condenado à morte eterna. Em Cristo você tornou-se livre da condenação e possuidor da vida eterna. Agora você está em Cristo e Cristo está em você, e isto é a salvação e vida.

Você, que não era filho, se tornou "filho de Deus" por adoção. Deus, o Pai, tornou você Seu filho quando você creu em Jesus e o recebeu em seu coração. O Senhor Jesus se fez seu irmão e compartilhou com você a sua herança. Você agora se tornou Templo do Espírito Santo, Santuário do Deus vivo. Isto quer dizer que Deus veio habitar em você.

Os que recebem Jesus e creem nele não são nascidos do sangue, nem da carne, nem da vontade do homem, mas de Deus. Quem nasce do Espírito de Deus tem características do Espírito, e não da carne. Quem nasce de Deus tem as características de Deus. Por isso, uma criança recém-nascida não é filha de Deus. Devemos ser filhos de Deus pelo batismo, por crer em Deus, por exercitar a fé. Uma criança é nascida do homem, e, por isso, está sujeita ao mundo e aos demônios. Mas os que nascem de Deus têm o poder de expulsar os demônios. Para ser nascida de Deus tem que ser nascida do Espírito, e não da carne. No renascer de Deus seu corpo físico será o mesmo, mas sua vida espiritual será outra. Seus olhos espirituais verão a Deus. Você terá o Espírito Santo caindo sobre você, e terá orientação do próprio Deus para seguir seu caminho. Terá que renunciar ao que você era. A humildade vai ser total, e o Espírito Santo entrará em você.

Para nascer de novo terá que se arrepender de seus pecados, e não querer pecar mais. Dizer que você é convertido para Deus não basta, vai ter que odiar os seus pecados e agir de modo diferente. Diplomas e *status* não valem nada diante da magnitude de Deus. Nós não somos nada diante de Dele. Enquanto achar que é alguma coisa, você nunca vai ser nascido no Espírito. Se em uma Igreja cristã nós perguntarmos quem se considera filho de Deus, a grande maioria levantará o braço dando resposta positiva. Segundo a ótica de Jesus, há uma necessidade de revisar esse conceito em cada um que levantou o braço. Para ser nascido de Deus, você precisa nascer de novo, tendo Deus como novo pai, nosso Pai celestial querido, passar a ser obediente somente a Deus e a seguir corretamente os seus mandamentos. As figuras do pai e da mãe biológicos passam a ser menos importante. Eles foram importantes por terem gerado, alimentado e instruído você, cumpriram o seu papel. A partir da idade da razão, caberá a você decidir se quer ficar como está, ficar no mundo, ou seguir a Cristo, nascer de novo, aceitar Deus como seu Pai celestial.

Os nascidos da carne são fanáticos, seguem os preceitos das religiões. Fanáticos são aqueles que não raciocinam, seguem uma religião sem saber por quê. Deus não deu fé para que seja um carola, para ser religioso, mas para que ela seja usada. Se você ainda for escravo da carne, é porque ainda não nasceu de Deus.

Se quiser ter força e poder ilimitados, você tem que nascer do Espírito. Quem vive na carne é fraco e sem poder, é limitado, e pode cair do trono com muita facilidade (exemplo do faraó do Egito no tempo de Moisés), isso se você conseguiu chegar ao trono. Ao nascer do alto, nascer do Espírito, você vence as tentações de Satanás e tem direito assegurado de entrar no Reino de Deus, onde não existe o devorador, não existem traças nem assaltantes, onde seu estado de felicidade é eterno.

OS PREFERIDOS DO ESPÍRITO SANTO

Nesta seção apresentamos os preferidos do Espírito Santo no Novo Testamento, após Jesus ter ressuscitado, procurando destacar as qualidades que cada um deles possuía, a fim de servir de parâmetro para medirmos nossos próprios comportamentos e o que deve ser feito para agradarmos ao Espírito Santo. Eles foram destaque no início do cristianismo na implantação da Igreja de Jesus, atendendo ao apelo do mestre, que pediu para que seus princípios fossem espalhados nos quatro cantos do mundo.

O preferido Paulo

Atos 22:28 – O comandante comentou: "Por muito dinheiro eu consegui o direito desta cidadania". Paulo, ao contrário, disse: "Mas eu o possuo por nascimento".
Atos 8:3 – Saulo, entretanto, devastava a Igreja, invadindo as casas; arrastava consigo homens e mulheres e os entregava à prisão.
Atos 9:3-20 – Durante a viagem, quando já estava perto de Damasco, de repente uma luz do céu o envolveu em seu clarão. Caindo por terra, ouviu uma voz que lhe dizia: "Saulo, Saulo, por que me persegues?". Ele perguntou: "Quem és tu, Senhor?". Este respondeu: "Eu sou Jesus, a quem persegues. Mas levanta-te e entra na cidade. Ali te será dito o que deves fazer". [...] Mas o Senhor lhe disse: "Vai, pois ele é um instrumento escolhido por mim para levar meu nome diante dos pagãos, dos reis e dos filhos de Israel". [...] Então Ananias foi, entrou na casa de Judas e impôs as mãos sobre Saulo, dizendo: "Irmão Saulo, foi o Senhor que me enviou a ti, esse Jesus que te apareceu na estrada que tu seguias, para que recuperes a vista e recebas a plenitude do Espírito Santo" [...]. E logo começou a pregar nas sinagogas que Jesus era o Filho de Deus.
Atos 13:2 – Ora, certa vez, enquanto celebravam o culto do Senhor e jejuavam, o Espírito Santo disse: "Reservai-me Barnabé e Saulo para fazerem o trabalho que lhes destinei".
Atos 13:9 – Então Saulo, chamado também Paulo, cheio do Espírito Santo, olhou para ele com firmeza [...].

Paulo, antes chamado Saulo, era judeu, nasceu em Tarso, Cilícia, cidade localizada na Ásia Menor (atualmente sul da Turquia). Seu pai era judeu da tribo de Benjamim, mas recebeu cidadania romana. Recebeu uma instrução cuidadosa na lei judaica, e tornou-se fariseu. Fariseu era um membro de uma seita religiosa judaica que se caracterizava pela observância rigorosa da lei de Moisés, com culto nas sinagogas. Depois de convertido foi nas sinagogas que Paulo primeiro pregava que Jesus era o Cristo. Os judeus planejaram assassiná-lo. A velocidade com que entendeu as Escrituras sob uma nova luz e começou a pregar o Evangelho de Cristo se tornou a mais dramática evidência da obra do Espírito Santo em sua vida.

A rapidez com que Paulo se dedicou a viajar pelos territórios gentílicos é mais uma indicação de que o Espírito Santo o guiava em direção ao seu chamado, ou seja, o de apóstolo entre os gentios. As viagens de Paulo são geralmente chamadas de viagens missionárias. A primeira foi realizada na ilha de Chipre, junto com Barnabé. A segunda viagem missionária teve a parceria de Silas. Quando o cristianismo foi considerado ilegal, Paulo foi preso e levado a Roma. Nesse julgamento foi condenado à morte.

O legado de Paulo para o mundo é enorme. Além do fato de ter levado a verdade do Evangelho a praticamente todo o mundo conhecido daquela época, também escreveu cartas a vários povos. Em muitos aspectos, as epístolas paulinas têm proporcionado a base da Igreja através dos séculos. Escreveu aos gálatas, tessalonicenses, coríntios e romanos. As epístolas da prisão são as cartas aos efésios, filipenses e colossenses. As epístolas pastorais são as cartas a Timóteo e Tito, e são chamadas pastorais porque incluem instruções para os jovens pastores Timóteo e Tito na liderança da Igreja primitiva. O argumento de Paulo de que judeus e gentios encontravam a salvação da mesma maneira está baseado no fato de que há somente um Deus para todos. Uma das maiores alegrias que Paulo demonstrava como cristão era o fato de não temer a morte. É interessante a troca de nome de Paulo: Saulo lembra a vida dele antes de receber o Espírito Santo, perseguidor dos cristãos, fariseu, do partido do Sinédrio, é depois chamado Paulo pelo poder do Espírito Santo. O Espírito Santo trocou o nome dele para salientar o antes e o depois. Saulo representa a lei e Paulo representa a graça.

O preferido Estêvão

Atos 6:3-5 – "Por isso, irmãos, deveis escolher dentre vós sete homens bem conceituados, cheios do Espírito Santo e de Sabedoria, e nós os encarregaremos dessa função." A proposta agradou a toda assembleia. Escolheram Estêvão, homem cheio de fé e do Espírito Santo [...].
Atos 6:8-13 – Estêvão, cheio de graça e poder, fazia prodígios e milagres notáveis entre o povo [...]. Mas não eram capazes de resistir à sua sabedoria e ao Espírito com que falava [...]. Então, subornaram alguns homens para que dissessem: "Nós o ouvimos dizendo blasfêmias contra Moisés e contra Deus" [...]. Lá eles apresentaram testemunhas falsas, que declaravam: "Este homem não para de falar contra esse lugar sagrado e contra a Lei".
Atos 7:1-59 – [O longo discurso e a morte de Estêvão] O sumo sacerdote perguntou-lhe: "Isto é exato?". Estêvão respondeu: "Irmãos e pais, escutai! O Deus da glória apareceu ao nosso pai Abraão [...]. Qual foi o profeta que nossos antepassados não perseguiram? Assassinaram mesmo os que tinham profetizado a vinda do Justo do qual vos tornastes traidores e assassinos [...]". Enquanto o apedrejavam, Estêvão orou: "Senhor Jesus, recebe meu espírito!".

Estêvão foi um dos mais proeminentes líderes nos primeiros dias da Igreja cristã. Estava envolvido com o crescimento da Igreja de Jerusalém e Antioquia. A vida de Estêvão estava sob o total controle do Espírito Santo, como enfatizado em *Atos 6*, na execução de suas obras, e durante seu discurso diante do Sinédrio.

Estevão não só era um homem prático, administrador da Igreja, mas também interessado na pregação do Evangelho. Seu heroísmo e sua coragem fazem dele um nobre mártir.

Com o seu crescente prestígio causou a inveja de judeus conservadores, que mobilizaram multidões contra ele, e com falsas testemunhas asseguraram que fosse preso. Durante sua prisão apresentou uma defesa ousada da fé cristã diante do Sinédrio. Fez o papel de excelente advogado do réu. Acusou sua audiência de traidores e assassinos de Jesus. Numa explosão de fúria arrastaram Estêvão para fora da cidade e o apedrejaram até a morte. Estêvão morreu na presença de Paulo, que consentiu com sua morte.

O preferido Filipe

Atos 6:3-5 – "Por isso, irmãos, deveis escolher dentre vós sete homens bem conceituados, cheios do Espírito Santo e de Sabedoria, e nós os encarregaremos dessa função." A proposta agradou a toda assembleia. Escolheram Estêvão, homem cheio de fé e do Espírito Santo, Filipe [...].
Atos 8:12-13 – Entretanto, tendo acreditado na palavra de Filipe, que lhes pregava sobre o Reino de Deus e a pessoa de Jesus Cristo, tanto mulheres como homens receberam o batismo. Simão também acreditou, foi batizado, e depois estava sempre com Filipe. Mas, observando os grandes milagres e prodígios que ele realizava, ficou maravilhado.
Atos 8:26-40 – O anjo do Senhor dirigiu a Filipe estas palavras: "Tu irás rumo ao Sul, pela estrada que desce de Jerusalém a Gaza. Ela está deserta". Ora, vinha chegando um etíope, eunuco e alto funcionário na corte de Candace, rainha da Etiópia [...]. Filipe começou a falar, partindo deste texto da Escritura, lhe anunciou a boa nova a respeito de Jesus [...] E o eunuco disse: "Aqui temos água. Que impede que eu seja batizado?". Deu ordem de parar a carruagem e entraram na água. Aí Filipe o batizou [...]. E de lá prosseguiu até Cesareia, anunciando a boa nova em todas as cidades por onde passava.
Atos 21:8 – Paulo descreveu: "Partimos no dia seguinte e chegamos a Cesareia, onde fomos à casa do evangelista Filipe, um dos sete, e nos hospedamos com ele".

Filipe foi destacado como um dos sete cheios do Espírito Santo para cumprir um ministério especial para o trabalho de administração da Igreja em Jerusalém. Os discípulos começaram a perceber que era necessário dividir as tarefas, pois o trabalho estava ficando pesado. Quando houve perseguição dos cristãos em Jerusalém ele se dirigiu para Samaria, onde se destacou. Era conhecido como evangelista, pois proclamou o Evangelho e operou milagres. Muitas pessoas, como o eunuco etíope, se converteram por meio de sua mensagem e foram batizadas.

O preferido Barnabé

Atos 9:27-28 – Então Barnabé o acolheu e o apresentou aos apóstolos contando-lhes como durante a viagem Paulo tinha visto o Senhor e o Senhor lhe tinha falado [...]. Desde então Paulo ficou com eles em Jerusalém, andando livremente por toda parte e pregando abertamente o nome do Senhor.
Atos 11:22-26 – Ora, chegaram informações sobre eles à Igreja de Jerusalém, e Barnabé foi enviado a Antioquia [...]. Em seguida, Barnabé partiu para Tarso, à procura de Paulo. Encontrando-o, levou-o para Antioquia. E durante um ano inteiro estiveram trabalhando juntos nessa Igreja, instruindo numerosa multidão. Foi em Antioquia que os discípulos de Jesus, pela primeira vez, foram chamados cristãos.
Atos 13:2-4 – Ora, certa vez, enquanto celebravam o culto do Senhor e jejuavam, o Espírito Santo disse: "Reservai-me Barnabé e Paulo para fazerem o trabalho que lhes destinei". [...] Assim, mandados em missão pelo Espírito Santo, os dois desceram para Selêucia e de lá navegaram para Chipre.
Atos 14:21-23 – Depois de terem anunciado o Evangelho àquela cidade, conseguindo muitos discípulos, voltaram à Listra, Icônio e Antioquia [...]. Em cada Igreja eles constituíam presbíteros, impondo-lhes as mãos, faziam preces e jejuns, recomendando-os ao Senhor, em quem tinham acreditado.

Barnabé era levita, originário de uma família sacerdotal judaico-cipriota, e era antigo membro da Igreja de Jerusalém. Ele ajudou Paulo ao introduzi-lo com segurança aos apóstolos e os convenceu sobre a sua conversão. Barnabé e Paulo executaram a primeira viagem missionária a pedido do Espírito Santo. Eles dois ensinaram muitas pessoas, formando homens aptos a liderarem cada Igreja que fundavam. Ambos também apresentaram proposta para plena admissão dos gentios. Era um homem de oração, que buscava a direção do Espírito Santo para tomar decisões.

O preferido Timóteo

Atos 16:1-3 – Paulo chegou a Derbe, depois a Listra. Encontrava-se ali um discípulo chamado Timóteo, filho de mulher judia mas cristã, e de pai grego. Os irmãos de Listra e Icônio falavam bem dele. Paulo decidiu que ele o acompanharia. Mas antes o circuncidou, por consideração aos judeus daquelas regiões: pois todos sabiam que seu pai era grego.
1 Tessalonicenses 3:1-2 – Por isso, não podendo esperar mais, resolvemos ficar sós em Atenas, e enviamos Timóteo, nosso irmão e servo de Deus no Evangelho de Cristo, para vos fortalecer e reconfortar em nossa fé.
Filipenses 2:19-22 – [Na carta de Paulo aos filipenses, consta:] Espero portanto no Senhor Jesus, poder em breve mandar-vos Timóteo para que eu também me reanime, quando receber notícias vossas [...]. Mas conheceis a sua comprovada virtude. Ele serviu à causa do Evangelho, juntamente comigo, como filho ao pai.
1 Timóteo 4:12 – [Na carta de Paulo a Timóteo, consta:] Ninguém te desprezes por seres moço. Pelo contrário, sirvas de exemplo aos fiéis no falar, na conduta, no amor, na fé, na pureza.

Timóteo se converteu na primeira viagem missionária de Paulo, e serviu como colaborador na segunda viagem na qual levou o apóstolo a pregar o Evangelho através do mar Egeu. Timóteo ajudou Paulo e Silas a levar o cristianismo até a Europa. Nas epístolas de Paulo a Timóteo, ele ressaltou a importância de combater o bom combate, conservando a fé e a boa consciência. Paulo tinha plena confiança no histórico de Timóteo como obreiro cristão. Deveria usar sãs palavras em contraste com os ensinamentos dos falsos mestres. Paulo encorajou Timóteo, que era um tanto tímido e lhe faltava um pouco de autoconfiança, dizendo que Deus não nos deu um espírito de timidez, mas de poder.

O preferido Silas

Atos 15:22 – Os apóstolos, presbíteros, e toda a assembleia resolveram, então, escolher entre eles alguns homens, e enviá-los a Antioquia junto com Paulo e Barnabé. Eram eles: Judas, Barsabás e Silas, homens de muito prestígio entre os irmãos.

Atos 16:19-33 – Os patrões, vendo desaparecer suas esperanças de bons lucros, agarraram Paulo e Silas e os arrastaram à praça pública, diante das autoridades [...]. Depois de os cobrirem de ferimentos, os lançaram na cadeia [...]. Pela meia-noite, Paulo e Silas, estando a orar, cantavam louvores a Deus. De repente, deu-se um terremoto tão forte que abalou os alicerces da cadeia. Nesse instante as portas se abriram, e se quebraram as algemas de todos os prisioneiros [...]. O carcereiro começou a cuidar deles naquela mesma hora da noite e a lavar as suas feridas. Logo depois recebeu o batismo com todos os seus.

Atos 16:38 – Estes sabendo que se tratava de cidadãos romanos ficaram com medo.

Atos 17:1-4 – Eles [Paulo e Silas] passaram por Anfípolis e Apolônia e chegaram a Tessalônica [...]. E Paulo concluía: "O Messias é este Jesus que eu vos estou anunciando". Alguns deles se deixaram convencer e aderiram a Paulo e Silas.

Silas era um dos poucos judeus cristãos no Oriente que possuía a cidadania romana. Os apóstolos e toda a congregação o escolheram como um dos líderes entre os irmãos para acompanhar Paulo e Barnabé diante dos novos convertidos entre os gentios. Silas acompanhou Paulo em suas viagens à Galácia, em Filipos e Tessalônica, e pregaram na sinagoga dos judeus, inclusive para judeus gentios. Quando Paulo e Barnabé se desentenderam acerca de Marcos, Paulo escolheu a Silas como seu companheiro na segunda viagem missionária.

O preferido Tito

Tito 2:15 – [Na carta de Paulo a Tito, consta:] É deste modo que deves

falar, aconselhar e repreender com toda autoridade. Que ninguém te despreze!
2 Coríntios 7:13-16 – [Encontro de Paulo com Tito na Macedônia] Eis aí o que nos consolou. A essa nossa consolação juntou-se uma alegria de Tito, pelo conforto que seu espírito recebeu de todos vós [...]. Alegro-me de poder contar em tudo convosco.
Gálatas 2:1-3 – Quatorze anos depois fui outra vez a Jerusalém com Barnabé; até levei Tito comigo [...]. Ora, nem mesmo Tito, meu companheiro, que é grego, foi obrigado a se circuncidar.

Tito era grego, de família pagã, e foi convertido por Paulo, que depois o levou consigo para o "concílio" de Jerusalém. Quando mais tarde a situação se complicou entre Paulo e os coríntios, Paulo enviou Tito para Corinto, e ele soube resolver os problemas com muito tato. Tito era tão útil e confiável que Paulo o deixou em Creta, depois que foi solto da prisão em Roma. Depois Paulo instruiu Tito através de uma carta, a fim de estruturar uma Igreja com liderança significativa, de forma que depois ela pudesse andar só. Paulo tinha elevada estima por Tito e ficava muito alegre com sua presença, como aconteceu na Macedônia. Tito era um excelente mestre, modelo de caráter, líder, administrador, e Paulo o estimulou a ensinar a sã doutrina.

Os discípulos não podiam começar a obra de Deus sem receber o Espírito Santo para lhes dar força, poder e autoridade. Desde aqueles tempos no pós-Cristo os cristãos só acertavam suas decisões após ter descido o Espírito Santo sobre eles. As primeiras viagens missionárias foram realizadas por duplas de cristãos (Paulo e Barnabé, Paulo e Silas), pois sair sozinho para enfrentar o mundo seria muito penoso, perigoso e desencorajador.

A dimensão do trabalho do Espírito Santo é: "até os confins da Terra". Todos os preferidos do Espírito Santo se envolveram com Ele, trabalharam para Ele, e não para si mesmos. O objetivo do Espírito Santo é glorificar a Cristo, e não glorificar os homens. Na obra do Espírito Santo não é cada um fazendo do seu jeito, mas sim do jeito Dele. Esta é a razão por que chegou até nós o Evangelho de Jesus.

VIDA APÓS A MORTE

Versículos associados ao tema:
João 11:25-44 – [Jesus disse à Marta, irmã de Lázaro, que falecera havia quatro dias:] "Eu sou a ressurreição e a vida. Todo aquele que crê em mim, mesmo se morrer, viverá; e todo o que vive e crê em mim, não morrerá para sempre" [...]. Marta a irmã do morto, disse a Jesus: "Senhor, já cheira mal, pois faz quatro dias que foi sepultado". Jesus lhe respondeu: "Não te disse que, se creres, verás a glória de Deus?". Tiraram então a pedra. E Jesus, levantando os olhos para o céu, disse: "Pai, eu te dou graças porque me ouviste. Bem sabia que sempre me ouves, mas digo isto por causa da multidão que me rodeia, para que creiam que me enviaste". Tendo dito isto, gritou com voz forte: "Lázaro, vem para fora!". O morto saiu: tinha as mãos e os pés enfaixados e o sudário amarrado em volta do rosto. Jesus disse então: "Tirai as faixas e deixai-o andar".
Mateus 28:5-7 – Mas o anjo disse às mulheres: "Deixai esse medo! Bem sei que procurais Jesus, o crucificado. Não está aqui, porque ressuscitou como havia predito. Vinde ver o lugar onde ele jazia. Ide depressa dizer aos seus discípulos: 'Ele ressuscitou dos mortos e vos precede na Galileia; lá o vereis'. Esta é a mensagem que vos trago".
Marcos 16:9 – Tendo ressuscitado na manhã do primeiro dia da semana, Jesus apareceu primeiro a Maria Madalena, da qual havia expulsado sete demônios.
Lucas 12:19-21 – Um homem muito rico disse para sua alma: "Ó minha alma, tens muitos bens depositados para longos anos: descansa, come, bebe, goza a vida". Mas Deus lhe disse: "Louco, nesta mesma noite ela te será tomada! E para quem ficará o que ajuntaste? Assim acontece com quem ajunta riqueza para si, em vez de se enriquecer diante de Deus".
Lucas 16:19-26 – Jesus contou esta parábola a seus discípulos: "Também havia um homem rico, que se vestia com púrpura e linho finíssimo, e se banqueteava cada dia. E um pobre, chamado Lázaro, ficava jogado junto ao seu portão, todo coberto de feridas [...]. Mas o pobre morreu e foi levado pelos anjos para o seio de Abraão. O rico também morreu,

sendo sepultado. E das torturas do abismo, [o rico] percebeu Abraão de longe e Lázaro no seu seio. Então ele falou: 'Pai Abraão, tem pena de mim e manda que Lázaro molhe a ponta do dedo na água para refrescar a minha língua, porque sofro horrores nestas chamas'. Abraão respondeu: 'Meu filho, lembra-te que recebeste os teus bens durante a vida, e Lázaro recebeu os seus males. Agora ele encontra consolo aqui, enquanto tu padeces. E, além disso, entre nós está cavado um grande abismo. Os que quisessem passar daqui para onde estás não poderiam, e daí também não se pode atravessar até aqui'".

O próprio Jesus garante que todo aquele que nele crê, mesmo que morra, viverá. Ele ressuscitou Lázaro nessa ocasião. E Jesus, após sua morte na cruz, ressuscitou ao terceiro dia para a glória de Deus. Jesus venceu a morte, e derrotou com isto todo o império das trevas. Com estas verdades bíblicas estamos todos seguros que existe uma vida após a morte, e será maravilhosa se crermos em Jesus.

As passagens mostradas nos versículos anteriores são as poucas referências que Jesus trouxe a seus discípulos sobre a vida após a morte. São verdadeiras preciosidades que Jesus nos trouxe, e exigem nossa reflexão sobre elas. Nelas Jesus enfatiza que o ser humano tome cuidado com qualquer tipo de avareza, porque a vida de um homem, embora esteja na fartura, não depende das suas riquezas.

Noutra passagem em *Lucas 12:31*, Jesus declara que o homem não deve se perturbar a respeito do que terá para comer ou para beber, nem se atormente por causa disto, porque as pessoas mundanas é que procuram estas coisas. E aconselha: "Procurai então o Reino de Deus, e todas estas coisas vos serão dadas em acréscimo".

Aqueles que acumulam riqueza neste mundo não percebem que nada vão levar consigo após a morte, e nenhuma porção de suas riquezas poderá acrescentar alguma vida a mais para si. Nos primeiros versículos Deus chama de louco quem age guardando suas coisas em grandes celeiros para viver uma vida farta e plena. Naquela mesma noite em que disse isto a sua vida lhe foi levada. E sua vida após a morte será julgada por Deus, não em função de suas riquezas, mas em função de suas obras para Deus.

Na passagem entre o homem rico e o pobre, Jesus revela a diferença de vida após a morte para cada um deles. O rico morreu e foi para o inferno, e de lá nada Abraão poderia fazer por ele, porque havia um abismo entre eles. A nova vida desse homem que foi rico já estava sentenciada por Deus. Iria viver para sempre em meio às chamas do inferno. Já o outro homem que viveu pobre, não infringiu as leis de Deus, mas, ao contrário, foi obediente às palavras de Deus, ganhou uma vida farta em plenitude de paz no "seio de Abraão", que significa o paraíso.

Fica claro pelas parábolas apresentadas que após a morte não há nenhum recurso que a alma do homem possa usar para remediar o que ele fez em vida. Não poderá apelar a ninguém para conquistar qualquer tipo de salvação ou diminuição do seu destino traçado por Deus, tentando mudar a sua história após a morte. Na vida após a morte não teremos nenhum acessório que juntamos durante nossa vida neste mundo para levarmos conosco. Vamos vazios, voltamos ao pó.

Não é errado ser rico ou viver na riqueza, mas o errado é fazer do dinheiro seu senhor, seu dono, ser submisso a ele.

CAPITULO 4
FÉ

(certeza, garantia, força,
vitória e sucesso)

FÉ INTELIGENTE VENCE

Há várias passagens na Bíblia em que nós aprendemos a diferença entre a fé inteligente, racional, sábia, imutável, e a fé emocional, sentimental, cheia de altos e baixos, sujeita a riscos e choradeiras.

As expressões "fé inteligente" e "fé emocional" não constam na Bíblia, porém elas são utilizadas nesta seção por razões didáticas, para facilitar a compreensão do leitor nos assuntos da fé, que é a base cristã de bom relacionamento com Deus.

Versículos associados ao tema:
Hebreus 11:1-3 – A fé é a *garantia* dos bens que esperamos, a *certeza* das coisas que ainda não vemos. [...] Pela fé é que sabemos que o universo foi ordenado pela palavra de Deus, de forma que o mundo visível não procedeu de outras coisas visíveis. [Essa é a melhor definição de fé que existe na Bíblia. A fé não admite dúvidas, apenas a certeza, e isso nos leva à fé inteligente, que não se deixa enganar pelas tentações do mundo.]
Hebreus 11:6 – Ora, sem fé ninguém pode agradar a Deus. Pois quem chega perto de Deus deve crer que Ele existe e que recompensa os que o procuram.
Romanos 10:17 – De sorte que a fé vem pelo ouvir, e o ouvir vem da palavra de Deus, que é mandamento de Cristo.

Vamos examinar alguns casos nos versículos a seguir para salientarmos e desfrutarmos melhor da diferença entre a fé inteligente e a fé emocional:

Mateus 6:28-30 – "E quanto à roupa, por que vos preocupais? Observai como crescem as flores dos campos. Não se cansam em fiar para sua roupagem. Mas eu vos digo que nem Salomão, em toda a sua glória, jamais se vestiu como uma delas. Se, então, Deus assim reveste a planta que hoje está no campo, mas amanhã é lançada ao fogo, quanto mais a vós, homens *pobres de fé*?" [Se há homens pobres de fé é sinal de que há homens ricos de fé. É a nossa inteligência que nos permite concluir desta forma. Nosso coração não iria entender isso, mas, sim, nossa inteligência, nosso pensamento.]

Mateus 8:7-13 – [No episódio do centurião romano que pediu a Jesus a cura da paralisia de seu criado está escrito:] Respondeu-lhe Jesus: "Irei curá-lo". "Senhor", respondeu o centurião, "não sou digno de que entres na minha casa, mas dize uma só palavra e o meu criado ficará curado. Porque até eu, que não passo de um subalterno, tenho soldados as minhas ordens, e digo a este: 'Vai!' e ele vai, e a outro: 'Vem!' e ele vem; e a meu servidor: 'Faze isto!' e ele faz". Ao ouvir tais palavras, Jesus ficou admirado e disse aos que o seguiam: "Eu vos declaro esta verdade: em nenhum dos israelitas encontrei *tamanha fé*! [...] Vai, que seja feito como creste!". E o criado sarou naquele instante. [Neste episódio, o centurião não vivia ao lado de Jesus como faziam aqueles israelitas, e, no entanto, usando da sua inteligência, comparou a ordem de Jesus com a ordem que ele dava aos seus soldados, e os soldados obedeciam. E bastou uma palavra de Jesus e ele acreditou naquele instante na cura de seu criado. Quando está viajando de avião como passageiro, você não conhece o piloto daquele avião, mas crê, confia, que ele está devidamente habilitado para conduzi-lo. Você não vai conferir se aquele piloto está habilitado. Se você confia no homem desta forma, deverá confiar ainda mais em Deus, que é toda Verdade.]

Mateus 8:25-26 – [No episódio da tempestade no mar, enquanto Jesus dormia na barca] Os discípulos chegaram até ele e o acordaram, dizendo: "Senhor, salva-nos! Estamos perdidos!". Jesus respondeu-lhes: "Por que estais com medo, homens *pobres de fé*?". [O medo que os discípulos sentiram veio do coração, e não da sua inteligência, que poderiam usar por saberem que estavam com Jesus na barca e isso bastaria para crerem na sua salvação e na solução de seus problemas.]

Mateus 14:28-31 – [No episódio de Pedro caminhando sobre as águas] Então, Pedro lhe respondeu: "Senhor, se és tu mesmo, manda-me ir ao teu encontro sobre as águas". Jesus lhe disse: "Vem!". E Pedro saiu da barca, começou a caminhar sobre as águas, indo ao encontro de Jesus. Mas, reparando na fúria do vento, ficou amedrontado. E, começando a afundar, gritou: "Salva-me, Senhor!". No mesmo instante, Jesus estendeu a mão e o segurou, dizendo: "Homem de *pequena fé*, porque duvidaste?".

Se existe uma fé pequena é porque existe uma fé grande. Quando Jesus disse a Pedro: "Homem de *pequena* fé", ele mediu a quantidade de fé de Pedro. A verdadeira fé é uma só, exatamente aquela que Jesus possuía e ensinava a seus discípulos. Foram usados versículos enfatizando uma quantificação de fé por razões ilustrativas e didáticas, para facilidade de compreensão dos seguidores de Jesus.

Em *Mateus 15:25-28*, no episódio da mulher cananeia que suplicou a Jesus pela filha, atormentada por um demônio, Jesus lhe disse: "Não fui enviado senão às ovelhas perdidas da casa de Israel". Mas a mulher foi se prostrar diante dele, e disse: "Senhor, ajuda-me!". Ele respondeu de novo: "Não convém tomar o pão dos filhos e atirá-lo aos cachorrinhos". Ela replicou: "É verdade, Senhor! Pois justamente os cachorrinhos comem as migalhas que caem da mesa de seus donos!". Então disse Jesus finalmente: "Ó mulher, é *grande* a tua fé! Que seja feito o que desejas!". E sua filha ficou curada desde aquele instante. Se existe fé grande é porque existe fé pequena, e o que nos leva a concluir isto é nossa inteligência, e não nosso coração.

Em *Lucas 17:5-6*, durante os ensinamentos de Jesus a seus apóstolos, eles disseram ao Senhor: "*Aumenta* a nossa fé". O Senhor respondeu: "Se tivésseis fé do *tamanho de um grão de mostarda*, diríeis a esta figueira: 'Arranca-te com as raízes e joga-te no mar!' e ela vos obedeceria". Por que Jesus usou a semente de mostarda para quantificar a fé? Porque a semente da mostarda é uma das menores no plantio de ervas, mas quando a planta cresce fica viçosa e robusta.

Mateus 17:18-20 – E Jesus ordenou severamente ao demônio que saísse do menino. No mesmo instante, o menino ficou curado. Então, os discípulos chegaram, em separado, para perto de Jesus, e perguntaram: "Por que nós não o conseguimos expulsar?". Respondeu Jesus: "Por causa da *pequenez* da vossa fé. Porque eu vos declaro esta verdade: se tiverdes fé, embora só do *tamanho de um grão de mostarda*, direis a este monte: 'Muda-te daqui para lá!' e ele mudará. Nada vos será impossível". [Ensina Jesus que basta nossa fé ser do tamanho de um grão de mostarda e não duvidarmos, que nada nos será impossível. A dúvida dos discípulos de Cristo lhes reduziu a fé, e não puderam expulsar demônios. A dúvida vem do coração, que é matreiro, que chora, que teme, que é suscetível às tentações do demônio. Quando a serpente tentou Eva a comer do fruto proibido, no livro de Gênesis, mexeu no coração dela. Sua mente atestava e confirmava a Eva a obediência que ela deveria seguir à ordem dada por Deus. No entanto, Eva deixou-se levar pela voz do seu coração, foi seduzida pelo demônio disfarçado de serpente e comeu do fruto proibido. Não usou a razão, somente a emoção.]

Tiago 1:2-4 – Meus irmãos, considerai-vos felizes quando vos assaltarem provações de toda sorte. Pois, sabeis que vossa fé, se for comprovada, produz constância. A constância, por sua vez, deve ser exercida plenamente, para que sejais maduros, íntegros, isentos de qualquer defeito.

2 Coríntios 10:15 – Não nos ufanamos além da medida, a custa dos trabalhos alheios. Mas esperamos que, *desenvolvendo* a vossa fé, possamos crescer mais na vossa estima na medida em que nos foi atribuída.

Mateus 21:21 – [No episódio de secar a figueira que não dava frutos, Jesus respondeu a seus discípulos:] "Eu vos declaro esta verdade: se tiverdes uma fé que não vacile, não somente fareis o que fiz com a figueira, mas também, se disserdes a este monte: 'Arranca-te daí e joga-te ao mar', até isso se fará. E tudo o que pedirdes com fé, na oração, vós o alcançareis". [Jesus aqui nos aponta que na fé não pode haver vacilo, medo, mas sim a certeza.]

Mateus 24:35 – "Passará o céu e a terra, mas as minhas palavras não passarão." [Esta revelação nos mostra a verdade absoluta que existia nas palavras de Jesus. As promessas de Deus feitas pelo filho Jesus são e serão sempre cumpridas. Então, por que seu medo, por que murmurar? Cumpra a sua parte, creia somente, use sua fé inteligente, e Deus cumprirá inevitavelmente a parte Dele.]

Eclesiastes 9:3 – O coração humano está cheio de malícia, e a tolice habita nos seus corações enquanto vivem.

Jeremias 17:9 – Enganoso é o coração e enfermo: quem o conhece?

Mateus 15:18-20 – Pelo contrário, o que sai da boca vem do coração, e é isso o que torna o homem impuro. Pois do coração é que procedem maus pensamentos, homicídios, adultérios, prostituições, roubos, falsos testemunhos e injúrias. Isto sim é que torna o homem impuro.

A fé é o termômetro de nossa obediência a Deus, ela marca o grau de parceria com Deus em nossa vida, pois sem ela não podemos agradar a Ele.

Seu modelo de fé não deve ser o de seu pastor, ou o de seu vizinho de assento na Igreja, ou o de seu pai ou de sua mãe, mas sim imitar Jesus que confiava no Pai Celestial. O marido pode ter uma fé pequena, mas a mulher ter uma fé grande. O tamanho da fé depende de cada um. O conhecer e o crescer na fé é que trarão a você a vitória dos grandes heróis na fé.

No livro de *Êxodo*, boa parte do povo de Deus murmurava contra Ele, porque passavam fome, não tinham o que comer, tendo saudades da farta comida que tinham no Egito, no tempo da escravidão. Essas murmurações eram constantes, e eram levadas aos ouvidos de seu líder, Moisés. No entanto, o profeta Moisés, um dos heróis da fé, tinha a certeza de que Deus jamais abandonaria o seu povo, e esperava com paciência a solução divina para a questão da fome. A comida de Deus veio, caiu do céu o maná. Chegou a solução que não era do homem, mas de Deus. O povo que murmurava tinha uma fé emocional, flutuante, cheia de altos e baixos, porém Moisés tinha uma fé inteligente, estava confiante na solução que Deus iria mandar para seu povo.

Quando uma pessoa murmura contra Deus, vive estressada, queixa-se diariamente que sua vida não muda, está praticando uma fé emocional, porque só vê o presente e se frustra com ele. Não aprendeu a aguardar a chegada das promessas de Deus, que, sendo fiel, sempre atendeu a todos os que nele creram.

Nos versículos da Bíblia focalizados para este tema sobre fé, salientamos expressões como: "pobres de fé", "pequena fé", "grande a tua fé", "tamanha fé", "perfeita fé". Com expressões como essas, podemos refletir usando a nossa inteligência que se tem fé pequena é porque pode haver fé grande, se existe fé pobre pode haver fé rica, se existe fé perfeita é sinal que pode haver fé imperfeita. Cabe a cada um de nós desenvolver a nossa fé, para que possamos crescer cada dia mais em busca da fé perfeita (*2 Coríntios 10:15*), que era a fé vivenciada por Jesus.

No coração do homem é que habitam os sentimentos e as emoções, por isso ele é enganoso, é cheio de malícia, cheio de dúvidas. Nos últimos três livros citados anteriormente – Eclesiastes, Jeremias, e Mateus – fica fácil analisar a natureza do coração do homem, e é do coração que brotam os maus pensamentos. Sabendo disso, Satanás ataca o coração do homem para mudar seus pensamentos e destruir a sua fé. No entanto, ao usarmos da fé inteligente, que procede direto do nosso cérebro, sem interferência do nosso coração, evitamos as suas armadilhas, passamos a não duvidar, pois fé é certeza.

O coração do homem só atrapalha, confunde, duvida, porém, o seu cérebro dá certeza, convicção, raciocínio, inteligência, sabedoria, entendimento.

A fé inteligente passa pelo crivo da razão, do pensamento. O ensino da Bíblia é filtrado pela sua compreensão das palavras de Deus. A fé emocional passa pelo coração, que é volúvel, que se deixa abater, é o coração que chora quando você se vê em má situação. E não é com seu choro, mesmo com balde de lágrimas, que você vai agradar ou atingir o coração de Deus, mas sim pela sua fé, que é a sua moeda de troca com Deus. Seu choro vai agradar somente a Satanás, porque ele se sente vitorioso com a sua derrota.

A fé emocional é flutuante, ora se alegra muito, ora se entristece muito, ora crê, ora duvida, se envolve com as emoções que o mundo lhe oferece, e fica subordinada às variações. Na fé inteligente, faça chuva ou faça sol, nada vai mudar a sua certeza, a sua determinação, a sua garantia de vitória.

FÉ SOBRENATURAL

Se perguntarmos a todo crente ou a um simpatizante da religião cristã se ele tem fé, ele irá responder: "Claro, tenho fé" ou "Falou em fé, falou comigo". Apesar de a resposta ser tão espontânea, muitos desses mesmos crentes não conhecem ou não praticam a fé sobrenatural, e por isso reclamam que não alcançaram o milagre prometido por Deus. Para explicarmos o conceito da fé sobrenatural descrita na Bíblia e suas diferenças com a fé natural, apresentamos esse estudo. Nosso propósito é fazer o principiante da fé se abastecer com a certeza da vitória que é inerente ao processo da fé.

Versículos associados ao tema:
Lucas 11:28 – Jesus disse: "Mais felizes são os que ouvem a palavra de Deus e a praticam".
Mateus 21:22 – "E tudo o que pedirdes com fé, na oração, vós o alcançareis."
Mateus 17:19-20 – Então os discípulos chegaram, em separado, para perto de Jesus, e perguntaram: "Por que nós não o conseguimos expulsar?". Jesus respondeu: "Por causa da pobreza de vossa fé. Porque eu vos declaro esta verdade: se tiverdes fé embora só do tamanho de um grão de mostarda, direis a este monte: 'Muda-te daqui para lá!' e ele mudará. Nada vos será impossível".
Efésios 4:5 – Só há um Senhor, *uma fé*, um batismo, só há um Deus que é Pai de todos, e está acima de todos, age por todos e em todos.
2 Tessalonicenses 1:3 – Sempre devemos dar graças a Deus por vossa causa, irmãos. Isto é justo, porque a vossa fé cresce sempre mais e o amor fraterno de todos vós cresce continuamente.
1 Timóteo 6:10 – Porque a ganância pelo dinheiro é a raiz de todos os males. Apegados a ela, muitos se desviaram para longe da fé e se torturaram com muitos sofrimentos.

Eis alguns exemplos de pessoas que na Bíblia exercitaram a fé sobrenatural:

Lucas 7:2-10 – Havia em Cafarnaum o servo de um centurião a quem ele estimava muito. O centurião ouviu falar de Jesus e lhe enviou alguns anciãos dos judeus para lhe pedirem que viesse curar o servo. Apresentaram-se a Jesus, e lhe pediam com insistência: "Ele merece que lhe faças este favor, porque ama a nossa gente, e foi ele quem construiu nossa sinagoga". Jesus partiu com eles. Já não estava longe da casa, quando o centurião lhe enviou uns amigos para lhe dizerem: "Senhor, não te incomodes mais, porque não sou digno de que entres em minha casa – tanto que nem me julguei digno de ir contigo –, mas dize uma só palavra, e esse meu servo ficará bom. Porque, eu também, embora sendo um subalterno, tenho soldado às minhas ordens; e digo a um: 'Vai lá!', e ele vai, e a outro: 'Vem cá!', e o outro vem, e a meu servo: 'Faze isto!', e ele faz". Ouvindo isto, Jesus ficou muito admirado com ele. E, voltando-se para a multidão que o seguia, disse: "Eu vos garanto: nem mesmo em Israel achei tamanha fé!". Os enviados voltaram para casa e encontraram o servo completamente são.

Mateus 9:20-22 – Ora, certa mulher que havia doze anos padecia de perda de sangue aproximou-se por detrás e tocou na barra de seu manto. Porque pensava: Se eu tocar pelo menos no seu manto, ficarei curada. Mas Jesus, voltando-se e vendo-a, disse: "Coragem, filha, tua fé te salvou". E no mesmo instante a mulher ficou curada.

Marcos 2:1-12 – Como não podiam levá-lo até ele, por causa da multidão, abriram o terraço em cima do lugar onde Jesus estava e, alargando a abertura, desceram o leito em que estava o paralítico. Jesus vendo a fé que os animava, disse ao paralítico: "Meu filho, os teus pecados estão perdoados. [...] Eu te ordeno: Levanta-te, toma o teu leito e vai para casa!". Ele se levantou e logo tomou o seu leito, e saiu à vista de todos [...] e glorificaram a Deus, dizendo: "Nunca vimos uma coisa assim!".

Marcos 9:21-25 – [Jesus perguntou ao pai do menino que estava possesso de um espírito mudo:] "Há quanto tempo lhe acontece isto?". Ele respondeu: "Desde a infância. [...] Mas se podes alguma coisa, ajuda-nos, tendo muita pena de nós!". Jesus falou-lhe de novo: "Se podes! Tu dizes. Mas tudo é possível para quem tem fé". No mesmo instante, o pai do menino exclamou em alta voz: "Eu creio! Ajuda a pobreza da minha fé". Jesus, vendo a multidão que se ajuntava, repreendeu o espírito imundo, dizendo: "Espírito mudo e surdo, eu te ordeno, sai dele e não entres mais!".

Lucas 17:11-19 – Jesus entrando num povoado, dez leprosos foram ao seu encontro. Eles pararam à distância, e gritaram com força: "Jesus, Mestre, tem pena de nós". Apenas Jesus os viu, disse: "Ide vos mostrar aos sacerdotes". E enquanto caminhavam ficaram curados. Um deles, vendo-se curado, voltou, glorificando a Deus em voz alta. E caiu com o rosto por terra aos pés de Jesus, agradecendo-lhe. Mas Jesus observou: "Não ficaram curados os dez? Onde estão os outros nove?" [...] Depois, acrescentou: "Levanta-te, vai pelo teu caminho. Tua fé te salvou".

Habacuque 2:1-3 – Indignado disse o profeta Habacuque: "Em meu posto de guarda eu quero ficar, manter-me de pé sobre a minha muralha. Espreitarei para ver o que Ele responderá à minha queixa! Então, Javé me respondeu e disse: 'Escreve a visão, e grava-a sobre argila, para ser lida com facilidade. Pois se trata de uma visão para um tempo determinado; mas ela aspira ao fim e não enganará; se ela demora, espera-a; certamente virá, não tardará'".

Hebreus 1:7 – Foi pela fé que Noé ouviu as advertências de Deus sobre as coisas que iam acontecer e, então, não podiam ser vistas. E construiu, com piedoso temor, a arca para a salvação da sua família. Com isso, ele condenou o mundo e conseguiu a justiça por meio da fé.

Aqueles que têm apenas a fé natural, quando chegam as dificuldades, quando se agravam os problemas, sentem angústia e ansiedade, desistem da fé, abandonam a fé. Com a fé sobrenatural você atravessa qualquer dificuldade sem hesitação, não desiste. Na fé natural você se deixa levar pelos sentimentos ou emoções, está sujeito a enganos, você vacila, tem dúvidas, medo, perde a razão. Na fé sobrenatural você independe de seus sentimentos, tem certeza da sua vitória e aguarda o tempo certo de Deus para obter o sucesso. Na fé humana o seu coração é sujeito a variações, dá ouvidos ao mundo; na fé sobrenatural o seu coração está atento à voz de Deus, tem lugar reservado apenas para o encontro com Ele, você o ama com todo o teu coração e com toda a sua mente, e espera nele a sua vitória. A fé sobrenatural é inteligente, é consciente, você usa a sua inteligência para crer no único Deus que existe. Quem tem fé natural enxerga com seus olhos biológicos abertos, frágeis, enganosos, mas quem tem fé sobrenatural enxerga por dentro de si, com seus olhos da fé, aplica a dinâmica da fé, movimenta suas imagens mentais com a alegria da vitória já alcançada. Na fé natural você primeiro vê para depois crer, na fé sobrenatural você primeiro crê para depois ver. Isto foi ensinado por Jesus a Tomé em *João 20:29*: "Porque me viste, Tomé, acreditaste. Bem-aventurados, os que acreditam sem ter visto!".

Com a fé natural você é o senhor de si mesmo, mas com a fé sobrenatural você se entrega a Deus como o seu único Senhor, você se esvazia de você mesmo para se ligar à natureza divina. Com ela você torna possível o que antes era impossível. O Deus da provisão proverá todas as tuas necessidades. Somente pela fé é que podemos ser filhos de Deus. Somente quem vive para agradar ao Senhor não vive mais para si mesmo, vive a fé sobrenatural. A fé natural, você nasce com ela, você prevê que o sol vai nascer a cada dia ou que a chuva vai cair após dois dias. A fé sobrenatural, você adquire, ela vem de Deus. Quem nasce do Espírito é espírito. Com o renascer em Deus nossa fé não é mais humana, é uma fé espiritual, uma fé sobrenatural. Pela fé sobrenatural você é servo fiel a Deus. Sem essa fé é impossível servir a Deus; se não se comunicar com esse Senhor, como vai servir a Ele? Como vai querer alcançar Dele algum milagre se você não tem parte com Ele, se não fez nenhuma aliança com Ele?

Com o contrato ou aliança assinada com Deus, você passa a ter deveres e direitos, como em qualquer contrato de trabalho assinado em uma empresa. Seu dever é a fé, seu direito é o milagre. Você faz aliança com Deus não apenas pelas grandezas de Deus, mas também pela obediência aos seus preceitos. A obediência às palavras de Deus é obrigatória para aqueles que querem servi-Lo.

Se você precisa de um emprego e diz para seu vizinho: "Essa empresa não vai me contratar, pois o número de vagas é pequeno e os candidatos são muitos", você está diante da fé natural. Se quer a cura da aids, mas diz para todo mundo: "Eu sou portador da aids, e essa cura é difícil", você está diante da fé natural. Se você luta para ter sua Igreja cheia de membros, mas diz para seu pastor: "Eu não consigo visualizar a nossa igreja cheia, dá um branco em minha mente", você está diante da fé natural. Se você quer curar o seu coração, mas você diz para seu irmão: "Eu já pedi a Deus, mas não sei se Ele irá me curar, pois já faz tanto tempo e nada aconteceu", você está diante da fé natural.

Seu pedido a Deus deve ser claro e preciso, como acontece quando você vai numa farmácia pedir por um remédio. Você diz ao farmacêutico a marca do remédio, o peso de cada drágea, a quantidade desejada, se é em comprimidos ou em gotas, e aí você terá o produto tal qual você pediu. O mesmo acontece em relação a seus pedidos a Deus. Se você está se empenhando em um projeto, está criando um projeto, e lhe falta criatividade, tem algo dentro dele que não bate, falta algo renovador, falta o passo certeiro para fechá-lo, peça a Deus que lhe dê discernimento, inteligência, sabedoria para terminar o projeto, e assim se fará. Ou seja, nada o impedirá de alcançar o sucesso em qualquer empreendimento que você realizar, sempre existirá a saída correta para qualquer problema que você tiver pela frente.

Na Bíblia existem mais de oito mil promessas de Deus, e sabemos que Deus é fiel e irá cumprir todas elas, como tem feito e fará todos os dias da existência humana. No entanto, para cada uma delas existe uma condição colocada por Deus para que ela se cumpra. Você precisa ter a fé sobrenatural para poder agradar a Deus, pois sem ela isso é impossível, como está escrito em *Hebreus 11:6*.

Se quiser crescer na fé, agradeça a Deus por suas graças recebidas, aplique *2 Tessalonicenses 1:3*. Se quiser alcançar um milagre, peça a Deus, em estado de oração, revele a Ele seu pedido, creia e receberá, como está escrito em *Mateus 21:22*. Se quisermos permanecer na fé temos que realizar obras, praticar dízimos e ofertas, praticar jejum, orar, destruir ídolos de barro, pedra ou madeira, nos arrepender de nossos pecados, perdoar aqueles que nos fizeram mal sem guardar ressentimentos; enfim, praticar tudo o que é agradável a Deus. A partir daí, aguarde o milagre com fé sobrenatural, instale-se em sua fortaleza, pois ele não tardará, como o próprio Deus nos revela em *Habacuque 2:1-3*. A fé sobrenatural faz ter a certeza, a garantia, a convicção, de que tudo o que você espera ter um dia já seja seu a partir do pedido realizado a Deus, ou seja, tome posse antecipada da bênção. Você passará a ter aquele sorriso interior da vitória antecipada.

FÉ COM OBRAS É VIVA

A Bíblia inteira revela a fé, se apoia na fé. Por ser esse livro de Deus tão repetitivo sobre a fé, dá a impressão que é fácil ter fé. Porém isso é falso, pois é difícil ter uma fé verdadeira e com ela conquistar tudo o que está prometido por Deus. Basta examinar quantas pessoas que, apesar de dizerem ter fé, não alcançam o que pedem a Deus. Por que isto acontece? Com a finalidade de esclarecer a boa prática da fé, apresentamos este estudo bíblico sobre a fé com obras.

Versículos associados ao tema:
Tiago 2:14-24 – De que serve, meus irmãos, alguém dizer: "Tenho fé", se não tiver obras? Poderá talvez a fé salvá-lo? Se um irmão ou uma irmã estiverem nus e desprovidos do alimento de cada dia, e alguém de vós lhes disser: "Ide em paz, aquecei-vos e fartai-vos", sem lhes dar o necessário para a vida corporal, o que adiantaria? Assim também se passa com a fé: se não for acompanhada pelas obras, por si mesma está morta. [...] Ó tolo, queres então compreender que, sem as obras, a fé não vale nada? Abraão, nosso pai, acaso não foi reconhecido como pelas suas obras, quando sobre o altar ofereceu seu filho Isaque? A fé, como vês, cooperava com as suas obras. *Pelas obras é que se tornou perfeita a sua fé*. Assim é que realizou a Escritura que diz: Abraão acreditou em Deus e isto lhe foi creditado como justificação. E foi chamado amigo de Deus. Vedes, portanto, que o homem é reconhecido justo com base nas obras e não somente com base na fé.
João 6:32-35 – [...] Meu Pai é quem vos dá o verdadeiro pão do céu; [...] Pediram-lhe: "Senhor, dai-nos sempre deste pão!". Jesus lhes disse por fim: "Eu sou o pão da vida. Quem vem a mim não terá mais fome e o que crê em mim não terá mais sede".
Lucas 4:18 – "O Espírito do Senhor está sobre mim; porque ele me consagrou com o óleo, para levar a Boa Nova aos pobres; enviou-me para proclamar aos prisioneiros a libertação e aos cegos a recuperação da vista; dar liberdade aos oprimidos." [Essa foi a missão de Jesus entregue a ele pelo Pai celestial.]
João 10:10 – Jesus ensinou a seus discípulos: "Eu vim para que todos

tenham vida, e vida em abundância". [Mas isto tem um preço, e o preço é a sua fé. Deus só atenderá seu pedido se você tiver fé. E sua fé tem que ser manifestada, mostrada a Deus para que Ele perceba claramente que você tem fé nele.]

1 João 5:4-5 – Assim, quem nasce de Deus vence o mundo. E é esta a vitória que vence o mundo: a nossa fé. Quem vence o mundo senão quem acredita que Jesus é o Filho de Deus?

Joel 3:1 – "E acontecerá depois disto, que Eu derramarei o meu espírito sobre todos os mortais, vossos filhos e vossas filhas profetizarão, vossos anciãos terão sonhos, e vossos jovens terão visões."

Se praticar a sua fé com obras, vai mostrar que é dependente de Deus para viver, e aí, sim, Deus escutará você, conforme o que Ele mesmo prometeu.

Não adianta praticar amor aos outros, ser bom e não ter fé, pois nada você vai conseguir, não receberá sua bênção e nem Deus escutará seu pedido. Por outro lado, mesmo que você não seja amoroso, não seja exatamente um bom homem, mas, se mostrar fé e manifestá-la, aí Deus irá atendê-lo. Deus só quer isso de você. Com os pensamentos no mundo você perde, mas com os pensamentos em Deus você ganha. Quer fazer a diferença na sua vida? Mude seus pensamentos.

Jesus disse à mulher em *Lucas 7:50*: "A tua fé te curou, vai em paz". Ela foi curada não devido ao seu porte físico ou porque ela era merecedora, ou porque ela era uma boa pessoa, mas porque unicamente tinha fé, e uma fé legítima e manifestada com obras, com atitudes, com ações. Uma fé sem obras de nada vale.

Você tem que dar sinais a Deus de que, nas suas atitudes no seu dia a dia, você tem uma fé verdadeira, uma fé que não duvida. Isso você pode demonstrar através de suas palavras, sempre com pensamentos positivos, que são pensamentos de Deus e não do mundo em que você vive, em que há pessoas que querem tirar o brilho da sua crença. Você pode estar passando ainda hoje por dificuldades, mas você permanece alegre porque sabe que todo esse sofrimento é passageiro, circunstancial. Você tem a certeza de que Deus está preparando a hora certa para soprar a bênção sobre você, para cumprir a promessa Dele em atender seu pedido, seja ele qual for, exclusivamente pela sua fé.

Se praticar a fé com obras, certamente terá um encontro maravilhoso com Deus, e o seu primeiro milagre vai acontecer, tem que acontecer. Se isto não ocorrer, não questione Deus, que é fiel sempre. Questione a si mesmo e a forma como está praticando a sua fé. Revise sua conduta sobre vivenciar a fé. Peça a Jesus o que você quiser, e com a certeza e a garantia dada pela fé, tome posse da sua vitória desde já.

Muitas vezes, a graça de Jesus pode não chegar até você porque você está algemado a problemas. Jesus revelou que no mundo nós teremos aflições, mas essas aflições não são nossas, são do mundo. Não diga a Deus o tamanho do seu problema, mas diga ao problema o tamanho do seu Deus. Você tem a solução, a resposta, a vitória para transpor os obstáculos que o mundo lhe impõe. Por isso, não assuma um problema que não seja seu, não tome posse de nenhum problema, mas tome posse imediata da bênção de Jesus. A vitória que vence o mundo é a nossa fé. Não importa onde você serve o Senhor, mas como você serve o Senhor.

Os milagres da fé são possíveis a todas as pessoas, sem discriminação de cor, idade ou cultura.

Pode parecer que basta, na sua vida, alcançar o que você deseja e tudo está resolvido, você não precisa fazer mais nada. Uma vez alcançado o estágio de satisfação pessoal de suas necessidades, através da sua fé com obras, passe de imediato para aquilo que Jesus quer do seu discípulo, que ele pratique amor, que cure pessoas, que expulse demônios, que evangelize pessoas em todos os povos. Tudo isso vem revelado nos versículos a seguir:

Lucas 10:27-35 – "Amarás a teu próximo como a ti mesmo". [...] Mas ele, querendo se escusar da pergunta que fizera, fez outra: "E quem é o meu próximo?". Jesus continuou: "Um homem descia de Jerusalém a Jericó, e caiu nas mãos de assaltantes que, depois de o roubarem e de o espancarem, lá se foram deixando-o semimorto. Por acaso, um sacerdote descia pelo mesmo caminho. Ele o viu e seguiu adiante por outro lado. Um levita passou também pelo mesmo lugar, viu o homem e seguiu adiante por outro lado. Mas um samaritano, que estava viajando, quando o viu, ficou com muita pena. Aproximou-se dele, enfaixou as feridas derramando azeite e vinho. Depois, colocou-o na sua própria montaria, levou-o a um albergue, onde continuou a cuidar dele. No dia seguinte, desembolsou duas moedas de prata e deu ao hospedeiro dizendo: 'Toma cuidado dele, e o que gastares a mais, eu pagarei na volta'. Qual dos três parece ter sido o próximo daquele que caiu nas mãos do assaltante?". Ele respondeu: "O que teve misericórdia dele". E Jesus disse: "Vai e faze o mesmo". [Jesus não dispensa você de praticar obras de amor aos seus irmãos, mas, ao contrário, o estimula a fazer isso.]

Mateus 10:1 – Jesus convocou os seus doze discípulos e lhes deu o poder de expulsarem os espíritos impuros e de curarem toda espécie de doenças e enfermidades.

Mateus 10:8 – Jesus disse aos doze discípulos: "Curai os doentes, ressuscitai os mortos, purificai os leprosos, expulsai os demônios. Acabais de receber de graça, dai de graça".

Marcos 16:17-18 – [Aparição de Jesus aos onze discípulos, após ressuscitado] "Eis os milagres que acompanharão os que crerem: em meu nome expulsarão demônios, falarão línguas novas, pegarão em serpentes, e se beberem um veneno mortal não lhes fará mal algum; imporão as mãos sobre os enfermos, que serão curados."

João 14:12-13 – "Eu vos afirmo e esta é a verdade: quem crê em mim fará as obras que eu faço. E fará até maiores, porque vou ao Pai, e o que pedirdes ao Pai em meu nome eu farei, para que o Pai seja glorificado no Filho. Se me pedirdes algo em meu nome, eu o farei."

Mateus 28:19 – [Jesus ressuscitado disse aos seus onze discípulos:] "Ide, então, fazei de todos os povos discípulos, batizando-os em nome do Pai e do Filho e do Espírito Santo, ensinando-os a guardarem tudo o que vos mandei. Eis que vou ficar convosco todos os dias, até o final dos tempos."

Atos 3:12-16 – Diante disso, Pedro dirigiu a palavra ao povo: "Homens de Israel, por que vos admirais com estas coisas, ou por que olhais admirados para nós como se tivéssemos feito este homem andar pelo próprio poder ou piedade? [...] Graças à fé no nome de Jesus, é que Ele acaba de dar firmeza a este homem que vós estais vendo, e vos é conhecido. E a fé que vem de Jesus lhe restituiu saúde completa na presença de todos vós".

Mateus 7:21 – "Nem todos os que dizem: 'Senhor! Senhor!' entrarão no reino dos céus; mas sim os que fazem a vontade do meu Pai que está nos céus. Muitos me dirão naquele dia: 'Senhor, Senhor, não profetizamos em teu nome? Não expulsamos demônios em teu nome? Não fizemos numerosos milagres em teu nome?'. Então lhes declararei: 'Nunca vos conheci! Afastai-vos de mim, vós que praticais a iniquidade!'."

Todo aquele que crer em Jesus e o seguir poderá fazer milagres se os executar em nome de Jesus. Ao executarmos esses milagres, lembremos de Pedro, que tirou de si a glória da cura e a entregou toda a Jesus, que é a fonte de todo milagre. Finalmente, aprendemos que não basta fazermos prodígios em nome de Jesus para entrarmos no reino de Deus, mas que é necessário fazermos a vontade do Pai que está nos céus (*Mateus 7:21*).

CAPÍTULO 5
SACRIFÍCIO
(humildade, perdão, jejum)

O CRESCIMENTO ESPIRITUAL PASSA PELO SACRIFÍCIO

Versículos associados ao tema:
Salmos 50:5 – "Reuni para Mim os que Me amam, que selaram aliança com um sacrifício."
Salmos 50:14-15 – "Sacrifica a Deus uma ação de graças, e ao Altíssimo cumpre os teus votos, depois clama por Mim no dia da angústia; Eu te salvarei e Me darás glória."
Salmos 54:6-7 – De bom grado eu Te ofereço um sacrifício, celebrarei o teu Nome que é cheio de bondade, pois Ele me libertou de toda angústia, e meus olhos dominam os meus inimigos.
Salmos 51:17 – Meu sacrifício a Deus é um espírito contrito: um coração contrito e arrependido Deus não despreza.
João 16:33 – [Jesus proferiu estas palavras ensinando seus discípulos sobre sofrimento no mundo:] "No mundo tereis aflições. Vós tereis que sofrer no mundo. Mas tende coragem! Eu venci o mundo."
Lucas 21:1-4 – Levantando os olhos, Jesus viu que os ricos depositavam as suas ofertas no cofre do Templo. Viu também uma pobre viúva que colocava ali duas moedas de cobre. Então ele disse: "Eu vos asseguro: esta pobre viúva deu mais do que todos os outros. Pois todos aqueles deram do que lhes sobrava, mas esta deu da sua indigência, tudo o que lhe ficava para viver".
Hebreus 11:4 – Foi pela fé que Abel ofereceu um sacrifício superior ao de Caim.
Hebreus 13:16 – Não vos esqueçais de fazer o bem, e de dividir os vossos haveres com os outros, porque tais sacrifícios são agradáveis a Deus.

Todas as conquistas dos heróis da fé exigiram sacrifício. Não há vitória sem passar antes por ele. Sacrificar é renunciar alguma coisa de modo voluntário para conquistar algo maior. Sabemos que vamos perder agora, para recuperar algo maior depois. Sacrifício tem a ver com purificação.

Vamos atingir um objetivo grande, mas para isso sabemos que o primeiro passo a dar é o sacrifício. Muitos, inclusive no meio evangélico, querem obter sucesso sem passar pelo sofrimento. Pensam agir de maneira camuflada, sorrateira, enganosa perante Deus, mas não existe outro modo que permita uma grande conquista sem que seja pelo sacrifício. Na moleza não há sucesso.

Não há sacrifício sem dor, sem luta, sem momentos difíceis, sem renúncia. A fé é parte integrante do sacrifício, pois aquele que parte para ele tem que ter a convicção da garantia da vitória antes de fazê-lo. Aceitamos executar o sacrifício porque enxergamos a futura conquista, sem duvidar. Quanto maior a conquista desejada, maior é o sacrifício a ser empreendido.

Para alcançar milagres em questões difíceis, como, por exemplo, ciclos repetitivos de dificuldade financeira, novos sacrifícios podem ser adicionados àqueles que já estiverem sendo praticados.

Como vimos em *Lucas 21:1-4*, se algum homem rico dá uma oferta grande em uma igreja daquilo que lhe sobra, isso não constitui um sacrifício financeiro. Mas, se uma viúva dá como oferta apenas um pouco de dinheiro, que representa *tudo* o que lhe resta para viver, isso, sim, se configura como um sacrifício. Deus não olha a quantidade de dinheiro que foi ofertada, mas Ele vai analisar o quanto existe de entrega sincera de amor a Deus nessa atitude de ofertar. Se você o faz com o coração displicente, sem o mínimo de renúncia, sem vontade de oferecer, esta oferta não será relevante para o Pai celestial. É por causa disso que muitos que dizimam e ofertam a Deus não conquistam bênçãos financeiras.

Em qualquer campo de batalha, para atingirmos algo melhor – seja financeiro, saúde, casamento, emprego ou em outros setores da vida humana –, vamos ter que lutar. Para o povo de Deus sair do Egito e alcançar a liberdade na terra prometida de Canaã, teve que dominar os inimigos de Deus que lá já estavam habitando. Não foi fácil, muita fé em Deus, táticas, estratégias e lutas foram mobilizadas para alcançar o objetivo. Ao participar de uma vigília de 24 horas em uma igreja cristã, a fim de atingir um determinado propósito, muitos cristãos se inscrevem no começo da noite, e poucos se inscrevem durante a madrugada. Os primeiros se dispõem a oferecer pouco a Deus, os outros aceitam fazer mais sacrifício. E para tudo na vida é assim.

O sacrifício no namoro é os namorados permanecerem virgens até o casamento, o sacrifício no casamento é o marido e a esposa permanecerem fiéis até a morte sem adultério, o sacrifício no campo financeiro é praticar o dízimo de tudo o que se ganha, o sacrifício na Aliança com Deus é cortar o vício ou o pecado ao qual você está ligado e resiste em abandonar.

O sacrifício não pode ser forçado por ninguém, nem por familiares nem por pastores. Tem que ser espontâneo, livre, desejado, senão não tem valor, não é seu. Deus nunca nos obrigou a fazer qualquer coisa, sempre nos deu liberdade total.

Mas o desejo da conquista conduz ao sacrifício, e o sacrifício traz a resposta, que é a vitória. Ninguém consegue ganhar algo na vida se não pagar o seu preço. Tudo na vida tem seu preço. As lutas, as batalhas, a dor, são o preço que se paga para atingir a bênção do que se deseja. Algumas pessoas querem receber as bênçãos sem sair da sua zona de conforto; ficam orando apenas e esperam de braços cruzados que o milagre aconteça. Para atingir a vitória tem que querer com fé, tem que perseverar, lutar, marchar, tomar atitudes, agir.

O sacrifício é do tipo ou tudo ou nada, ou seja, ou você adota o sacrifício como um todo, ou não conquistará o que deseja. Deus observa sua luta, seus desafios de fé, e lhe dá a bênção esperada.

É importante salientar que, durante a execução do sacrifício, o demônio tentará convencê-lo a parar, levando-lhe à dúvida, apontando para o tempo gasto em vão, sem aparecer a vitória. Para os que sabem sacrificar, até mesmo o tempo de espera do milagre faz parte do sacrifício, e é aceito de bom grado. É por isso que o sacrifício exige a fé, senão você para, desiste.

O sacrifício geralmente é feito de forma individual. Cada um faz o seu sacrifício. No entanto, se quisermos sacrificar para obter milagres relacionados a crianças ou pessoas possessas por algum demônio, que são casos de incapacidade individual, temos que estar limpos, em estado de pureza espiritual, porque vai exigir muito mais sacrifício de nossa parte. Para alcançarmos êxito nesse propósito, devemos estar em perfeita aliança com Deus. Para curar, você precisa estar curado. Essas crianças, ou adultos possessos que tiverem seus demônios expulsos, uma vez se tornando adultos capazes, deverão fazer seu próprio sacrifício após o milagre alcançado e seguir a vida cristã. Deus nos concede a bênção para abençoarmos os aflitos.

JESUS FOI CRUCIFICADO

Versículos associados ao tema:
Mateus 16:21-23 – A partir desse momento, Jesus começou a revelar a seus discípulos que era necessário ir a Jerusalém, padecer muito da parte das autoridades judias, dos sacerdotes-chefes e dos mestres da lei, ser condenado à morte, mas, ao terceiro dia, ressuscitar. Pedro, chamando-o à parte, começou a admoestá-lo, dizendo: "Deus te livre disso, Senhor! Isso não te poderá acontecer de jeito nenhum!". Mas ele voltou-se para Pedro e disse: "Sai da minha frente, Satanás! Estás pondo obstáculo no meu caminho, porque os teus pensamentos não são como os de Deus, mas dos homens!".
Mateus 20:1719 – Subindo a Jerusalém, Jesus chamou à parte os doze discípulos e falou-lhes durante a caminhada: "Estamos subindo para Jerusalém e o Filho do homem será entregue aos sacerdotes-chefes e aos mestres da lei. Eles o condenarão à morte e o entregarão aos pagãos para que seja insultado, açoitado e crucificado. Mas no terceiro dia ressuscitará".
Mateus 26:39 – Adiantou-se um pouco e caiu com o rosto por terra, fazendo esta prece: "Meu Pai, se é possível, afaste de mim este cálice! Entretanto, não se faça como eu quero, mas como tu queres!". Jesus disse estas palavras em sua agonia no Getsêmani.
Efésios 5:2 – Procedei com amor, imitando Cristo, que nos amou e se entregou por nós a Deus, como oferta e sacrifício de suave perfume.

Os sacrifícios agradáveis a Deus no Velho Testamento, chamados holocaustos, eram feitos com a imolação de animais através de morte com sangue. Tinha que ser um animal sem doenças, sem traumas, sem manchas, e isso era para expiação do pecado do homem. Este homem pecador tinha que oferecer um sacrifício de animal no altar dos holocaustos.

Já Jesus substituiu o cordeiro que iria ser imolado por seu próprio corpo para ser crucificado, a favor do perdão de todos os nossos pecados. O sacrifício de Jesus foi um sacrifício de cruz, com derramamento de sangue. E isto veio a modificar o padrão de sacrifícios de expiação dos pecados para sempre. Não havia mais a necessidade de fazer holocaustos com animais.

A partir de Jesus, quem quisesse fazer expiação dos pecados teria que passar a uma nova prática agradável a Deus: se arrepender dos pecados cometidos e aceitar Jesus como Senhor e Salvador de sua vida.

Em *Mateus 16*, Pedro, discípulo de Jesus, foi tomado de compaixão, mostrou seus sentimentos, e propôs a Jesus ser liberado do sacrifício que teria que passar. Pedro usou seu coração, e não a razão. Não pensou antes de falar, o que fez com que Jesus chamasse sua atenção e visse nele Satanás.

Do mesmo modo, em *Mateus 26*, Jesus, no auge de seu sofrimento, pede a Deus clemência e que o libertasse daquela dor, mas se submete totalmente à vontade Dele, e não à sua própria vontade, que era vontade humana. E Deus, com sua infinita inteligência, continuou com seu plano e deu o melhor para Jesus depois de sua morte. Jesus compreendeu que, do ponto de vista humano, a fé tinha que ser provada, testada, também por ele. E isto só poderia ocorrer se houvesse a obediência total do Filho à vontade do Pai. E foi o que aconteceu: ele se submeteu à vontade do Pai e foi crucificado na cruz. Quando Deus pede algo para você, ou determina que se faça algo do jeito Dele, não faça do seu jeito, pois não vai dar certo. Faça do jeito que Deus pede para você fazer. Seja humilde. E por que Deus nos obriga a cumprir certos rituais, cuja intenção ou maneira de fazer nós não entendemos? É para provar a nossa fé pela obediência a Ele.

Quando Deus mandou o exército de Josué rodear as muralhas de Jericó durante seis dias, e no sétimo dia rodear por sete vezes, depois tocar trombetas de chifre de carneiro e, por fim, seu exército gritar forte a uma só voz, Josué sabia que tinha que ser feito exatamente desse jeito. Não poderia mudar nenhuma parte desse ritual que havia sido passado a ele pelo Deus Todo-Poderoso. Josué não poderia alterar o número de dias, nem alterar chifre de carneiro por outro tipo de instrumento. Depois desse ritual, assim aconteceu: as muralhas de Jericó caíram para a Glória de Deus (*Josué 6*).

Jesus ressaltou em *Mateus 16:24* que cada um que quisesse ir com Ele que carregasse a sua própria cruz e o seguisse. Jesus deu o exemplo e enfatizou a necessidade do sacrifício para a conquista da vitória espiritual.

O Deus Todo-Poderoso não poupou seu próprio Filho de passar pelo sacrifício para a salvação da humanidade, e foi um sacrifício de entrega da vida, que é o maior de todos os sacrifícios. Deus quis deixar marcado que nem mesmo seu Filho Jesus foi dispensado de passar pelo sacrifício, para que a Glória Dele fosse manifestada através do Filho. Mas Deus não abandonou seu Filho unigênito nos momentos finais de sua vida na Terra. Pelo contrário, logo depois de sua morte o ressuscitou no terceiro dia, e o colocou à sua direita nos céus para reinar por todo o sempre. Após o sacrifício de cruz Deus deu a Jesus a honra de estar sentado à direita Dele, era um lugar reservado para Jesus.

Jesus até hoje é a marca de Deus nos planos do homem. Sua trajetória estava totalmente descrita pela inteligência de Deus, que teve mais uma vez misericórdia do ser humano, e nos deu mais uma grande chance de pela graça sermos aceitos a morar nas mansões celestiais de Deus.

A HUMILDADE SALVA, O ORGULHO MATA

Versículos associados ao tema:
Mateus 23:8-12 – Jesus disse aos discípulos: "Quanto a vós, não queirais ser chamados de Rabi, porque não tendes senão um só Mestre e sois todos irmãos. A ninguém deis o nome de Pai aqui na Terra, porque não tendes senão um Pai, o que está nos céus. Nem vos intituleis mestres, porque não tendes senão um Mestre: o Cristo. O maior dentre

vós se faça vosso servidor. Quem se exaltar será humilhado, e quem se humilhar será exaltado".

Lucas 14:10-11 – Pelo contrário, quando fores convidado, ocupa o último lugar, para que quando chegar o que convidou a ti e ao outro diga: "Amigo, vem mais para a frente". Então, serás prestigiado diante de todos os convidados. Porque todo o que se exalta será humilhado, e todo o que se humilha será exaltado.

Lucas 18:11-14 – Jesus contou a seguinte parábola sobre um fariseu que disse: "Meu Deus, eu te dou graças por não ser como os demais homens, ladrões, injustos, nem como este cobrador de impostos. Jejuo duas vezes por semana e pago o dízimo de todas as minhas rendas". Mas o cobrador de impostos mantinha-se longe e nem se atrevia a levantar os olhos para o céu, mas batia no peito dizendo: "Meu Deus, tem compaixão de mim que sou pecador!". Eu vos digo: este desceu para casa justificado, ao contrário do outro. Porque quem se exalta será humilhado, e quem se humilha será exaltado.

Mateus 6:5-6 – E quando rezardes, não sejais como os hipócritas, que gostam de rezar com ostentação nas sinagogas e nas encruzilhadas, para aparecerem diante dos homens. Mas, quando rezares, entra em teu quarto, fecha a porta, e reza a teu Pai que está presente até em lugar oculto. E teu Pai, que vê o que fazes ocultamente, te dará a recompensa.

Mateus 18:4 – Jesus disse aos discípulos: "Aquele que se fizer pequeno como este menino, será o maior no Reino dos Céus".

Mateus 5:1-5 – Jesus subiu ao monte, tomou a palavra e ensinava-os assim: "[...] Felizes os mansos e humildes, porque herdarão a terra da promessa".

Mateus 11:29 – [Jesus revela o Evangelho aos simples:] "Tomai sobre vós o meu jugo, e aprendei de mim, que sou manso e humilde de coração, e encontrareis repouso para vossas almas."

1 Coríntios 1:29 – Assim, ninguém se orgulhará diante de Deus, pois é por graça dele que vós estais em Cristo Jesus.

Provérbios 11:2 – [...] Nos humildes está a sabedoria.

Jó 22:29 – Elifás, amigo de Jó, já tinha este princípio divino: "Pois Deus humilha os orgulhosos e salva os que abaixam os olhos".

1 Timóteo 6:17 – Aos ricos deste mundo manda que não sejam orgulhosos, nem ponham suas esperanças nas riquezas instáveis, mas sim em Deus, que nos dá tudo em abundância para o nosso uso.

Romanos 12:16 – [Nas palavras de Paulo aos romanos, sobre normas da vida cristã:] Não tenhais gosto pelas grandezas, antes deixai-vos atrair pelo que é humilde. Não vos considereis como sábios.

Ezequiel 30:18 – Pois assim fala o Senhor Deus [...] "Em Tafnés se escurecerá o dia quando Eu quebrar o domínio do Egito e nela desaparecer o orgulho da sua força".

Ezequiel 33:28 – "Farei da terra um deserto horrível, e aniquilarei seu poder orgulhoso."

João 5:17-44 – [Uma das maiores demonstrações de humildade exercida por Jesus aconteceu em Jerusalém, quando ele respondeu aos judeus que o perseguiam por ter curado um doente no sábado:] "Meu Pai continua a trabalhar até agora, por isso eu também trabalho. [...] Eu vos afirmo e esta é a verdade: o Filho nada pode fazer por si mesmo, a não ser o que vê o Pai fazer. Tudo o que Ele fizer, fará igualmente o Filho. Porque o Pai ama o Filho e mostra-lhe tudo o que faz [...]. Como o Pai ressuscita os mortos e lhes dá vida, também o Filho dá vida a quem quer [...]. Não posso fazer nada por mim mesmo. Julgo segundo o que ouço, e o meu julgamento é justo, porque não procuro a minha vontade, mas a vontade daquele que me enviou. Se eu desse testemunho de mim mesmo, não seria digno de fé. Outro é que dá testemunho de mim, e sei que é digno de fé o que afirma de mim. [...] Mas tenho um testemunho maior que o de João: as obras que o Pai me deu para cumprir. Essas obras eu as faço e dão o testemunho de que o Pai me enviou. Sim, o Pai que me enviou dá testemunho de mim. [...] Não recebo a glória que vem dos homens [...]. Como é possível que creiais, se recebeis glória uns dos outros e não procurais a glória que só vem de Deus?".

Nos versículos anteriores fica destacado o valor da humildade nos planos de Deus para o homem. Humildade é o primeiro degrau na escada da sabedoria, e todo aquele que se vigiar nesse propósito irá atingi-lo. A humildade salva, o orgulho mata. O humilde evolui, o orgulhoso paralisa. Que queremos nós? Queremos mais riquezas, mais sabedoria, queremos a salvação? Com a humildade nós conquistamos tudo isso. Você, cristão, deve seguir o exemplo de Jesus, servindo o próximo e glorificando a Deus pelas suas conquistas e vitórias.

Em todas as atitudes humanas sempre nos defrontamos com dois comportamentos antagônicos: sermos humildes ou orgulhosos. Isto já se faz notar desde as primeiras atitudes do homem na infância, quando a criança pensa que já sabe fazer quando os pais lhe explicam algo novo pela primeira vez.

O orgulho se aplica às duas vertentes: materialista e espiritualista. O orgulhoso materialista é aquele que diz que sabe tudo, resolve tudo sozinho, e não precisa de Deus para viver. O orgulhoso espiritualista é aquele que diz já conhecer toda Bíblia, é teórico, mas não pratica o ensinamento cristão em sua vida.

O orgulhoso estanca, não evolui, e está geralmente ligado a uma verdade pessoal, não absoluta, na qual a pessoa se fecha e nada aceita. Orgulhoso é aquele que se julga autossuficiente. Orgulho é uma fachada de proteção, um invólucro para a pessoa não ser atingida, é uma defesa, quando, na realidade, a pessoa precisa de ajuda.

Já a palavra-chave da humildade é *servir*, como está escrito em *Mateus 20:26-28*, disse Jesus: "Quem quiser fazer-se grande entre vós, será vosso servidor, e quem quiser ser o primeiro dentre vós, será o vosso empregado, a exemplo do filho do homem, que não veio para ser servido, mas para servir e dar a sua vida em resgate pela multidão dos homens". O orgulhoso não está pronto para servir, mas sim pronto para criticar e mostrar o quanto o outro é pequeno perto dele.

A humildade dá sabedoria porque você não se limita ao que você sabe, mas sim pede ajuda ao Deus eterno, que amplia seus conhecimentos. Ele lhe dá caminhos novos e certeiros para você atingir seus objetivos. O orgulho, ao contrário, lhe dá a ignorância, porque você para no tempo, você congela seus conhecimentos dentro da sua verdade, que sempre é limitada e enganosa.

PERDOE PARA SER PERDOADO

Versículos associados ao tema:
Mateus 9:2 – [Jesus disse ao paralítico que com fé queria a cura de sua doença:] "Teus pecados te são perdoados". [E ele foi curado. Deus enviou Jesus com o poder de perdoar os pecados dos homens.]
2 Crônicas 7:13-14 – Deus disse a Salomão: "Quando Eu ordenar aos gafanhotos que devorem a região, ou quando Eu enviar a peste ao meu povo, se meu povo, sobre o qual se pronunciou o meu Nome, inclinar-se, orar e procurar a minha Face, convertendo-se de seus maus caminhos, Eu o ouvirei do Céu, perdoando seu pecado e sanarei a sua região". [Se não formos perdoados por Deus a praga nos derruba, nos aniquila. Por isso, precisamos desse perdão.]
Mateus 12:31-32 – "Por isso vos digo: todo pecado e toda blasfêmia serão perdoados aos homens, mas a blasfêmia contra o Espírito Santo não será perdoada. Se acaso alguém disser uma palavra contra o filho do homem, isto lhe será perdoado; mas, se a disser contra o Espírito Santo, isto não lhe será perdoado, nem neste mundo nem no que virá." [Este é o único pecado do homem que não terá o perdão de Deus.]
Mateus 6:13 – [Extraído do Pai Nosso:] "Perdoa-nos o mal que fizemos, assim como perdoamos aos que nos fizeram mal...". [Jesus ensina que para recebermos o perdão de Deus, deveremos perdoar a todos aqueles que nos fizeram mal.]
Lucas 6:37 – [Jesus diante de grande multidão disse:] "Não julgueis e não sereis julgados; não condeneis e não sereis condenados; perdoai e sereis perdoados."
Lucas 7:47 – "Mas aquele a quem pouco se perdoa, pouco ama." [Ou seja, o amor exige perdão.]
Mateus 6:14 – [Jesus ensinando ao povo no Sermão da montanha disse:] "Porque, se perdoardes aos homens as suas culpas, também vosso Pai celeste vos perdoará. Mas, se não perdoardes aos homens, vosso Pai não perdoará as vossas culpas." [Aqui Jesus é claríssimo quando nos revela que para ganharmos o Reino de Deus é necessário perdoar. Jesus instituiu a lei do perdão. Se não perdoarmos nossos semelhantes,

como poderemos obter o perdão de Deus pelas nossas faltas? Na justa medida com que perdoarmos os outros seremos perdoados por Deus.]
Mateus 18:32-35 – [Jesus ensinou esta parábola a seus discípulos:] "Então, o Senhor o chamou e disse-lhe: 'Servidor cruel! Eu te perdoei toda a dívida, porque me suplicaste isso. Não devias tu também ter pena do teu companheiro, como eu tive de ti?'. E, encolerizado, o senhor o entregou aos carrascos, até que pagasse toda a dívida. Do mesmo modo procederá convosco meu Pai Celeste, se cada um de vós não perdoar a seu irmão de todo o coração."
Mateus 18:22 – "Senhor, até quantas vezes meu irmão pecará contra mim, que eu lhe perdoe? Sete vezes?" Cristo respondeu: "O limite não era sete, mas setenta vezes sete".

Toda mágoa ou ressentimento por alguém gera um mal dentro de nós, se sedimenta, nos corrói por dentro, causa danos psíquicos e enfermidades. Quanto mais tempo permanecer a mágoa no nosso coração, mais difícil se tornará o perdão. Por isso, o perdão deve ser imediato, para que a ira não crie raízes. Percebemos por aí que o perdão é uma necessidade.

Se tiver mágoa de alguém, a sua fé não lhe trará benefícios. Se uma pessoa tiver ira por alguém, não será totalmente feliz, sua bênção não será completa, sempre faltará alguma coisa. Esses ressentimentos no coração do homem têm provocado mortes, guerras, destruições, e isso é bem antigo no ser humano.

Mas existe um tipo de ira que não é condenada pela Bíblia, chamada justa indignação, como a que teve Jesus em *Mateus 21:12*, quando Jesus expulsou os mercadores do Templo de Deus. Essa ira não guarda mágoa, é diferente das iras que vêm de coração egoísta. Podemos ter ira justa por indignação de abusos e injustiças feitas contra a obra de Deus, e não em benefício próprio. *Efésios 4:26* ensina: "Irai-vos e não pequeis. Não se ponha o sol sobre a vossa ira". Não deixe o sol se pôr sem antes tirar essa ira de você.

Se você não estiver conseguindo perdoar alguém, peça ajuda a Deus, e o espírito do perdão irá reconciliar casamentos rompidos, amizades dilaceradas. Você será injusto consigo mesmo se não perdoar, pois todos nós erramos e queremos ser perdoados. Exercite a lei do perdão. Limpe seu coração de toda mágoa. Sabemos que não é fácil perdoar, pois pensamos logo em revanche, em pagar na mesma moeda. Se desejarmos o perdão de Deus, devemos perdoar todo tipo de erro que os outros cometem contra nós, porque nós cometemos falhas muito mais graves contra Deus.

Já que Cristo perdoou e ensinou o perdão sem revide, vamos perdoar também o nosso irmão. Não usemos a lei do talião, do "olho por olho e dente por dente", como havia no Antigo Testamento. Se baterem em seu rosto, mostre o outro lado da face, como fez Cristo, em vez de partir para a retaliação.

Deus é nosso grande exemplo de perdão, pois Ele enviou Jesus para perdoar os homens. É dever do cristão amar seu inimigo e perdoá-lo, e assim fazendo viverá eternamente em paz.

Aquele que diz abertamente: "Eu perdoei o José. Mas, pode esperar, ele vai receber o troco. Já tracei um plano para atingi-lo", "Perdoar? Eu já perdoei meu irmão, mas não quero que ele entre na minha casa nunca mais!", "Perdoar? Só Deus perdoa", claramente não exerceu o perdão; nesses casos, o perdão é uma simples fachada, não é do fundo do coração. No seu íntimo eles não perdoaram seu semelhante.

Pedro pensava que existia um limite para o perdão. Assim como o perdão de Deus não tem limite, nosso perdão também deverá ser ilimitado (*Mt 18:22*).

ORAÇÃO E JEJUM

A prática da oração e jejum trouxe alívio e bênçãos a muitas pessoas que se utilizaram desse recurso ao longo de toda a Bíblia. Existe o lado certo e o lado errado na prática do jejum, e as narrativas a seguir mostram essa diferença. Vamos reproduzir alguns episódios bíblicos que confirmam a validade da oração e do jejum para o sucesso de um apelo, sem importar a sua natureza. Os destaques deixam explícito cada enfoque do jejum.

Jejum para livramento dos inimigos

1 Samuel 7:6 – Todo Israel se reuniu em Mispá e buscaram água e a derramaram na presença de Javé; jejuaram aquele dia, dizendo: "Pecamos contra Javé". [Com esse jejum, além de orações e holocaustos oferecidos por Samuel a Deus, Ele os livrou dos filisteus, inimigos que foram derrotados de tal modo que não mais voltaram à terra de Israel.]
2 Crônicas 20:2-22 – Anunciaram a Josafá e disseram: "Uma numerosa multidão caminha contra ti" [...]. Assustado, Josafá resolveu recorrer a Javé, e proclamou um jejum por todo Judá. Os judeenses se reuniram para invocar a Javé [...]. Assim vos diz Javé: "Não temais e não vos atemorizeis diante dessa numerosa multidão, porque este combate não é o vosso, mas o de Deus [...]. Não tereis que lutar nessa batalha; tomai posição; ficai ali, e vereis que Javé vos salvará". [Josafá junto com todo o povo de Judá jejuou e orou, clamando a Deus por socorro diante do inimigo, que eram os filhos de Moabe, e os filhos de Amon. Deus aceitou o pedido e tomou a frente desta batalha; armou emboscadas contra o inimigo, e eles fugiram derrotados.]
Esdras 8:22-23 – Porque tive vergonha de pedir ao rei uma tropa e cavaleiros, para nos socorrer contra o inimigo, durante a jornada, assim dissemos ao rei: "A mão de nosso Deus é para o bem de todos os que o procuram, mas sua força e sua cólera estão sobre todos os que O abandonam". Por esse motivo jejuamos e invocamos nosso Deus; Ele nos atendeu.

Jejum de arrependimento e apelo

Neemias 9:1-2 – No vigésimo quarto dia do mesmo mês, os filhos de Israel se reuniram para jejuar, vestiram-se de saco e cobriram a cabeça de terra. A raça de Israel se separou de todos os estrangeiros, depois eles se apresentaram e confessaram os seus pecados e as iniquidades de seus pais. [O jejum precedeu à confissão dos pecados e, em seguida, Esdras fez uma longa oração de glória e louvor a Deus.]
Daniel 9:1-19 – [Daniel descreve:] Voltei-me para Deus, meu Senhor, para suplicar-lhe com orações e rogos, com jejuns, em saco e cinza [...].

Ai, Senhor, Deus grande e terrível, que guarda a aliança e a fidelidade para com os que O amam e observam os seus mandamentos, nós pecamos e erramos, [...] afastamo-nos dos teus preceitos e das tuas leis [...]. Atendei, Deus nosso, à oração do teu servo e às suas preces [...]. Inclina, Deus meu, o teu ouvido e ouve; abre os teus olhos e vê a nossa desolação [...] porque não é em atenção aos nossos méritos que fazemos estas súplicas diante de Ti, mas sim confiando na multidão das tuas misericórdias. Senhor, ouve! Senhor, perdoa! Senhor, atende e age! [Belíssima oração de Daniel que traz todos os ingredientes necessários ao recebimento da graça: oração, jejum, arrependimento, humildade, louvor e glória a Deus.]

Jejum a favor da vida, contra a morte

Ester 4:16 – Ester disse a Mardoqueu: "Vai, reúne todos os judeus que se achem em Susa, e jejuai por mim; não comais nem bebais, durante três dias, nem de noite nem de dia! Também eu e minhas servas haveremos de jejuar desta forma. Apresentar-me-ei então ao rei, enfrentando a sua lei; morrerei, se for preciso". [Os judeus e a rainha Ester estavam condenados à morte pela lei aprovada pelo rei Assuero por desprezarem continuamente as ordens do rei, não dobrarem seus joelhos, nem se prostrarem diante do rei. Durante uma ceia oferecida pela rainha Ester ao rei Assuero, este, tocado pela sua beleza e por uma forte compulsão interior, consentiu satisfazer qualquer desejo da rainha. Ester pediu ao rei que lhe fosse poupada a sua vida e a de seu povo. O rei mandou executar um decreto-lei que anulou a condenação de morte dos judeus. Veio, por fim, a vitória.]

Jejum contra calamidades

Joel 1:14 – [Palavra de Deus dirigida a Joel:] "Prescrevei um jejum sagrado, convocai uma solenidade, reuni os anciãos, todos os habitantes do país na Casa de Javé, nosso Deus [...]". [Mais uma vez todo o povo se reúne em jejum para orar, suplicar, clamar a Deus para a correção das calamidades que tinham assolado todo o povo judaico. Javé se

deixou tomar por um veemente amor para com a sua terra e poupou o seu povo, além de trazer fartura e alegria.]
Jonas 3:7-10 – Em seguida se fez apregoar solenemente em Nínive, por decreto do rei e dos seus ministros, esta proclamação: Homens e animais, gado bovino e outros rebanhos, não tocarão em nenhum alimento, não pastarão, nem beberão água. Homens e animais se cobrirão de saco, clamarão a Deus com toda a força, e se converterão cada um de seu mau procedimento e da violência das suas mãos [...]. Deus viu o que eles estavam fazendo para se afastar de seus maus caminhos. Deus se arrependeu do mal com que os tinha ameaçado, e não o realizou. [Deus se compadeceu do povo de Nínive, que orou e jejuou após pregação de Jonas nessa cidade, o que culminou com a adesão ao jejum do próprio rei de Nínive.]

Jejum para ouvir a palavra de Deus

Jeremias 36:9 – No quinto ano de Joaquim, filho de Josias, rei de Judá, no nono mês, foi proclamado um jejum diante de Javé para toda a população de Jerusalém, e toda a gente que podia vir das cidades de Judá a Jerusalém. Então, Baruque leu no livro as palavras de Jeremias, na Casa de Javé. [Jeremias, através de Baruque, transmitiu a todos os judeus em Jerusalém as palavras que Javé lhe tinha dito. Mas pediu jejum antes a todo o povo, para que esse sacrifício conduzisse a uma melhor compreensão da palavra de Deus.]
Mateus 15:32 – Jesus disse aos discípulos: "Tenho muita pena deste povo, pois já faz três dias que está comigo e não tem o que comer. Não quero despedi-lo em jejum". [O povo aceita livremente ficar três dias em jejum para ouvir a palavra de Jesus. Eles sabiam que esse sacrifício seria totalmente recompensado pelas maravilhosas revelações de Jesus.]

Jejum para evangelização

Atos 13:1-3 – Havia na Igreja de Antioquia diversos profetas e mestres [...]. Certa vez, enquanto celebravam o culto do Senhor e jejuavam, o Espírito Santo disse: "Reservai-me Barnabé e Saulo, para fazerem o trabalho que lhes destinei". Então, depois de jejuns e orações, impuseram as mãos sobre eles e os enviaram. [As orações e jejuns precederam a imposição de mãos sobre os escolhidos por Deus para a nobre missão de evangelização de todos os povos. Orações e jejuns fortalecem seu espírito e lhe dão base, sustentação, para atingir seu intento.]

Atos 14:23 – Em cada igreja eles constituíam presbíteros, impondo-lhes as mãos, faziam preces e jejuns, recomendando-os ao Senhor, em quem tinham acreditado. [Paulo e Barnabé, praticando jejum e oração, iam evangelizando todos os povos, convertendo pagãos.]

Jejum de Jesus

Mateus 4:1-4 – Então Jesus foi conduzido pelo espírito à parte alta do deserto, para ser tentado pelo Diabo. Jejuou quarenta dias e quarenta noites, e depois sentiu fome. Aproximou-se o tentador e disse-lhe: "Se és Filho de Deus ordena que estas pedras se tornem pães". Ele respondeu: "Está escrito: Nem só de pão viverá o homem, mas de toda palavra que sai da boca de Deus". [Jesus mostra com seu jejum que o homem pode se alimentar da palavra de Deus e se nutrir. O homem pode se saciar com pão, mas pode também se saciar com a palavra de Deus.]

Jejum promovido por Deus

Isaías 58:6-11 – Assim fala Javé: "É este o jejum que me agrada [...]. Se deres pão ao faminto e saciares a fome torturante, tua luz se erguerá nas trevas, [...] e nos desertos Ele te saciará". [Deus condena aqueles que durante o jejum oprimem os operários e promovem disputa e querela *(Isaias 58: 3-4)*.]

Jejum em local oculto

Mateus 6:16-18 – Quando fizerdes jejum, não mostreis um semblante abatido, como é de costume dos hipócritas. Eles fazem isso para dar a entender que estão de jejum. Eu vos declaro esta verdade: já receberam a sua recompensa. Mas, quando jejuarem, perfuma tua cabeça e lava teu rosto, para não dares a entender aos homens que estás jejuando, e sim a teu Pai que está presente, até em lugar oculto; e o teu Pai, que enxerga até em lugar oculto, te dará a recompensa. [Somente a Deus farás aliança e oferecerás a Ele o sacrifício do jejum, para a obtenção de uma determinada graça que desejar ver realizada.]

Jejum não aceito por Deus

Jeremias 14:12 – Assim fala Javé sobre este povo: "Embora jejuem, não ouvirei o seu clamor, mesmo que ofereçam holocaustos e oferendas, não os receberei com agrado; pois com a espada, com a fome e com a peste darei cabo deles". [Quando os pecados forem muito graves e inúmeras forem as rebeldias do homem, Deus o lembrará de suas irregularidades e castigará os seus pecados (*Jeremias 14:10*), mesmo que façam jejum.]

Zacarias 7:4-14 – Deus instruiu a Zacarias dizendo: "Fala a toda população do país e aos sacerdotes, nestes termos: 'Quando jejuastes e lamentastes, no quinto e no sétimo mês, há setenta anos, foi de fato por Mim que jejuastes? Quando comeis ou bebeis, não sois vós que comeis e bebeis?'". [...] Eles, porém, recusaram-se a prestar atenção; apresentaram um ombro rebelde, e endureceram os ouvidos para não ouvir [...]. Houve então grande cólera da parte de Javé dos exércitos, e aconteceu que, do mesmo modo que Ele gritava e não O ouviam, assim eles gritarão e Eu não os ouvirei [...]. Assim eles fizeram de uma terra deliciosa uma terra devastada. [O jejum sem sincero arrependimento e sem oferecê-lo a Deus de coração de nada vale, não recebe a resposta de Deus.]

Lucas 18:9-14 – Jesus contou uma parábola a alguns que presumiam ser justos e desprezavam os outros: "Dois homens subiram ao Templo para orar: um era fariseu e o outro cobrador de impostos, então detestado. O fariseu de pé rezava interiormente desta maneira: Meu Deus, eu te dou graças por não ser como os demais homens, ladrões, injustos, adúlteros, nem como este cobrador de impostos. Jejuo duas vezes por semana, e pago o dízimo de todas as minhas rendas. Mas o cobrador de impostos mantinha-se longe nem se atrevia a levantar os olhos para o céu, mas batia no peito dizendo: Meu Deus tem compaixão de mim, que sou pecador! Eu vos digo: este desceu para casa justificado, ao contrário do outro". [Embora a prática do jejum fosse recomendável desde aquela época, o fariseu o fez com orgulho espiritual, desprezando os outros, e não foi justificado, não recebeu bênção.]

É tão forte o valor do jejum, que Gandhi, na Índia, se valeu dele para conseguir a paz entre hindus e muçulmanos, que estavam constantemente em litígio. Somente quando Neru, seu íntimo amigo, disse-lhe que não havia mais disputas entre hindus e muçulmanos em toda a Índia, Gandhi suspendeu o jejum, já em estado bem debilitado de saúde.

Conclamamos a todos os que creem em Deus, praticar oração e jejum, sozinhos ou em grupo, constantemente. Essa união levou muitos ao sucesso no passado, e levará você a grandes conquistas no presente.

PERDAS VIRAM BÊNÇÃO

Identificamos três tipos de perdas, descritas em diferentes partes da Bíblia, a que o ser humano esteve sujeito: as perdas por insubordinação, as perdas por provação e as perdas por convicção. Vamos analisá-las a seguir com versículos associados a cada tipo de perda.

Perdas por insubordinação

Provérbios 11:24 – Aquele que prodigaliza enriquece, quem amontoa sem medida empobrece. [Esse é o projeto Tio Patinhas: amontoa por amontoar, com medo de perder, não distribui, não faz, e acaba perdendo, empobrece.]
Eclesiastes 5:9-13 – Quem ama o dinheiro não se sacia de dinheiro. Quem ama a riqueza não tem lucro [...] Vejo um dano fatal sob o sol: riqueza conservada para desgraça de quem a possui. Perdendo-se esta riqueza num negócio infeliz, o filho que lhe nasceu nada tem em sua mão.
Lucas 15:11-24 – Disse Jesus: "Um homem tinha dois filhos: o caçula disse a seu pai: 'Pai, dá-me a parte dos bens que me cabe'. E o pai

repartiu seus bens entre os dois. O caçula juntou todos os seus bens, partiu para uma região longínqua [...]. Depois de gastar tudo, uma fome terrível assolou aquela região, e ele começou a passar privações. [...] Caindo em si, disse: 'Vou partir, voltar para meu pai, e dizer-lhe: 'Pai, pequei contra o céu e contra ti. Não mereço mais ser chamado teu filho. Trata-me como a um dos teus empregados!'. [...] Ele voltou e disse isso a seu pai. [...] Mas o pai ordenou aos seus empregados: 'Trazei também o novilho de engorda, matai-o, comamos e façamos uma festa; porque meu filho estava morto e voltou à vida, estava perdido, e foi encontrado'. E começaram a festa".

Este é o tipo de perda daquele que anda sozinho, sem preparo, se acha autossuficiente, não precisa de Deus para guiá-lo, acha que sabe tudo. Nesta categoria se encontram aqueles que fazem maus negócios, sem conhecimento técnico, que falham por incompetência, por desconhecimento, aqueles que são perdulários, desperdiçam, gastam em excesso, gastam por prazer de gastar, esbanjam dinheiro, e aqueles que são sovinas, avarentos, só sabem acumular, não gastam, tem sórdido apego ao dinheiro.

Para esse tipo de perda existe uma solução apontada em *Lucas 15:11-24*. É o arrependimento, é voltar ao Pai, pedir perdão, recomeçar a trabalhar em atividades e posições mais humildes. Se recorrer a Deus com fé, Deus se alegra com ele, dá bênçãos, dá uma festa, o eleva, e a pessoa se regenera.

Perdas por provação

Jó 1:1-3 – Havia na terra de Uz um homem chamado Jó, íntegro, reto, que temia a Deus, e fugia do mal. Possuía sete mil ovelhas, três mil camelos, quinhentas juntas de boi, [...] e uma grande quantidade de servos [...]. Deus, para provar a Satã que Jó seria fiel a Ele, mesmo se ele perdesse tudo que possuía, permitiu que Jó passasse por várias privações e provações. Deus permitiu que os sabeus lhe pilhassem tudo, e matassem seus criados. Os caldeus vieram e levaram seus camelos. Um vento impetuoso se levantou da região do deserto, bateu na mesa onde comiam seus filhos e suas filhas, e esta ruiu sobre os jovens, que morreram.

Jó 1:21-22 – Nu saí do ventre da minha mãe, nu retornarei para ele. Javé deu, Javé tirou: bendito seja o nome de Javé! Em todas essas coisas não pecou Jó, nem proferiu insolvências contra Deus. [Em outra época, Deus permitiu que Satã ferisse Jó com úlceras malignas, e Jó ficou doente dos pés à cabeça.]

Jó 2:9-10 – Disse-lhe sua mulher: "Perseveras tu, ainda, na tua integridade? Amaldiçoa a Deus e morre!". Mas ele lhe disse: "Falas como verdadeira insensata! Se recebemos o bem de Deus, como não receber igualmente a desgraça?". E em todas essas coisas não pecou Jó com os seus lábios.

Jó 42:9-16 – [...] E Javé teve considerações para com Jó. Depois Javé restabeleceu Jó no seu antigo estado, quando este orava pelos seus amigos, e deu-lhe o dobro do que possuía antes [...] Javé abençoou Jó em sua nova condição, mais do que na primeira [...] Depois disto, Jó viveu cento e quarenta anos, viu seus filhos e os filhos de seus filhos, até a quarta geração.

Esse tipo de perda ocorre com aquele crente que, apesar de estar no caminho de Deus, passa por privações, por uma provação divina. O caso exemplar é o de Jó. Para este tipo de perda, a solução é a resignação, submissão paciente aos sofrimentos da vida, é a fidelidade a Deus, é não murmurar, não amaldiçoar, é nunca abandoná-lo. Confiar em Deus como Jó confiou, e por essa atitude acabou recebendo em dobro tudo que perdeu, veio a bênção.

Perdas por convicção

Filipenses 4:11-13 – Paulo escreveu aos Filipenses: "Não me refiro a privações que passei, pois já aprendi, em boa hora, contentar-me com o que tenho. Sei viver na necessidade e na fartura. Estou habituado a toda e qualquer condição de vida: a de estar saciado ou passar fome, estar na abundância ou na pobreza. Tudo posso naquele que me fortalece".

Filipenses 4:6-7 – Não vos preocupeis com coisa alguma; manifestai,

porém, a Deus as vossas necessidades por meio de orações e súplicas com ação de graças. Então a paz de Deus, que supera todo o entendimento, guardará vossos corações e vossos pensamentos em Cristo Jesus.
Eclesiastes 3:1-6 – Tudo tem a sua hora, cada empreendimento tem o seu tempo debaixo do céu [...]. Um tempo para procurar, um tempo para perder, um tempo para guardar, um tempo para jogar fora [...].
Lucas 9:24-25 – Jesus disse: "Porque quem quiser salvar a sua vida vai perdê-la, mas quem perder sua vida por minha causa vai salvá-la. De fato, de que serve ao homem ganhar o mundo inteiro, se ele se perde e se arruína?".
Mateus 19:21-22 – Jesus concluiu: "Se queres ser perfeito, vai, vende os teus bens, dá aos pobres, e terás um tesouro no céu. Depois, vem e segue-me. Tendo ouvido isto, o moço foi-se embora, entristecido, porque possuía muitos bens".
Lucas 19:1-9 – Jesus entrou em Jericó e atravessava a cidade. Aconteceu que um homem chamado Zaqueu, um dos chefes dos cobradores de impostos, e rico, queria ver quem era Jesus [...]. Jesus disse: "Zaqueu, desce depressa, porque hoje devo ficar na tua casa". Ele desceu depressa e o recebeu com alegria. Vendo isto, todos murmuravam: "Foi hospedar-se na casa de um pecador!". Mas Zaqueu, de pé diante do Senhor, disse-lhe: "Senhor, dou a metade dos meus bens aos pobres. E se extorqui alguma coisa de alguém, vou lhe restituir quatro vezes o seu preço". Jesus então disse: "Hoje entrou a salvação nesta casa, porque este também é filho de Abraão".

Este é o tipo de perda daquele que aceita deliberadamente vender seus bens, sua casa, sua terra, enfim, todos os seus bens e distribuir esse dinheiro a seus irmãos carentes, por saber que terá recompensa maior no Reino de Deus. São seguidores de Cristo, e sabem que para eles nada vai faltar, contam sempre com a providência divina em tudo.

Se você compreender as perdas em sua vida não como um processo definitivo, tampouco como um castigo de Deus, mas souber tirar proveito delas, receberá bênçãos de Deus e melhorará sua qualidade de vida, sem se preocupar com coisa alguma.

OS PRAZERES ESPIRITUAIS SÃO ETERNOS

Versículos associados aos prazeres materiais:
Provérbios 21:17 – Quem ama o prazer fica indigente, quem ama vinho e óleo não enriquece. [Vinho e óleo eram alimentos caros na época, sinal de boa comida e boa bebida.]
Isaias 47:8-9 – "Agora ouve, ó voluptuosa, que te sentes tão segura, e dizes no teu coração: Eu, somente eu! Nunca ficarei viúva, nem perderei meus filhos. Sobre ti cairão estes dois males de um só golpe, num só dia: a perda dos filhos e a viuvez."
1 Timóteo 5:6-7 – Quanto à viúva que se entrega aos prazeres, embora viva, já está morta. Lembra-lhes também isto, para que sejam pessoas corretas.
2 Timóteo 3:1-5 – Toma conhecimento disto: nos últimos dias virão momentos difíceis. Os homens serão egoístas, avarentos, [...] cegos de orgulho, mais amigos dos prazeres que de Deus. [...] Fica longe de gente como essa!
Tito 3:3 – Porque antes nós também não tínhamos juízo, éramos revoltados [...] escravos de paixões e prazeres de todo tipo, detestáveis, vivendo da maldade e na inveja, e odiando aos outros.
Tiago 4:-4 – Donde vêm as guerras? Donde vêm os conflitos entre vós? Não é precisamente de vossas paixões que lutam em vossos membros? Cobiçais sem conseguirdes [...]. Mas não tendes, porque não pedis; pedis e não recebeis, porque pedis mal. Pedis para desperdiçar em vossos prazeres. Adúlteros, não sabeis que a amizade para com o mundo é inimizade para com Deus? Portanto, quem quiser ser amigo deste mundo, torna-se inimigo de Deus.
Tiago 5:1-5 – Ricos, chorai e gemei sobre as desgraças que hão de cair sobre vós [...]. Vivestes sobre a Terra entregues ao luxo e à devassidão.
2 Pedro 2:13 – Julgam encontrar felicidade nos prazeres passageiros. São a própria sujeira e imundície. Consideram prazer entregar-se aos desejos imorais, divertem-se de modo enganoso.

Versículos associados aos prazeres espirituais:
1 Samuel 15:22 – Gosta Javé do sacrifício da obediência [...]. [Os

prazeres espirituais têm muito a ver com sacrifícios de amor a Deus. O prazer espiritual não pode ser para agradar o adorador, mas sim o adorado (Deus).]

Mateus 18:13 – "E, se chegar a encontrar a ovelha perdida, eu vos declaro esta verdade: a alegria será maior por causa dela do que pelas 99 que não tinham perdido. Deus não quer ver ovelhas fora da Igreja. É na Igreja que está o prazer da ovelha de Jesus."

Lucas 1:13-14 – "Tua esposa Isabel vai te dar um filho e lhe porás o nome de João. Com isso terás uma grande satisfação e alegria, e muitos também se alegrarão com seu nascimento."

Hebreus 11:24-26 – Pela fé, Moisés, já adulto, recusou ser chamado filho da filha do faraó. Ele preferiu tomar parte nos sofrimentos do povo de Deus a desfrutar as delícias passageiras do pecado. [...] Ele fixava os olhos na recompensa futura.

Todos os prazeres materiais são passageiros, transitórios, enquanto os prazeres espirituais são eternos. Vamos ver alguns exemplos de prazeres materiais:

1) tomar cerveja com amigos;
2) euforia provocada pelas drogas;
3) sexo praticado por puro prazer;
4) bronzear-se ao sol;
5) mascar chicletes;
6) assistir a um jogo de futebol;
7) assistir à novela;
8) maquiar-se para uma festa;
9) dirigir carro em alta velocidade;
10) seguir a moda.

Outras práticas de prazeres materiais são relatadas em *Gálatas 5:19-21*. Todo cuidado é pouco nestas questões. É bom o filho de Deus ser sóbrio e vigilante (*1 Pedro 5:8* e *1 Coríntios 10:12*).

Exemplos de prazeres espirituais que duram para sempre, porque grande será a recompensa no céu:

1) pureza de coração;
2) fome e sede de justiça;
3) obediência ao Senhor Deus;
4) mansidão e humildade;
5) promover a paz.

Outras práticas de prazeres espirituais são relatadas em *Gálatas 5:22-24*. Esse é o culto racional do cristão: sacrificar ou crucificar para conquistar o verdadeiro prazer de viver com saúde, paz, felicidade.

Damos a seguir alguns exemplos de prazer material e sua contrapartida em prazer espiritual:

Material: namoros rápidos e sem compromisso.
Espiritual: namoro visando o casamento.

Material: receber do próximo.
Espiritual: dar ao próximo.

Material: sexo por puro prazer, livre e sem compromisso.
Espiritual: sexo com compromisso e responsabilidade.

Material: alimentação exagerada, para satisfação da carne.
Espiritual: jejum, para satisfação do espírito.

Material: dinheiro aplicado em prazeres momentâneos.
Espiritual: dinheiro aplicado na obra de Deus: dar dízimo e ofertas.

Material: casa no planeta Terra, antes da morte.
Espiritual: casa no Reino de Deus, após a morte.

Material: batalhar para a sua própria felicidade.
Espiritual: batalhar para a felicidade do outro.

Material: balança falsa, para tirar lucro abusivo.
Espiritual: balança justa, para tirar a medida certa.

O mundo oferece aos seres humanos uma gama enorme de prazeres passageiros, mas em alguns casos com consequências graves. Um exemplo disso é refletir sobre o que acontece no campo sexual. O sexo praticado de maneira leviana, por puro prazer, pode causar doenças venéreas ou uma gravidez indesejada. No entanto, o sexo praticado dentro do plano de Deus irá gerar uma família com valores eternos.

Todos os prazeres materiais são de curta duração e precisam ser renovados a cada instante para que a sensação de prazer volte a existir. O prazer de fumar um cigarro apenas é pouco, é rápido, e precisa de mais cigarros para dar continuidade àquela sensação. Ao contrário, o prazer espiritual, por exemplo, de curar alguém, é único, e ele será eterno.

Os prazeres materiais alimentam os cinco sentidos humanos: visão, audição, olfato, paladar e tato. Os prazeres espirituais alimentam sua alma, seu interior, a porção invisível do seu ser total, integral. É necessário querer a morte dos prazeres materiais, para que haja um renascimento nos prazeres espirituais.

Deus, em sua infinita sabedoria e no seu Reino, não estará julgando você pelo número de chicletes que você mascou durante a vida, ou pelo número de copos de cerveja que você tomou. Ele vai querer saber quais foram as suas obras para a construção de um mundo bem melhor.

Se você salvar uma vida em um acidente, ou curar alguém de uma doença incurável através do nome de Jesus, poderá sentir algo realmente fantástico, um prazer que ficará com você para sempre.

Os prazeres espirituais exigem uma quota de sacrifício, um esforço de sua parte, não é algo fácil, mas é agradável aos olhos do nosso Pai celestial e trarão como vantagem as bênçãos de Deus. Ao longo da caminhada com Jesus os prazeres espirituais vão aumentando, até amortizar os prazeres materiais. Não desista, continue lutando.

Para mudarmos nossa vida em direção ao Reino de Deus, que não é deste mundo, devemos praticar e estimular os prazeres espirituais em nós e nos outros. Agindo assim, ganharemos a vida eterna.

ULTRAPASSE SEUS LIMITES

Versículos associados ao tema:
Josué 6:1-20 – Ora, Jericó se achava cuidadosamente fechada por causa dos filhos de Israel; ninguém podia entrar ou sair. Disse Deus a Josué: "Eis que entrego Jericó e o seu rei nas tuas mãos [...]. E quando ressoar o chifre de carneiro, quando ouvirdes o som da trompa, todo o povo soltará um grande grito, e cairão no mesmo instante os muros da cidade". [...] Ergueu, pois, o povo o grito de guerra, e fizeram ressoar as trompas. Logo que o som da trompa chegou aos ouvidos da multidão, levantou-se enorme clamor, e as muralhas caíram sobre si mesmas.
Hebreus 11:30 – Pela fé caíram os muros de Jericó, depois de terem sido rodeados pelos israelitas durante sete dias.
Salmos 18:29-30 – Deus, és Tu que és minha lâmpada, és meu Deus que ilumina as minhas trevas, pois graças a Ti eu transponho muros, graças a meu Deus eu salto muralhas.
Provérbios 18:11-12 – A fortuna do rico é sua fortaleza; ele pensa que ela é uma alta muralha. Antes da ruína eleva-se o coração humano, todavia, a humildade precede a glória.
1 Pedro 5:8-10 – Sede sóbrios! Vigiai! Vosso adversário, o Diabo, ronda qual leão a rugir, buscando a quem devorar. Resisti-lhe firmes na fé, certos de que os mesmos sofrimentos atingem vossos irmãos dispersos pelo mundo. E o Deus de toda a graça, que em Cristo vos chamou à sua glória eterna, a vós que sofrestes um pouco, Ele mesmo vos há de aperfeiçoar, firmar, fortalecer, e vos tornar inabaláveis.
Jó 3:25 – Se temo algum mal, ele me sobrevém, e atinge-me o que eu temia.
1 Samuel 17:32-51 – Davi disse a Saul: "Ninguém perca a coragem por causa dele. Teu servo irá lutar contra esse filisteu [o gigante Golias])". Saul, porém, declarou: "Não poderás enfrentar esse filisteu para lutar com ele, porque não passas de um menino, e ele é guerreiro desde a juventude". Davi respondeu: "Quando o teu servo vigiava as ovelhas de seu pai e vinha um leão ou um urso roubar uma ovelha, eu o perseguia e o abatia tirando-lhe a presa da boca; e se ele se levantava contra mim, eu o pegava pela juba e o feria mortalmente. Teu servo matou leões e

ursos, e acontecerá a este filisteu incircunciso, como a um deles, por ter zombado das tropas do Deus vivo". E acrescentou: "Deus que me salvou da garra dos leões e dos ursos há de me salvar também da mão deste filisteu". Então disse Saul a Davi: "Vai e Deus esteja contigo!". [...] O Filisteu disse a Davi: "Serei por acaso um cachorro, para vires contra mim armado de cacete? [...] Vem para o meu lado", prosseguiu, "que darei tua carne às aves do céu e aos animais da terra!". Mas Davi replicou ao filisteu: "Tu vens a mim com espada, lança e escudo; eu, porém, vou a ti em nome do Deus dos exércitos, o Deus das tropas de Israel, que tu insultaste! Hoje Deus te entregará na minha mão, e eu te abaterei, cortar-te-ei a cabeça, e darei o teu cadáver e os cadáveres do exército filisteu aos pássaros do céu e aos animais da terra. E todo mundo saberá que existe um Deus em Israel. E toda esta gente saberá que Deus não salva pela espada nem pela lança, pois a batalha é de Deus, e é Ele quem vos entregará nas nossas mãos". [...] Assim Davi venceu o Filisteu com funda e pedra; abateu-o, e matou-o sem que tivesse espada na mão. Correu ao Filisteu, subiu-lhe em cima, arrancou-lhe a espada da bainha, liquidou o Filisteu e cortou-lhe a cabeça.

Marcos 2:3-12 – Chegaram então algumas pessoas trazendo um paralítico, que vinha carregado por quatro homens. Como não podiam levá-lo até ele, por causa da multidão, abriram o terraço em cima do lugar onde Jesus estava, e alargando a abertura, desceram o leito em que estava o paralítico [...]. Jesus vendo a fé que os animava, disse ao paralítico: "Eu te ordeno: Levanta-te, toma o teu leito e vai para casa!". Ele se levantou e logo tomou o seu leito, e saiu à vista de todos.

Marcos 5:24-34 – [Esse fato aconteceu quando Jesus estava a caminho da casa de Jairo para curar sua filha:] Uma grande multidão o seguia e o apertava de todos os lados. Ora, certa mulher sofria havia doze anos de uma perda de sangue. E ela tinha sofrido muito nas mãos de vários médicos, já tendo gasto tudo que possuía sem melhorar, e pelo contrário, piorando cada vez mais. Quando ela ouviu falar de Jesus, meteu-se entre a multidão e chegando por trás tocou na roupa dele. Ela pensava: "Se eu tocar nele, ainda que seja só na roupa, ficarei curada". E imediatamente secou a fonte do seu sangue, e ela percebeu, em seu corpo, que estava curada da doença. Mas logo Jesus sentiu que uma força tinha saído dele. Virou-se então no meio da multidão e perguntou: "Quem tocou na minha roupa?". Os discípulos responderam: "Estás vendo a multidão que te aperta e ainda perguntas: Quem te tocou?". E ele olhava à sua volta procurando aquela que tinha agido assim. Sabendo o que tinha acontecido, a mulher amedrontada e tremendo, foi cair aos pés de Jesus e lhe contou toda a verdade. Ele lhe disse: "Filha, tua fé te curou. Vai em paz e fica curada da tua doença".

O mundo coloca uma porção de limites em sua vida. No supermercado, há o limite de gastos; no banco, o limite de cartão de crédito. Há limite de salário por cargo na empresa. Pessoas ao seu lado dizem: "Tudo tem limite". Se você quer fazer a diferença em sua vida, deve combater os limites, não aceitá-los, superar os desafios, desafiar os que o limitam e mostrar que a dúvida deles é a sua certeza. Você irá à luta e já é vencedor logo de saída, pois Deus está ao seu lado.

Em *1 Pedro* identificamos quem é o nosso adversário: o Diabo. Portanto, não é seu marido ou sua esposa o seu adversário, nem seu vizinho, nem o juiz do seu processo jurídico, mas, sim, o Diabo. É sobre ele que temos que montar nossa estratégia de ataque, e por isso não devemos desperdiçar o nosso tempo atacando pessoas aqui na Terra, porque a nossa luta não é contra a carne, mas, sim, contra as potestades do mal, os demônios, que agem sob a forma de espíritos do mal. É contra o Diabo que você tem que se armar, não sentir medo, colocar Deus no ataque junto com você e dominar o leão que ruge ao seu lado. Davi atacou o leão que queria matar uma ovelha de seu rebanho com garra e determinação. Não se intimidou com a força do inimigo, e venceu seus limites, pois Davi sabia que ele não estava sozinho, mas estava com o Deus todo-poderoso.

Toda vez que Jó tinha medo de algo, aquilo que ele temia acontecia. É sempre assim. O demônio espera primeiro você ter medo de algo, para depois incitar você a cair em suas redes. O medo enfraquece seu espírito, você empaca, não ataca, você fica vulnerável, é isca fácil dos predadores. Se você tiver medo de uma doença, aí mesmo que a doença não o deixará; se tiver medo de ultrapassar uma muralha, você já está derrotado, não vai ultrapassá-la mesmo. Seus limites estarão bloqueados por você mesmo. Para ultrapassar seus limites, você deve ter a certeza de sua vitória naquilo que você vai fazer, e este estado de espírito só é possível se você estiver unido com Deus pela fé Nele.

Se você tiver medo de algo, como aconteceu com Jó, eis que sobrevirá sobre você aquilo que o assusta. O inimigo, o Diabo, quer nos intimidar, causar medo, causar pânico, nos provocar ansiedade e angústia. Para vencê-lo, temos que dominar o que nos domina, perseguir o que nos persegue, e intimidar o que nos intimida. Isso só é possível se estivermos aliados a Deus, pois com Ele somos capazes de saltar muralhas.

Um leão ataca somente quando sente que seu adversário tem medo, ele sente pelo faro a sensação de medo do outro. Narra a Bíblia que um leão queria atacar uma das ovelhas de Davi, pastor de ovelhas. As ovelhas são animais mansos, pacíficos, têm medo do leão, e é por isso que o leão aproveita para atacar. Quando Davi atacou o leão para proteger suas ovelhas, Davi não teve medo dele, o pegou pela juba e o feriu mortamente. O demônio é como o leão: só ataca quem tem medo dele, quem não o expulsa em nome de Jesus. Se você enfrentar o demônio invocando o santo nome de Jesus, expulsará o demônio, covarde, que foge, bate em retirada.

Se você é daqueles que ouvem o que as pessoas falam no mundo, você vai ficar cheio de dúvidas, cheio de medo, sua vida sempre será a mesma, não vai haver diferença no dia a dia, não vai obter o que quer.

O pensamento do rico que faz do seu dinheiro sua fortaleza é a sua fraqueza. Porque o alicerce do homem que se baseia em bens terrenos é frágil, e quanto mais ostentar mais rápido cairá e perderá. O verdadeiro alicerce de rocha firme do homem é a fé, e ele vencerá suas muralhas não pelo dinheiro que possui, mas por ter Deus como seu aliado, entregando a solução e a vitória da sua empreitada a Ele, reconhecendo sua glória, e retirando de si os méritos.

A mulher com hemorragia havia doze anos ultrapassou seus limites, pois era proibido que uma mulher durante a menstruação fosse tocada por qualquer pessoa, ou mesmo ela não poderia tocar em qualquer pessoa. Era considerada imunda e sujeita a apedrejamento caso descumprisse a lei. Mas essa mulher ousou passar por cima da lei e tocou em Jesus. Em seguida, Jesus perguntou: "Quem me tocou?". Na verdade, muitos tocavam em Jesus, mas não daquela forma. A virtude, a cura de Jesus, não saiu da sua roupa, mas do corpo de Jesus. Essa mulher foi curada, pois sua fé a levou a tocar em Jesus, mesmo correndo risco de morrer por isso.

O paralítico que desceu do terraço da casa onde estava Jesus para se projetar mais próximo a Ele, vencendo a multidão que o cercava. Ele também obteve a cura, pois foi arrojado, impetuoso, determinado, ultrapassou seus limites e teve fé.

Deus usou a música, os ritmos e o grito final após sete dias, entoado pelo povo de Deus e chefiado por Josué, para derrubar os muros de Jericó. Deus é o Todo-Poderoso e só Ele conhece as armas ou as maneiras certas de atacar o inimigo.

Está escrito: "Com meu Deus eu salto muralhas", significa que com Deus não há limites em sua vida, não há barreiras que o impeçam de conquistar a vitória. Davi nunca aceitou limites, sempre os ultrapassou. Para os que tentassem impor limites em seus sonhos, Davi respondia com mais coragem, isso funcionava como uma lenha a mais na fornalha de sua fé, redobrava seus brios, e mostrava quão pequenos eram aqueles que não acreditavam em Deus, que não faziam uma aliança com Ele.

Mesmo um homem não diplomado, sem faculdade, pela fé que possui em Deus obtém toda a riqueza que desejar ter. Davi não era nada antes de Deus ungi-lo como novo rei de Israel. Ele não tinha linhagem de nobreza, sua casa era muito simples. Mas foi por causa da fé de Davi no Deus único que ele venceu os leões e venceu Golias, o filisteu. Os heróis da fé que estão na Bíblia já nos ensinaram como fazer para saltar o que lhes parecia intransponível. Faça você o mesmo, e a história se repetirá: *ultrapasse seus limites*.

CAPÍTULO 6
DEMÔNIOS
(origem, atuação, expulsão)

ORIGEM DO MAL

A Bíblia descreve o sofrimento do homem ao longo da história submetido às tentações de Satanás, que é citado como príncipe deste mundo, representante da força do mal. Trataremos nesse capítulo de como esse mal foi gerado e suas consequências para o ser humano. Em primeiro lugar, vamos descrever os versículos bíblicos sobre a origem do mal:

Versículos associados à origem do mal:
Gênesis 1:1-2 – No princípio Deus criou os céus e a Terra. A Terra, porém, estava sem forma e vazia, e as trevas cobriam o abismo, mas o Espírito de Deus pairava por sobre as águas.
2 Pedro 2:4 – Pois Deus não poupou os anjos pecadores, mas os precipitou nos abismos tenebrosos do inferno, reservando-os para o juízo.
Judas 6 – E que ele continua conservando sob as trevas, em cadeias eternas, para o juízo do Grande Dia, aqueles anjos que não mantiveram a sua dignidade, mas abandonaram sua própria morada.
Apocalipse 9:11 – Seu rei era o anjo do abismo, chamado em hebraico Abaddon, e em grego Appolyon.
Gênesis 3:1-22 – A Serpente era o mais astuto de todos os animais do campo que Deus fizera. Disse ela à mulher Eva: "Então foi isto mesmo que Deus mandou: Não podeis comer de nenhuma árvore do jardim do paraíso?". Respondeu a mulher à Serpente: "Podemos comer dos frutos das árvores do jardim do paraíso; somente do fruto da árvore que está no meio do jardim do paraíso, Deus disse: 'Não podeis dele comer, nem tocá-lo, senão morrereis'". A Serpente disse à mulher: "Nada disso! Vós não morrereis! Mas Deus sabe que no dia em que dele comerdes, abrir-se-ão os olhos e sereis como Deus, conhecendo o

bem e o mal". A mulher viu que a árvore era apetitosa para se comer, de aspecto atraente e desejável para adquirir a inteligência. Tomou então do fruto e comeu. Deu também ao marido, que com ela estava, e este comeu [...]. Disse Deus à mulher: "Que fizeste?". E a mulher respondeu: "A Serpente me enganou, e eu comi". Disse então Deus à Serpente: "Porque fizeste tal coisa, maldita sejas entre todos os animais domésticos e entre todos os animais selvagens, rastejarás sobre o teu ventre e comerás o pó todos os dias de tua vida [...]".

Ezequiel 28:11-19 – Foi-me dirigida a palavra de Deus, nestes termos: "Homem, pronuncia um poema contra o rei de Tiro. Tu lhe dirás: Assim fala o Senhor Deus: Eras um modelo de perfeição, cheio de sabedoria, maravilhoso na beleza. Moravas em Éden, no Jardim de Deus, revestido de todas as preciosidades [...]. Tudo isso foi preparado no dia em que foste criado. [...] Foste perfeito em tua conduta desde o dia da tua criação, até que foi achado o mal em ti [...]. Teu coração inchou-se de orgulho por causa da tua beleza. Corrompeste tua sabedoria por causa do teu esplendor. Lancei-te por terra e te ofereci aos reis como espetáculo. Por tuas inúmeras faltas, por teu desonesto comércio, profanaste teus santuários. Fiz sair de ti um fogo para devorar-te, te reduzi em cinzas sobre a terra, diante de todos os que te viam [...]. És objeto de espanto e deixarás de existir para sempre".

Isaías 14:12-16 – No dia em que Javé te conceder repouso, [...] entoarás esta sátira sobre o rei de Babilônia: "Como caístes dos céus, ó Lúcifer matutino? Como tombaste por terra, tu que dominavas as nações? Dizias em teu coração: 'Escalarei os céus e acima das estrelas de Deus estabelecerei o meu trono. Sentar-me-ei na Montanha da Assembleia, nas profundezas do Setentrião. Subirei ao cume das nuvens e serei semelhante ao Altíssimo'. Como? Eis que caístes no Xeol, nas profundezas do abismo!".

Em Ezequiel é descrita uma profecia contra o rei de Tiro. A citação a um querubim, e ao fato de estar presente no Jardim do Éden, demonstra que o autor estava aplicando verdades sobre Satanás, cabeça do mal, ao rei de Tiro, ou descrevia o Diabo, que é representado pelo rei humano nessa passagem. Satanás era um anjo perfeito, formoso, vivia no Monte Santo de Deus, e era querubim da guarda, ungido pelo próprio Deus. No entanto, seu interior se encheu de orgulho, desejo de poder, de não se sujeitar mais às ordens de Deus, e se revoltou contra Ele. Por isso, foi expulso do Monte Santo de Deus, lançado sobre a terra e tornado cinzas aos olhos de todos.

O rei de Tiro exaltara-se acima de Deus, e merecia o juízo que Deus lhe traria. Esta passagem se aplica a todos os que se exaltam em orgulho e arrogância contra Deus, e não importam se são reis, demônios ou pessoas comuns.

Em Isaías, o rei da Babilônia é descrito em termos semelhantes aos usados por Ezequiel com relação ao rei de Tiro. O rei da Babilônia foi comparado a Lúcifer, brilhante estrela da manhã. Porque o rei da Babilônia desejou elevar-se como se fosse um Deus, sua queda seria como se fosse do Céu. O termo "brilhante" foi insultuosamente aplicado ao rei da Babilônia, o qual, em sua glória e pompa, se considerava entre os deuses. Em *Judas* e *2 Pedro* há referências aos anjos desalojados do Céu. A Bíblia descreve Satanás como um ser angelical, que se rebelou contra Deus, seu Criador. Em Apocalipse, Satanás é o anjo do abismo, a estrela que caiu do Céu, e em Gênesis, Moisés se refere ao planeta Terra, sem forma e vazia, habitada pelas trevas que cobriam o abismo, nova moradia de Lúcifer, o anjo que enfrentou Deus. Lúcifer e todos os anjos que o seguiram foram lançados na Terra, dando origem ao mal neste planeta, e seus seguidores foram chamados de demônios.

Lúcifer esse era o nome latino para o planeta Vênus, o objeto mais brilhante do Céu. Lúcifer vem do latim, portador da luz. Foi esse o nome dado ao anjo cheio de luz e formosura que se revoltou contra Deus. Depois, passou a ser chamado de Satanás, cujo nome vem do hebraico *Satan*, que significa "inimigo" ou "adversário". Outro nome aplicado a Satanás é Diabo.

Em *Gênesis 3*, a Serpente era Satanás disfarçado, o mesmo Lúcifer aparecendo para tentar Eva e atrair mais seguidores para o seu exército. Convenceu Eva a comer do fruto proibido para que seus olhos abrissem e se transformasse em um ser como Deus. Novamente, o mesmo desejo de Satanás de se tornar um Deus, de se igualar a Ele, de assumir o poder e não ficar sujeito a obedecê-lo, levando mais gente no seu caminho. Eva se sentiu atraída pelo desejo de conhecer o bem e o mal, como Deus conhecia. Também ela e depois Adão, tentado por Eva, quiseram o poder da inteligência, e de ser como Deus.

De forma semelhante a Lúcifer, os dois primeiros seres humanos, feitos à imagem e à semelhança de Deus (*Gênesis 1:27*), perfeitos na sua criação, tendo tudo o que precisavam para viver, não quiseram se submeter a Deus e o desobedeceram. Lúcifer, Adão e Eva eram perfeitos, obras magníficas, frutos da criação de Deus. Como Deus é perfeito, não poderia criar algo imperfeito. O orgulho, a sede de poder, a inveja, colocaram tudo a perder. O vazio na Terra também aconteceu ao homem. Lúcifer, Adão e Eva foram expulsos por Deus, que não pode habitar junto com a imperfeição.

Deus tornou o mal possível ao criar criaturas livres, mas estas, em sua liberdade, fizeram com que o mal se tornasse real. Deus criou apenas coisas boas, uma das quais foi o poder da livre escolha; as criaturas é que produziram o mal. Deus apenas permitiu o mal, deu possibilidade à existência do mal, jamais o promoveu, e por fim irá produzir um bem maior através dele.

Versículos associados ao poder de Satanás:
João 10:10 – Jesus disse: "O ladrão não vem senão para roubar, matar e destruir".
1 Pedro 5:8 – Sede sóbrios! Vigiai! Vosso adversário, o Diabo, ronda qual leão a rugir, buscando a quem devorar.
João 8:44 – Jesus disse: "[...] quando ele mente, faz o que lhe é próprio: ele é mentiroso e pai da mentira".
Efésios 6:12 – Pois não temos que lutar contra a carne, mas contra os principados, as potestades, os dominadores deste mundo das trevas, e os espíritos malignos dos ares.
1 João 3:8 – Quem comete o pecado pertence ao Diabo, porque o Diabo é pecador desde o começo.
1 João 5:19 – Sabemos que somos de Deus e que o mundo todo está sob o poder do Maligno.
Hebreus 2:14 – O próprio Jesus também participou desta condição,

para destruir por sua morte aquele que detém o poder da morte, isto é o Diabo.
Mateus 12:31 – Jesus disse: "Este é o momento em que o príncipe deste mundo será lançado fora".
Mateus 12:24-28 – Mas os fariseus, ouvindo isto, disseram: "Ele não expulsa os demônios senão pelo poder de Beelzebul, chefe deles". Jesus percebeu quais eram os seus pensamentos e lhes disse: "Todo reino dividido em partidos que lutam uns contra os outros cairá em ruína, e toda cidade ou família dividida em grupos não poderá se manter. Ora, se Satanás expulsa Satanás, o seu reino está dividido: como então poderá se manter? E se expulso os demônios pelo poder de Beelzebul, pelo poder de quem vossos filhos os expulsam? Por isso, eles é que serão os vossos juízes. Mas, se expulso os demônios pela virtude do Espírito de Deus, é porque o reino de Deus já veio até vós".

Os versículos anteriores atestam a existência do poder de Satanás e sua permanência, que continua forte até nossos dias. No entanto, seu poder é limitado. Somente Deus pode gerar a vida, Satanás não pode. Apenas Deus pode ressuscitar um morto. Deus é infinito em poder, e Satanás é limitado e finito. Todo o poder que Satanás possui foi dado por Deus, porém também é por Ele limitado. Os demônios tremem diante de Deus (*Tiago 2:19*) e se prostraram diante de Jesus (*Marcos 3:11*). Em *Jó 1:6-12* o Senhor estabeleceu limites bem específicos para o que era permitido a Satanás fazer. Satanás não é onisciente (não conhece todas as coisas), nem onipotente (não tem poder absoluto), e nem mesmo onipresente (não pode estar em todos os lugares ao mesmo tempo). Só Deus pode exercer todo esse poder. Entretanto, mesmo o poder limitado de Satanás é extremamente perigoso para o povo de Deus.

Satanás pensa e cria estratégias cujo objetivo é a destruição do povo de Deus. É visto continuamente em guerra contra o Senhor, mas sempre no contexto de um ser criado e subordinado. Busca persuadir os que acreditam nele através do poder e autoridade iguais aos de Jesus. Satanás finge ser anjo da luz (*2 Cor 11:14*), a fim de enganar o povo de Deus. Ciente de que a fé vem pelo ouvir a palavra de Deus (*Romanos*

10:17), Satanás faz tremendos esforços para impedir as pessoas de ouvir e entender a mensagem divina. O grande propósito de Satanás é contrariar a vontade de Deus. Quer fazer valer a sua vontade sobre a vontade Dele, exaltando o seu egoísmo e odiando Deus. Daí, quer inviabilizar todas as promessas e os projetos Dele para o seu povo.

Por causa da existência do mal e do poder do seu exército de aliados, os homens vêm sofrendo duras penalidades. Quando se afastam de Deus ficam sujeitos à vontade de Satanás. Surgiram as guerras, os conflitos entre pais e filhos, as doenças, o desemprego, a depressão, o suicídio, a pobreza, a miséria, a traição, a corrupção, a infidelidade, a violência, a fome, e toda sorte de males como consequência das tentações dos demônios, que provocaram a adesão de muitos seres humanos para o reinado de Satanás. O mal se instalou no homem, e ficou difícil se livrar dele. Deus é luz, é perfeição, não pode aceitar o pecado e as trevas. O homem, desligado de Deus pelo pecado, fica à mercê de Satanás. O Diabo pode aparecer de diferentes formas, invisíveis ou disfarçadas, tais como vento, tempestade, fogo, ataque de inimigos, acidentes (ver *Jó*), serpente, anjo de luz. Os evangelistas Mateus, Marcos e Lucas descrevem diversas passagens de mudos, surdos, coxos, aleijados, cegos, paralíticos, loucos possuídos por demônios, pedindo socorro a Jesus.

Satanás continua exercendo seu domínio sobre os incrédulos, o mesmo domínio que fez Adão e Eva pecarem. O pecado do homem e o domínio de Satanás estão interligados, como percebemos em *1 João 3:8*. Todo sofrimento humano é decorrente da rebeldia do homem contra Deus. Deixou de dar ouvidos a Deus e passou a dar ouvidos a Satanás. Em *João 10:10* Jesus refere-se ao demônio como um ladrão, e é só isso que ele sabe e quer fazer com o ser humano: roubar, matar e destruir.

As Escrituras reconhecem um princípio maligno dentro da natureza do homem, princípio esse que se chama pecado. É isso que dá ao homem uma natural inclinação ou tendência para a desobediência e o mal. O pecado é qualquer transgressão contra a vontade revelada por Deus, ou falta de conformidade com essa vontade. É daí que surge uma tendência natural do ser humano para o erro.

Versículos associados à tendência do homem para o mal:
Romanos 7:15-17 – Porque não entendo o que faço. Não faço aquilo que quero e faço o que não quero. [...] Mas, de fato, já não sou eu quem age, e sim o pecado que habita em mim.
1 João 1:8 – Se dissermos que não somos pecadores, nos enganamos a nós mesmos, e não há verdade em nós.
Jeremias 13:23 – O etíope mudará sua pele e o leopardo as suas pintas? E vós, podeis praticar o bem, vós, habituados ao mal?

Versículos associados à destruição de Satanás:
1 João 3:8-9 – [...] Foi para destruir as obras do Diabo que o Filho de Deus apareceu. Quem é filho de Deus não peca, porque sua semente permanece nele; ele não pode pecar porque nasceu de Deus.
Marcos 16:17 – Jesus afirmou: "Eis os milagres que acompanharão os que crerem: em meu nome expulsarão demônios, falarão línguas novas, pegarão em serpentes, e se beberem um veneno mortal, não lhes fará mal algum; imporão as mãos sobre os enfermos, que serão curados".
Atos 26:18 – [...] para abrires os seus olhos, afim de que se convertam das trevas à luz, e do domínio de Satanás a Deus, recebam o perdão dos pecados, e participem da herança juntamente com os que foram santificados pela fé em mim.
João 10:10 – Jesus disse: "Eu vim para que os homens tenham a vida e a tenham em abundância".
Mateus 4:4 – [Jesus respondeu ao Diabo, durante a tentação no deserto:] "Está escrito: Nem só de pão viverá o homem, mas de toda a palavra que sai da boca de Deus."
Mateus 4:10 – [Jesus respondeu ao Diabo:] "Retira-te, Satanás! Porque está escrito: Adorarás ao Senhor, teu Deus, e só a Ele prestarás culto".
Mateus 25:41 – "Em seguida, ele dirá aos que estiverem à sua esquerda: 'Afastai-vos de mim, malditos, para o fogo eterno preparado para o Diabo e seus anjos'."
Apocalipse 20:2-3 – Ele [anjo] prendeu o dragão, a antiga serpente, que é o Diabo e Satanás, e o acorrentou por mil anos. [...] Depois disso, ele deve ser solto por algum tempo.
Apocalipse 20:10 – E o Diabo que as seduzira foi jogado no lago de

fogo e de enxofre, onde a besta e o falso profeta já se encontravam. E eles serão atormentados dia e noite, pelos séculos dos séculos.
Apocalipse 21:4 – "Enxugará toda lágrima de seus olhos, e não haverá mais morte, nem luto, nem grito, nem dor, porque as primeiras coisas terão passado."

Jesus mostra o caminho diante de nós. Cristo usou as Escrituras como principal defesa contra o Diabo. Faça isso você também. Fique com Cristo, que tem poder para destruir Satanás e seus demônios.

AÇÃO DO DEMÔNIO

Versículos associados ao tema:
Gênese 2:7-3:24 – Javé Deus plasmou o homem, pó da terra, insuflou em suas narinas um sopro de vida, e o homem se tornou um ser vivo. Javé Deus tinha plasmado o jardim do paraíso no Éden de delícias desde o princípio, e colocou nele o homem que Ele tinha plasmado [...]. E Javé Deus deu ao Homem este preceito: "De todas as árvores do jardim podes comer. Só não podes comer da Árvore do Conhecimento do Bem e do Mal. No dia em que dela comeres, ficarás sujeito à pena de morte" [...]. Da costela que tirou do homem, Javé Deus edificou uma mulher e a apresentou ao homem [...]. A Serpente disse à mulher: "Nada disso! Vós não morrereis! Mas Deus sabe que no dia em que dele comerdes, abrir-se-vos-ão os olhos e sereis como Deus, conhecendo o bem e o mal" [...]. "Porque escutaste a voz de tua mulher, e comeste do fruto da árvore da qual te ordenara: 'Não podes dela comer [...]'". Lançou-o então Javé Deus para fora do jardim paradisíaco do Éden [...].
Tiago 4:7 – Submetei-vos, pois, a Deus. Resisti ao demônio, e ele fugirá de vós.

Após Deus ter criado o primeiro homem, chamado Adão, e a primeira mulher, chamada Eva, Ele os colocou no Jardim do Éden, que possuía tudo o que eles precisavam para sua sobrevivência e conforto, sem ter que trabalhar. Deus determinou que eles poderiam desfrutar de tudo o que lá existia, só não poderiam tocar nem comer os frutos de uma árvore identificada por Deus, que estava no meio do Jardim do Éden. Isso era uma ordem, uma proibição, e eles deveriam obedecer.

O demônio, querendo destruir a vida de Adão e Eva, armou uma estratégia e apareceu à Eva na forma de uma serpente, o mais astuto de todos os animais, pois o demônio é espírito, e não havia uma terceira pessoa para que ele pudesse usar. Como ele não poderia tocar no fruto proibido e dar a Eva, ele invadiu seus pensamentos, tocando primeiro no seu coração, porque ali ele sabia ser o local mais vulnerável dela.

O demônio estimulou Eva a comer do fruto proibido, da Árvore do Conhecimento do Bem e do Mal. Ele começou a conversar com Eva dizendo: "Então foi isto mesmo que Deus mandou: Não podeis comer de nenhuma árvore do jardim do paraíso?". Eva acatou a conversa e, usando a sua inteligência, lembrando-se da ordenança de Deus, apresentou uma barreira a essa investida. Porém, o demônio usou da sua astúcia e disse a ela que Deus usou dessa proibição para que eles não tivessem o poder Dele, que seria alcançado comendo o fruto. O demônio ofereceu a possibilidade de Eva ser igual a Deus, passar a conhecer o bem e o mal. Isso inflamou o coração de Eva, que foi tomada de forte emoção. Perdeu a razão, sua inteligência sucumbiu à tentação, e praticou a desobediência a Deus, comeu do único fruto proibido.

O primeiro erro de Eva foi ter aceitado conversar com o demônio. Com o demônio não se conversa, não deve haver troca de ideias, não existe acordo. Você deve expulsá-lo, ordenar a retirada dele em nome de Jesus. Com quem você conversa, com quem você decide conversar? Se conversar com Deus, Ele lhe dará todo o caminho certo a seguir, se conversar com o demônio ou com pessoas com ideias demoníacas, elas lhe darão todo o caminho de destruição, pois o demônio só existe para matar, roubar e destruir.

Enquanto Eva falava com o demônio, ele era um encosto na vida dela. Quando Eva aceitou a proposta dele, ela foi possuída pela sua estratégia, e o veneno do demônio se alastrou na mente dela. Eva pecou, e passou a tentar o marido, Adão, para comer também do fruto proibido. Adão foi subordinado pela ideia-chefe de Eva, foi seduzido por ela, ele não resistiu à tentação, comeu também do fruto proibido.

O resultado da desobediência de Eva foi o fruto proibido na mão dela. O que a serpente fez com a Eva, o mesmo princípio, foi usado por Eva para contaminar Adão, e o casal foi derrotado. O mecanismo usado pelo demônio deu certo, acabou sendo vencedor. Em nosso cotidiano sempre existe uma ideia demoníaca mandante, lançando sementes em pessoas fracas, mais suscetíveis às emoções do coração, para que sejam derrubadas sem muita resistência ao demônio. A pessoa tentada acata a ideia, passa a dar ordens para outras pessoas, que, subordinadas ao espírito principal, executam a ordem, e o mal é praticado.

Como resultado dessa desobediência de Adão e Eva, eles perderam o paraíso, inclusive a serpente. Desobedeceram a Deus, que os expulsou do paraíso, onde tinham tudo. Até hoje a descendência de Adão e Eva, que somos todos nós, está submetida à penosa gravidez, dor no parto, trabalho penoso e à morte.

Uma esposa, fragilizada pela falta de condições financeiras do marido, é tentada pelo poder de Satanás dentro dela a matar o marido para ficar com o seguro de vida dele. O marido passa a valer mais morto do que vivo. Como não quer executar diretamente o crime, passa a tentar seu amante a matar seu marido como prova de amor por ela. Promete que ambos ficarão ricos e poderão viver para sempre felizes, sem serem descobertos pela polícia. Ela o convence de que o crime será perfeito, sem falhas. Ele, subordinado ao espírito maligno, mata o marido dela, vai preso e é condenado a vários anos de prisão. A mulher pega pena menor, ela que foi a cabeça da ideia demoníaca agiu com astúcia e não ficou tão exposta. O amante não usou sua inteligência, foi persuadido.

Nos crimes de corrupção, de pagamento de propinas, de uso indevido de dinheiro público pelos altos escalões do governo, também existe o demônio-chefe e os demônios-subordinados. O discernimento de espírito dará a você uma identificação perfeita de quem é o chefe e quem são os subordinados.

A saída para tudo isso é a volta ao paraíso, entregando toda a sua vida para Deus, em obediência total a Ele, resistência total ao demônio e abandono completo de todos os nossos pecados e vícios. Para atingir esse alvo, você deve usar sua razão, sua inteligência, precisa conhecer e praticar as palavras de Deus. Nada de emoção. Deus se agradará de você ter tomado essa atitude, o Espírito Santo por inteiro será derramado sobre sua vida, e Jesus fará novas todas as coisas para você. Será impossível não perceber a diferença depois de tomada essa decisão. É um novo começo, uma nova Aliança com Deus.

COMBATE À CASTA DE DEMÔNIOS

Versículos associados ao tema:
Marcos 9:25-29 – Jesus, vendo a multidão que se ajuntava, repreendeu o espírito impuro, dizendo: "Espírito mudo e surdo, eu te ordeno, sai dele, e não entres mais!". Quando Jesus entrou em casa, seus discípulos lhe perguntaram em particular: "Por que nós não pudemos expulsar esse espírito?". Ele respondeu: "Esta casta não pode sair, senão por meio de oração e jejum".
Joel 1:4 – O que deixou o gafanhoto *cortador*, comeu-o o gafanhoto *migrador*, o que deixou o migrador, comeu-o o gafanhoto *devorador*, o que deixou o devorador, comeu-o o gafanhoto *destruidor*.

Em meio a tantos milagres durante a sua fase adulta, Jesus expulsou o espírito impuro que estava em um menino endemoninhado, a pedido de seu pai, e o curou. Joel profetizou numa época de grande devastação de toda a terra de Judá. Uma enorme praga de gafanhotos havia despido a zona rural de toda a vegetação, destruiu até as pastagens das ovelhas e do gado, até mesmo tirou a casca das árvores de figo. Em apenas algumas horas, o que tinha sido uma terra bonita, verdejante, como o Jardim do Éden, havia se tornado um lugar de desolação e destruição. Era o julgamento de Deus ao seu povo, desviado pela prática da idolatria; Israel havia se afastado da presença de Deus, e agora o próprio Deus precisava chamá-los ao arrependimento. Joel fala de maneira clara sobre a ação dos gafanhotos na videira.

Identificação das castas de demônios

Acreditamos que esses gafanhotos não só têm o sentido literal, como insetos destruidores, mas também o sentido espiritual, como castas de maldade. Essa batalha espiritual que houve em tempos bíblicos se encontra também nos dias de hoje. Só mudaram os tempos, mas os demônios permanecem os mesmos, atuando de forma terrível no dinheiro, no patrimônio, e nas vidas dos desavisados da advertência divina da Escritura Sagrada.

Existem gafanhotos em nossas vidas, são os demônios que atuam sobre a Terra. Os gafanhotos agem com estratégia de guerra, correm como soldados valentes, não se desviam de seus propósitos de destruição, espalham medo e terror aos agricultores. Cada bando de gafanhotos percorre o seu caminho e não se desvia da sua fileira de combate.

Joel fala dos quatro tipos de gafanhoto: cortador, migrador, devorador e destruidor. Cada tipo de gafanhoto pode representar uma casta, legião, ou espécie de demônios que age na vida do homem, e observa-se que existe uma hierarquia no reino de Satanás. Eles dão uma dimensão da variedade de males que infestam nossa vida. Vamos analisar o significado de cada um dos quatro tipos de gafanhotos descritos pelo profeta Joel.

Gafanhoto cortador

O gafanhoto cortador é a lagarta, ainda pequena, que mora na lavoura. O cortador vem assolando a videira, cortando-lhe as folhas. Nem inseticidas, nem veneno agrotóxico, nada os tira da lavoura. Ele tem o poder de cortar parte do fruto, que acaba bichado. O cortador destrói parte da lavoura.

A casta do cortador trabalha 24 horas por dia na vida do homem que não obedece a Deus. Esta legião tem o poder de cortar parte das riquezas, bens e salários, ou seja, tudo o que a pessoa infiel ganha, uma parte pertence a ele. O cortador come através do cigarro, da bebida, dos jogos de azar, de remédios. O infiel sempre gasta parte do seu dinheiro com prejuízos, com coisas que não edificam. A casa destes demônios é o patrimônio do homem. Este dinheiro está sendo jogado fora todo mês em reparos e consertos de equipamentos. Na empresa, o cortador usa empregados desonestos e preguiçosos para dar prejuízos a todo o momento.

Gafanhoto migrador

O gafanhoto migrador está em fase de crescimento, come a ponta dos galhos onde estavam os brotos da videira. Quando acaba de comer em um lugar, logo passa para outra plantação. Ele já não mora na lavoura, mas voa em bandos, formando nuvens, de lugar para lugar, agindo de surpresa. O migrador vem de tempo em tempo, de mês em mês, duas a três vezes por ano, mas quando chega dá um prejuízo pelo qual o agricultor não esperava. Este tipo de gafanhoto foi o agente da oitava praga enviada por Deus contra os egípcios para libertação do povo de Deus através de Moisés.

A casta do migrador é inconstante, que não permanece em lugar algum. Chega de surpresa e traz um prejuízo inesperado. O migrador chega ao patrimônio, faz o que tem que fazer e vai embora. Esta legião de demônios trabalha voando por aí, promovendo acidentes de carro, estragando bens e riquezas, forçando o homem a gastar parte do seu salário com despesas inesperadas. Na empresa, esta casta leva, de tempos em tempos, a gastos esporádicos, levando boa parte do lucro embora.

Gafanhoto devorador

O gafanhoto devorador está na fase adulta e reprodutiva, ele devora os galhos inteiros, age com poder contra a força de produção da videira, que se torna estéril. Alimenta-se muito mais, porque tem por objetivo colocar seus ovos na lavoura. Quando chega à lavoura, o agricultor já não pode mais vender o fruto, porque já está todo estragado. Ele leva o agricultor à falência, o prejuízo é certo. O que ele colhe não vale nada, não há colheita nem para sua própria subsistência.

A casta do devorador é mais arrasadora do que as duas primeiras. É capaz de transformar um homem em lixo; ele é rejeitado, só fala de desgraças e coisas ruins, todos os amigos fogem dele, porque ficar perto significa sofrimento. O devorador faz o homem passar necessidades, toma seus bens sem nenhuma explicação. Ele age com a estratégia de encurralar alguém numa situação de dívidas, de prejuízos, de não poder honrar com seus compromissos. Primeiro estes demônios agem com astúcia, envolvendo a pessoa em negócios sombrios, perigosos e desonestos. Diante dessas trapaças, ela acaba sendo processada, seus bens vão a leilão, é ameaçada de morte, fica sem crédito, sem moral, sua palavra não tem valor para ninguém, vive mendigando com todos os que o rodeiam. Estes demônios fecham as portas, e não a deixam ganhar dinheiro, nem arrumar emprego. Tudo o que a pessoa faz é em vão, e seus problemas a levam à insônia, ao lamento constante e ao envolvimento com vícios. Muitas famílias rompem casamentos de anos, o que leva filhos e pais a se envolverem com drogas, prostituição, adultério. Na empresa, esta casta leva às dívidas, ao não pagamento dos salários dos empregados, o que acaba desmoralizando seu nome, seu crédito.

Gafanhoto destruidor

O gafanhoto destruidor é o filhote que eclodiu dos ovos deixados pelo devorador. O pulgão come as cascas que sobraram, suga a seiva da planta, corrói o tronco da videira, lançando-a por terra e matando-a. Seu veneno, que infecta a planta, pode afetar inclusive o agricultor.

A casta do destruidor é assassina. Esta legião induz ao suicídio ou provoca desastres acompanhados de morte. Por causa dos prejuízos e das dívidas, muitos não veem solução e acabam com a própria vida. O destruidor semeia morte, pânico, medo e pavor. Esta casta é opressora e faz com que muitos pulem de prédios, se joguem na frente de carros. Ela também usa muitas intempéries da natureza – como fogo, trombas d'água e ventania – para exterminar as riquezas do homem. Provoca as mais terríveis destruições e mortes que chocam o mundo, que têm grande repercussão na mídia. Estes espíritos têm poder de provocar desastres de aviões, afundam navios, arrebentam prédios e casas, arrebentam freios de carros, levando famílias inteiras à morte. Depois que esta casta age, não se pode fazer mais nada além de recolher cinzas, lama e destroços. Na empresa, esta casta incendeia, leva seus donos ao suicídio ou à loucura.

O combate

Os demônios só agem em nossas vidas através de concessões que nós mesmos damos, através de dois pecados que cometemos contra Deus: a desobediência e a infidelidade. Deus usa a figura de um inseto terrível para nos mostrar o que a desobediência e a infidelidade nos causam.

Troque a palavra *gafanhoto* por *demônio* e você entenderá as estratégias de como uma casta de demônios opera em nossas vidas.

Quando temos algo crônico, alguma desgraça que não quer sair de nós, alguma coisa amarrada, ou algum milagre que está custando a chegar, estamos sendo atacados por uma casta de demônios.

Jesus disse que o Diabo só veio para matar, roubar e destruir, ele não sabe fazer outra coisa. Mas com Jesus temos a saída, temos a solução. Com a cura do menino que estava possuído por uma casta de demônios, pudemos ver a saída que Jesus nos trouxe para expulsar esse tipo de casta de demônios: jejum e oração.

Antes de começar o jejum para a expulsão de uma casta de demônios, convém consultar seu médico para saber se você está liberado ou tem restrições ao jejum, de maneira a preservar a sua saúde. Só faça o jejum se não tiver problemas de saúde que o impeça.

Obedecendo ao ensinamento de Jesus, damos esta sugestão para se estar em condições de expulsar a casta de demônios:

Sugestão de jejum e oração: todos os dias, pela manhã, após o café, iniciar um jejum de três horas, sem comida nem bebida, nem água, apresentando a Deus seu propósito desse jejum, e logo a seguir ler o Pai Nosso, oração ensinada pelo próprio Jesus, em *Mateus 6:9-13*. Após três horas, consagrar a Deus o final do jejum de cada manhã, ler novamente o Pai Nosso, e depois expulsar toda a casta de demônios que estiver amarrando alguma área da sua vida, dentro do seu propósito, ordenando aos demônios para nunca mais voltarem. Faça isso sempre *em nome de Jesus*.

Para milagres que não se realizam há anos, jejuns prolongados podem ser a sua saída. Em uma experiência pessoal, resolvi adicionar previamente ao jejum matinal mais um jejum noturno de 12 horas, das 18h de cada dia até às 6h do dia seguinte, sem comida nem bebida, nem água, e adicionei ao Pai Nosso mais uma oração, que é o *Salmo 20*, considerado salmo de vitória, seguido de expulsão, durante meses, até a obtenção do milagre desejado. Obtive excelentes resultados, pois enquanto aguardava a resposta do grande milagre, comecei a receber milagres poderosos, que não pedi e que não se manifestavam há cerca de vinte anos. O jejum prolongado (manhã e noite) me trouxe muitos benefícios, e foi durante esse jejum que recebi a revelação do Espírito Santo para escrever este livro.

Todos os vícios, como o cigarro, a maconha, a cocaína, a bebida alcoólica, a pornografia, a pedofilia, entre outros, têm como origem uma ação do Demônio. Os vícios não são de natureza física, mas sim espiritual. Os demônios querem criar uma dependência em seu corpo, querem prender você por meio do vício, de modo que você não consiga se afastar dele. Se você não estiver coberto pelo Espírito Santo, esse vício vai funcionar como uma porta de entrada para o inferno, para você ficar submisso ao reino de Satanás. A partir daí, você será levado a praticar outras loucuras por tentação do Diabo, pois você estará fragilizado. O combate a esses demônios deve ser feito da mesma forma que foi descrita anteriormente, através de oração e de jejum. Liberte-se dos vícios, use o poder de Jesus para expulsar demônios em nome Dele, senão você estará preso para sempre.

CAPÍTULO 7
FAMÍLIA
(base da sociedade, perfis cristãos)

FAMÍLIA UNIDA EM CRISTO PERMANECE UNIDA

Versículos associados ao tema:
Mateus 12:24-30 – Mas os fariseus, ouvindo isto, disseram: "Ele não expulsa os demônios senão pelo poder de Beelzebul, o chefe deles". Jesus percebeu quais eram os seus pensamentos e lhes disse: "Todo o reino dividido em partidos que lutam uns contra os outros cairá em ruína, e toda cidade ou *família* dividida em grupos não poderá se manter. Ora, se Satanás expulsa a Satanás, o seu reino está dividido: como então poderá se manter? E se expulso os demônios pelo poder de Beelzebul, pelo poder de quem vossos filhos os expulsam? Por isso, eles é que serão os vossos juízes. Mas, se expulso os demônios pela virtude do Espírito de Deus, é porque o reino de Deus já veio até vós. Ou como pode entrar alguém na casa de um homem forte e lhe roubar os bens, se não o tiver amarrado antes? Só assim poderá roubar sua casa. Quem não está comigo, está contra mim".

Uma nação dividida em facções poderosas e contrárias, agredindo-se mutuamente, sem apoio recíproco, não vence, se arruína, seu sistema político e econômico enfraquece. A mesma coisa ocorre quando doutrinas religiosas, antagônicas e exclusivistas dividem o país; a união nacional desaparece, estabelece-se o caos, a guerra entre religiões acontece e mata milhares de pessoas em prol de suas crenças.

Gandhi, eminente líder hindu, percebeu que a Índia, ainda colônia da Inglaterra, jamais conseguiria a independência sem a união entre muçulmanos e hindus. Cada grupo defendia apenas o seu lado e combatia o outro. Gandhi fez um jejum especial, por tempo indeterminado, com o propósito de ver terminadas todas as guerras e mortes entre muçulmanos e hindus em toda a Índia. Chamou os líderes muçulmanos e hindus para fechar um acordo de paz, e finalmente a Índia se tornou uma só. Combateram os ingleses sem violência, sem armas, e sem aceitar mais qualquer lei ou decreto deles. O ideal de independência estava cravado no peito de cada habitante da Índia. Ofereciam seu corpo em flagelo, recebendo cacetadas dos soldados ingleses, porém sem obedecer jamais à Inglaterra. Estava decretada a independência da Índia, que veio a ser assinada meses após.

Toda cidade ou família dividida em grupos não poderá se manter. Um reino dividido cairá em ruínas. Cristo sabia do enfraquecimento de um país ou de uma família sem a união em Deus. Sem a união a bênção divina não surge, dá brechas para que o Diabo apareça e faça uma ruína dentro daquele núcleo.

Assim como ocorreu na Índia, também aconteceu no meio do povo de Deus, ainda no deserto, após liberto da escravidão do Egito e a caminho da Terra de Canaã prometida por Deus. Moisés enfrentou uma rebelião entre duas facções do povo judeu. Uma queria continuar com Moisés e outra queria ter outro líder e outra trajetória de vida para eles. Em *Êxodo 32:25-28*, está escrito: "Exposto à zombaria dos seus adversários Moisés ordenou: 'Quem é por Javé, junte-se a mim!'. E logo a seguir ordenou que os que ficaram do lado dele passassem pelo acampamento e matassem cada um o seu irmão, o seu amigo, o seu vizinho, que não eram por Javé. Naquele dia tombaram cerca de três mil homens". Todas essas pessoas que morreram preferiram adorar o "bezerro de ouro", construído por eles, em vez de obedecer a Deus. Moisés sabia que o povo dividido não iria alcançar a Terra prometida, iria comprometer o ideal dos que eram fiéis a Deus como ele, então acabou com a rebelião.

Assim também ocorre dentro de uma família, dentro de lares divididos em grupos ou doutrinas diferentes. Onde existirem brigas de princípios entre marido e mulher, aí se estabelecerá o caos. Basta observar o que ocorre quando, dentro de uma família, a esposa é espírita e o marido é evangélico, ou quando a mulher é praticante evangélica e o marido não acredita em Deus, ou quando a mulher frequenta uma igreja evangélica e o marido frequenta outra igreja evangélica. Isto não é bom para a família; ali falta a paz, os filhos ficam divididos entre pai e mãe, cada um puxa o filho para o seu lado, não existe a união, perde-se a bênção maior de Deus.

Todo cristão que enfrenta problemas dessa natureza dentro da família deve, em primeiro lugar, orar a Deus para que a solução seja alcançada, para que exista a união da família dentro da mesma Igreja, para que marido, mulher e filhos, aprendam e pratiquem a fé. Depois, deve ter uma conversa amistosa entre marido e mulher para que se compreenda que sem a união em Cristo não existe progresso, felicidade e a convicção, e que se tornam alvos fáceis do demônio que quer destruir a família, base da sociedade.

Deus sempre projetou uma família unida Nele, com fé exclusiva Nele. Os grandes heróis da fé sempre tiveram uma família que amava a Deus da mesma forma, orando juntos nos mesmos lugares. Abraão e Sara confiaram em Deus, e Sara teve um filho biológico aos 90 anos de idade (*Gênesis 17:17*), um milagre contra toda a expectativa humana de procriação natural. Uma família unida em Cristo permanece unida, e os milagres se multiplicam em um lar abençoado por Deus.

PERFIL DA ESPOSA CRISTÃ

O propósito deste estudo não é criar polêmica entre o esposo e a esposa, nem defender um ponto de vista machista ou feminista, mas sim mostrar um perfil de comportamento tanto para a mulher como para o homem no casamento, que traga a felicidade de ambos, baseado nos versículos bíblicos. Queremos destacar princípios de relacionamento entre esposo e esposa que levam ao sucesso do casal, fundamentado nas orientações deixadas por Deus para o ser humano. Neste estudo damos ênfase ao perfil da mulher no casamento. O perfil do homem no casamento está separado em outro estudo.

Vamos nos ater apenas ao relacionamento da mulher casada, sem tratar dos relacionamentos da mulher com seus filhos, irmãos ou com o pai e a mãe. Vamos conhecer os versículos bíblicos que apresentam o perfil da esposa cristã e outros versículos afins.

Versículos associados ao tema:
Gênesis 1:27-28 – E Deus criou o Homem à sua imagem; à imagem de Deus Ele o criou; homem e mulher Ele os criou. Deus os abençoou dizendo: "Sede fecundos e multiplicai-vos, enchei a terra e submetei-a".

Gênesis 2:18-24 – Deus disse: "Não é bom que o homem esteja só. Vou fazer-lhe um auxiliar que lhe convenha". [...] Então, Deus fez cair sobre o homem um sono profundo, e este adormeceu. Tirou-lhe uma costela e fechou de novo a carne em seu lugar. Da costela que tirou do homem, Deus edificou uma mulher e a apresentou ao homem. O homem exclamou: "Desta vez, sim! É osso de meus ossos, e carne de minha carne! Esta se chamará Mulher, isto é, a HUMANA, porque do homem foi tirada". É por isso que o homem deixará pai e mãe, e se apegará à sua mulher, e serão uma só carne.

Rute 1:15-16, 3:7-11, 4:9-21: [Diálogo entre Noemi, da tribo de Judá, com Rute, sua nora, do país dos moabitas, após a morte dos dois filhos homens de Noemi, em viagem de retorno para Judá:] "Eis que tua cunhada volta para o seu povo e para o seu deus; volta também, e segue tua cunhada". [...] Mas Rute respondeu: "Para onde quer que fores, irei eu; onde quer que vivas, viverei eu. O teu povo será o meu povo, o teu Deus será o meu Deus".

[Encontro entre Booz, fazendeiro de Judá e pertencente ao clã de Elimeleque, ex-marido de Noemi, com Rute:] Booz comeu e bebeu, sentiu-se contente e foi deitar-se ao pé de um molho de cevada. Então veio Rute, mansamente, levantou o manto do lado dos seus pés e aí se deitou. Pela meia-noite, o homem estremeceu e, debruçando-se, viu uma mulher deitada aos seus pés [...]. "Bendita sejas de Javé minha filha", disse ele; "esta prova excede, em piedade, à primeira, porque não procuraste os moços, pobres ou ricos. Agora, não temas, minha filha, que te farei tudo o que me pedires, porque todo o povo sabe que tu és uma mulher virtuosa [...]. Sois hoje testemunha de que adquiro da mão de Noemi tudo o que era Elimeleque [...] adquiro também por mulher Rute, a moabita, mulher de Maclon, para fazer reviver o nome do morto sobre a sua herança". Respondeu todo o povo que estava à porta: "Que Deus torne a mulher, que vai entrar em tua casa, semelhante a Raquel e a Lia, as duas mulheres que edificaram a casa de Israel". Booz tomou, pois, Rute e ela se tornou sua mulher; viveu com ela, e Deus permitiu-lhe que concebesse e desse à luz um filho, que teve o nome de Obed [...]. Booz gerou Obed, Obed gerou Jessé e Jessé gerou Davi [e, da linhagem de Davi, nasceu Jesus Cristo].

Provérbios 14:1 – A mulher sábia constrói sua casa, a tola a destrói com as próprias mãos.

Provérbios 31:10-30 – A mulher perfeita, quem a achará? Ela vale mais que as pérolas. Nela confia o coração do marido e não lhe faltarão proventos. Ela faz sua felicidade, não sua ruína, todos os dias de sua vida. [...] Às portas seu marido é considerado; ele se assenta com os anciãos do lugar [...]. A graça é enganadora e vã a beleza, a mulher que teme a Deus será louvada.

1 Coríntios 7:1-40 – [Paulo disse aos coríntios:] É bom para o homem não tocar em mulher. Mas, por causa dos perigos da incontinência, cada homem tenha a sua esposa e cada mulher o seu marido. O marido cumpra o dever para com sua esposa e do mesmo modo a esposa para com seu marido. A esposa não pode dispor do seu corpo, porque ele pertence a seu marido. [...] Não vos negueis um ao outro, a não ser de comum acordo, por breve tempo, para vos entregardes à oração. Depois, voltai a conviver, para que Satanás não aproveite da vossa incontinência para vos tentar. Isto que digo é uma permissão, não uma ordem. [...] *Aos solteiros e às viúvas digo que é bom, para eles, ficar assim como eu.* Mas, se não podem se dominar, que se casem, pois é melhor casar do que se queimar [...]. Aos casados ordeno, e não eu, mas o Senhor: que a mulher não se separe do marido. Quando acontecer um caso de separação, que ela fique sem casar, ou que faça as pazes com o marido. [...] Se um irmão tem uma mulher que não crê, mas que admite em conviver com ele, que ele não se divorcie dela. E quando uma mulher se casar com um marido que não crê, mas que admite conviver com ela, que ela não abandone o marido. Pois o marido que não crê, é santificado por sua mulher que crê, e a mulher que não crê é santificada pelo marido que crê. Se não fosse assim, os vossos filhos seriam impuros, quando de fato, são santos. Mas que a parte que não crê quiser se separar, que se separe. Neste caso, o irmão ou irmã não estão ligados, pois Deus nos chamou para viver em paz. E tu mulher, como sabes se salvarás o teu marido? [...] Entretanto, se casares, não pecas. [...] Contudo, vão sofrer aflições em sua carne, e eu desejaria vos poupar a isto. Irmãos eu vos afirmo: o tempo se faz breve. Por isso, os que têm mulher, vivam como se não tivessem. [...] os que usam deste mundo, como se não usassem. Porque a figura deste mundo passa. Desejaria vos ver livres de preocupações. [...] A mulher que não está casada, como a virgem, cuida das coisas do Senhor, para ser santa de corpo e espírito. Mas a que é casada cuida das coisas do mundo: procura ser agradável ao marido. [...] Não quero vos preparar uma armadilha, mas sim vos levar para o que é honesto e vos unir ao Senhor sem divisões. [...] Se alguém pensa que poderá faltar à honestidade com sua virgem, por se ter apaixonado por ela, faça o que achar melhor. Casando-se com ela não cometerá nenhum pecado. Mas quem por uma firme convicção, sem constrangimento, por livre vontade, resolver conservar sua virgem, fará bem. Portanto, o que se casa com sua virgem, faz bem. Melhor fará, contudo, quem não se casar. A mulher está ligada ao seu marido enquanto ele viver. Mas quando seu marido morrer, ela está livre para se casar com quem quiser, desde que seja no Senhor. Mas, em minha opinião, ela será mais feliz se ficar assim. E eu penso que tenho o Espírito de Deus.

1 Coríntios 11:7-12 – [Paulo disse aos coríntios:] O homem não deve cobrir a cabeça; porque ele é a imagem e o reflexo de Deus; a mulher, no entanto, é o reflexo do homem. Porque o homem não foi tirado da mulher, mas a mulher do homem. Nem o homem foi criado para a mulher, mas a mulher para o homem. Por isso, a mulher deve usar na cabeça o sinal de sua dependência, por causa dos anjos. No Senhor, contudo, nem a mulher é algo sem o homem, nem o homem sem a mulher; porque, como a mulher se origina do homem, assim também o homem nasce da mulher, e tudo vem de Deus.

1 Coríntios 13:2-13 – [Paulo disse:] E se tivesse o dom da profecia e conhecesse todos os mistérios e toda a ciência, e se eu tivesse toda a fé, a ponto de transportar montanhas, mas não tivesse o amor, não seria nada. Ainda que distribuísse todos os meus bens para o sustento dos pobres, e entregasse o meu corpo para ser queimado, se não tiver amor, isto não me serve de nada. O amor é paciente; o amor é bondoso; não é invejoso; o amor não é arrogante, nem orgulhoso. Ele tudo perdoa, tudo crê, tudo espera, tudo suporta. O amor nunca passará. Pelo contrário, as profecias vão desaparecer; as línguas vão acabar; a ciência desaparecerá [...]. Agora estas três coisas permanecem: a Fé, a Esperança e o Amor. Mas a maior delas é o Amor.

Efésios 5:22-33 – [Paulo disse aos efésios:] As mulheres, sejam submissas a seus maridos, como ao Senhor, porque o marido é cabeça da mulher, como Cristo é cabeça da Igreja, Ele, o salvador do Corpo. Como a Igreja está sujeita a Cristo, assim as mulheres estejam sujeitas em tudo a seus maridos. [...] E então o homem deixará pai e mãe para se unir à mulher, e serão os dois uma só carne. [...] Enfim, que cada um de vós ame sua esposa como a si mesmo, e que a esposa respeite o seu marido.

1 Pedro 3:1-6 – Da mesma forma, vós, mulheres, sede submissas a vossos maridos. Assim, se alguns deles recusarem crer na Palavra, serão conquistados mesmo sem palavras, pela conduta das suas mulheres, ao constatarem vosso procedimento íntegro e respeitoso. [...] com o coração repleto de espírito de mansidão e tranquilidade. Isto sim, é altamente precioso diante de Deus. Assim [...] as mulheres punham sua esperança em Deus, sujeitando-se a seus maridos. Sara obedecia a Abraão, chamando-o senhor. Dela sois filhas, se fizerdes o bem, sem vos deixar intimidar por quaisquer ameaças.

Hebreus 11:11 – Foi também pela fé que Sara, embora estéril, recebeu o poder de ter filho, ainda mais estando fora da idade, pois acreditou na fidelidade de Deus que o prometera.

Lucas 10:38-42 – Jesus, estando em viagem, entrou num povoado, e uma mulher, que se chamava Marta, o hospedou em sua casa. Sua irmã, chamada Maria, sentou-se aos pés do Senhor e escutava a sua palavra. Marta, pelo contrário, estava atarefada com o serviço da mesa. Ela se aproximou e disse: "Senhor, não te importas que minha irmã me deixe sozinha a servir? Manda que ela me ajude". Mas Jesus lhe respondeu: "Marta, tu te afliges e te preocupas com muitas coisas; mas só uma coisa é necessária. Maria escolheu a melhor parte, que não lhe será tirada".

Gênesis 19:17-26 – [Em Sodoma os anjos de Deus disseram a Ló:] "Por tua vida, foge! Não olhes para trás, nem fiques parado em lugar algum desta região; foge para os montes a fim de não pereceres!". [...] A mulher de Ló, porque olhou para trás, ficou convertida numa coluna de sal.

O propósito de Deus ao criar a mulher, descrito em *Gênesis*, pode ser resumido assim:
1) Criar uma companheira para o homem, pois este estava solitário.
2) Para a mulher estar sempre junto dele, em toda a caminhada do homem pela vida.
3) Para multiplicação da espécie humana, criando macho e fêmea, como fez com os animais.
4) Dar alegria e felicidade ao homem, durante o período dele no Jardim do Éden, bem como fora do Éden.

A mulher passou a ser a geradora da humanidade, a procriadora, mas a primeira mulher foi gerada do primeiro homem, chamado Adão. Nem um dos dois pode dizer que é superior ao outro, pois nós dependemos continuamente um do outro.

A presença da mulher junto aos heróis da Bíblia foi muito marcante, como atestam as seguintes vidas: a mulher de Noé esteve junto dele, durante os 120 anos que Noé levou para construir a Arca, sempre o apoiando, embora o chamassem de louco. Sara, esposa de Abraão, esteve junto dele durante toda a formação do povo de Deus. Eles tiveram que abandonar suas raízes, deixar tudo que os prendia à sua terra, para partir sem destino fixo. O perfil de Sara repercutiu três mil anos depois, como aponta *Hebreus 11:11*. Os dois seguiam a mesma linha de fé, adoravam a Deus da mesma forma. É difícil entender e acompanhar o marido se a mulher não seguir a fé de Jesus.

Outros exemplos de mulheres companheiras de heróis da Bíblia: Rebeca, esposa de Isaac; Raquel, esposa de Jacó; Zípora, esposa de Moisés; Rute, do país de Moabe, não judia, abandonou seus deuses para ficar com o Deus do povo de Israel e ser submissa ao seu marido Booz, do povo de Judá.

Coríntios 11 nos dá uma escala de submissão que devemos seguir: o homem foi feito à imagem e semelhança de Deus, e cabe a este homem ser submisso ao criador; a mulher é a glória do homem, o melhor presente de Deus para o homem, e à mulher cabe submissão ao homem. Em relação ao marido, a mulher tem que se sentir gloriosa. Não estará no seu papel correto se se sentir uma escrava.

Em *Efésios 5*, Paulo recomenda que a mulher seja submissa ao homem, semelhante à submissão a Deus. Submissão não é escravidão. Submissão é adesão espontânea à vontade de outrem, e isso só o amor consegue. Submissão é ser uma mulher dócil, obediente. Insubmissão é falta de amor, é falta de respeito. Submissão traz felicidade, traz riqueza, e não pobreza.

Se o homem for submisso à mulher, se for fraco, dependente dela, em vez de batalhar, isso está fora do contexto bíblico. A mulher deve perceber quando o marido está ficando fraco, fazer oração e jejum junto com ele, para que o homem assuma o papel de cabeça do lar.

Qual é a mulher que não quer ser feliz? É a mulher que despreza, desonra seu marido, que não quer ser submissa. Melhor seria não se casar.

Em nossos tempos a mulher ouve do mundo para ser dominadora, não ser boba, não ser trouxa, pagar com a mesma moeda, se separar do marido por qualquer contenda, defender os seus próprios interesses.

Em *Gênesis 19*, vemos que a mulher de Ló, ao sair de Sodoma, em vez de olhar para frente e para seu marido, olhou para trás para ver o que tinha perdido e virou estátua. Estava presa às coisas deste mundo, às coisas da casa, às roupas, contrariando as próprias instruções do marido. Não obedeceu as ordens dos anjos de Deus nem do seu marido. Às vezes, as esposas olham para suas casas, suas tarefas dentro do lar, e o marido fica esquecido, contrariando o bom comportamento da mulher para com o marido. A mulher esquece do marido, de cuidar da convivência harmoniosa com ele, o marido fica em segundo plano. É a mulher que tem tempo para tudo, menos para o marido. Nesse perfil ela deixou de ser a companheira do marido para ser a companheira do lar.

Em *1 Coríntios 7*, Paulo adverte quanto aos perigos de um mau casamento, e quanto às dificuldades que o casamento atravessa. É melhor prevenir que remediar, e isso fez Paulo. Os grifos em itálico nesses versículos dão ênfase às preocupações de Paulo quanto ao casamento.

Já *Coríntios 13* mostra que o dom do amor jamais acaba. Se a mulher ama o marido, ela aguenta firme todos os revezes que a vida do casal enfrenta. *Provérbios 31* mostra que, quando a mulher segue o perfil bíblico, seu marido é estimado entre os juízes.

O verdadeiro amor liberta a pessoa para ser ela mesma, enquanto o amor possessivo escraviza. Muitos cônjuges confundem possessão com amor, e não percebem que estão abafando a própria identidade do outro.

Provérbios 14 acrescenta ao perfil da mulher como aquela que edifica o lar, luta pela paz e a harmonia do lar. A função da esposa é ajudar o marido a edificar a casa. E *1 Pedro 3* destaca que a beleza da mulher deve ser interior, ter comportamento honesto, respeitar o marido, ter espírito manso e tranquilo, que é de grande valor perante Deus.

Coríntios 7 assinala que a esposa não tem autoridade sobre seu corpo, mas sim o marido. Da mesma forma, não é o marido que tem autoridade sobre seu corpo, mas sim a esposa. A esposa e o marido não devem privar um ao outro de ter relações. Se o corpo da mulher não pertence a ela, e se ela não quiser sexo com o marido, quebra uma regra estabelecida pela Bíblia. O voto sem sexo por parte da mulher deve ser de curto prazo, para que o marido resista às tentações que o mundo oferece. A mulher que age assim está criando um entrave para o homem, complicando seu casamento. Está escrito em *Coríntios 7:5*: "Não vos priveis um ao outro, a não ser de comum acordo, por breve tempo". Ainda em *Coríntios* vemos que a mulher não deve se separar do marido, pois é sua companheira, e, se acaso separar dele, não pode se casar de novo. Mesmo que o marido seja incrédulo, a esposa não deve abandonar o marido, e vice-versa. Quem tem fé aborrece quem não tem fé. A pílula da salvação deve ser engolida pelo próprio incrédulo, não pode sua mulher forçá-lo a bebê-la. A mulher crente não pode salvar o marido incrédulo, mas até que ele se salve sofrerá a incredulidade dele. Se o marido falecer ela poderá se casar de novo, mas somente com um homem crente, pois ela já é de Cristo. Se casar com incrédulo, ela peca. Se uma moça não se contém, não se domina sexualmente, é recomendável achar um homem e se casar, pois é melhor viver casada do que viver amasiada. Isto vale também para a mulher separada, divorciada, viúva.

Se marido e mulher forem incrédulos, eles não seguem nenhum princípio, vão se submeter aos turbilhões que a vida oferece, e sua felicidade fica comprometida. Você, mulher que se converteu e o marido ainda não, é mais fácil se comportar, orar pelo seu marido. Através do exemplo de suas mulheres, muitos maridos se convertem também.

Não há texto de Jesus da vida a dois, marido e mulher. Jesus deixou livre para que eles tivessem inspiração pelo espírito de Deus. O dom do amor supera tudo. Jesus não quis entrar em pormenores. Era importante para Jesus salvar o homem, e isso traria o bom amor.

Antes de escolher seu parceiro para o casamento, confirme se ele possui a mesma linha de fé que você para evitar aborrecimentos futuros. É bom e bíblico que a mulher, de preferência, escolha um jovem da mesma Igreja, mas isto não é uma regra. A mulher só é poupada das dificuldades conjugais, como revezes, angústias e sofrimentos, se não casar. Se casou, tem que assumir, e isso é possível pela fé. Paulo previne: "Digo-vos isto para vos facilitar a vida conjugal que vos aguarda, com a bênção de Deus".

É bem prudente ao homem, antes de se casar, ter conhecimento dos propósitos de Deus para ele e sua companheira, e verificar se sua amada se enquadra no perfil de esposa cristã descrito na Bíblia. Isso ajuda a prevenir casamentos construídos sem base, que podem desmoronar.

Nem mesmo a vida moderna, que obriga homem e mulher a saírem para o trabalho, para ambos ajudarem nas despesas domésticas, pode servir de justificativa para a esposa não se encaixar no perfil bíblico de comportamento da mulher casada.

Na Bíblia é claro qual deve ser o perfil da mulher no casamento. Esse perfil existe. Porém, se a mulher seguir outros perfis, como os das mulheres de novelas de televisão, seguir os princípios do mundo, com certeza não será submissa. O mundo não entende submissão bíblica, só entende submissão como sinônimo de escravidão. A submissão bíblica gera prazer, felicidade, amor. A liberdade do mundo produz descontentamento, vingança, ódio, separação. Não há perdão, não há acordo.

É justo dizer que atrás de um grande homem sempre existe uma grande mulher, pois a mulher é a glória do homem, e este sente entusiasmo pela vida quando tiver ao lado dele uma companheira firme e amorosa.

PERFIL DO ESPOSO CRISTÃO

O propósito deste estudo não é criar polêmica entre o esposo e a esposa, nem defender um ponto de vista machista ou feminista, mas sim mostrar um perfil de comportamento, tanto para a mulher como para o homem no casamento, que traga a felicidade de ambos, baseado nos versículos bíblicos. Queremos destacar princípios de relacionamento entre esposo e esposa que levem ao sucesso do casal, fundamentado nas orientações deixadas por Deus para o ser humano. Neste estudo damos ênfase ao perfil do homem no casamento. O perfil da mulher no casamento foi descrito na seção anterior.

Vamos nos ater apenas ao relacionamento do homem casado, sem tratar dos relacionamentos do homem com seus filhos, irmãos ou com o pai e a mãe. Vamos conhecer os versículos bíblicos que apresentam o perfil do esposo cristão, e outros versículos afins.

Versículos associados ao tema:
Gênesis 1:27-28 – E Deus criou o Homem à sua imagem; à imagem de Deus Ele o criou; homem e mulher Ele os criou. Deus os abençoou dizendo: "Sede fecundos e multiplicai-vos, enchei a terra e submetei-a".
Gênesis 2:18-24 – Deus disse: "Não é bom que o homem esteja só. Vou fazer-lhe um auxiliar que lhe convenha" [...]. É por isso que o homem deixará pai e mãe, e se apegará à sua mulher, e serão uma só carne.
Efésios 5:23-29 – [...] porque o marido é cabeça da mulher, como Cristo é cabeça da Igreja [...]. Maridos, amai vossas esposas como Cristo amou a Igreja e se entregou a ela [...]. Além disso, os maridos devem amar suas esposas como a seus próprios corpos. Quem ama sua esposa, ama a si mesmo, e nunca ninguém deixou de amar sua própria carne; pelo contrário, a alimenta e cuida dela.

1 Pedro 3:7 – O mesmo se diga de vós, maridos. Na convivência matrimonial sede compreensivos para com a parte mais fraca, a mulher. Respeitai-as, porque também elas são co-herdeiras da graça da vida. Não ficará assim comprometida a eficácia de vossas orações.

1 Coríntios 7:1-38 – [Em resposta a diversas consultas, Paulo escreveu aos coríntios sobre a legitimidade e direitos do casamento:] É bom para o homem não tocar em mulher. Mas, por causa dos perigos da incontinência, cada homem tenha a sua esposa. [...] O marido cumpra o seu dever para com sua esposa [...] o marido não pode dispor do seu corpo, porque ele pertence á sua esposa. Não vos negueis um ao outro, a não ser de comum acordo, por breve tempo, para vos entregardes à oração. Depois, voltai a conviver, para que Satanás não aproveite da vossa incontinência para vos tentar. Isto que digo é uma permissão, não uma ordem. Desejaria que todos os homens fossem como eu. [...] Aos solteiros digo que é bom, para eles, ficar assim como eu. Mas, se não podem se dominar, que se casem, pois é melhor casar do que se queimar [...] e o marido não se divorcie de sua esposa [...] a mulher que não crê é santificada pelo marido que crê. Se não fosse assim, os vossos filhos seriam impuros, quando, de fato, são santos. Mas, se a parte que não crê quiser se separar, que se separe. Neste caso, o irmão ou a irmã não estão mais ligados, pois Deus nos chamou para viver em paz [...]. E tu, marido, como sabes se salvarás a tua mulher? [...] Estás ligado a uma mulher? Não procures uma mulher. Entretanto, se casares, não pecas. Contudo, vão sofrer aflições em sua carne, e eu desejaria vos poupar a isto [...] os que têm mulher vivam como se não tivessem [...] Porque a figura deste mundo passa. Desejaria vos ver livres de preocupações. O homem solteiro cuida das coisas do Senhor: procura agradar ao Senhor. Mas o que é casado cuida das coisas do mundo: procura agradar à sua mulher. E, então fica dividido. Não quero vos preparar uma armadilha, mas sim vos levar para o que é honesto e vos unir ao Senhor sem divisões [...] Se alguém pensa que poderá faltar à honestidade com sua virgem por se ter apaixonado por ela, faça o que achar melhor. Casando-se com ela não cometerá nenhum pecado. Mas quem, por uma firme convicção, sem constrangimento, por livre vontade, resolver conservar sua virgem, fará bem. Portanto, o que se casa com sua virgem faz bem. Melhor fará, contudo, quem não se casar.

1 Coríntios 11:7-9 – [Paulo disse aos coríntios:] O homem não deve cobrir a cabeça, porque ele é a imagem e o reflexo de Deus; a mulher, no entanto, é o reflexo do homem. Porque o homem não foi tirado da mulher, mas a mulher do homem. Nem o homem foi criado para a mulher, mas a mulher para o homem.

Deuteronômio 24:1-4 – "Quando um homem tomar em casamento uma mulher, e consumar a sua união com ela, e ela não encontrar favor a seus olhos, porque ele nela descobriu algo de repugnante, ele escreverá para ela um ato de divórcio, e depois de lhe entregar, mandá-la-á embora. Tendo saído de sua casa, se acontecer que se torne mulher de outro homem, e este último marido, pondo-se a detestá-la, escrever para ela um ato de divórcio, e depois de lhe entregar, mandá-la embora ou se morrer esse marido, o primeiro marido, que a tiver mandado embora, não poderá retomá-la por mulher depois que tiver sido manchada, porque isso seria abominável a Deus."

Malaquias 2:15-16 – Guardai vosso espírito, e que se não traia a mulher de tua juventude. "Pois odeio o repúdio", diz Javé, o Deus de Israel.

Mateus 19:3-9 – Alguns fariseus chegaram perto e perguntaram a Jesus maliciosamente: "É permitido alguém se divorciar da sua mulher por qualquer motivo?". Ele respondeu: "Não tendes lido que o Criador, desde o princípio, os fez homem e mulher? E que também disse: 'Por isso, o homem deixará pai e mãe e se unirá à sua mulher, e serão os dois uma só carne?'. Assim, já não são dois, mas uma só carne. Portanto, o que Deus uniu o homem não separe". Propuseram-lhe uma dificuldade: "Então, porque Moisés ordenou que se desse a certidão de divórcio para o repúdio?". Jesus respondeu: "Moisés vos permitiu repudiar vossas mulheres por causa da vossa dureza de coração. Mas no princípio não foi assim. Por isso, eu vos digo: quem se divorcia da própria mulher – exceto em caso de união ilegal – e se casa com outra, comete adultério".

Mateus 19:10-12 – Os discípulos lhe disseram: "Se é esta a condição do homem em relação à mulher, não vale a pena casar". Ele lhes respondeu: "Nem todos são capazes de aceitar esta doutrina, mas só aqueles que possuem o dom. Com efeito, há os impossibilitados para o casamento, que assim nasceram do seio materno; há os que ficaram impossibilitados por intervenção alheia; e há os que não querem se casar por amor ao reino dos céus. Quem estiver à altura que o ponha em prática".

Lição de Deus

A lição que Deus nos dá em *Gênesis 2:18-24* é que o homem saia de sua casa e crie um novo lar com sua mulher, e que não dependa mais dos seus pais. Daí deve este homem sustentar a sua própria família, Deus sugere uma independência. O novo casal, isolado da antiga família, tem mais responsabilidade e pode cuidar melhor da nova família. Os avós não devem criar os netos, mas sim os pais, esta deve ser a preocupação do homem. Tem que ter a inteligência, e a autossuficiência, não pode depender dos pais o resto da vida.

Plano de Deus

O plano de Deus para o homem é que ele dê o sustento, cuidado, proteção, segurança e proventos à sua nova família. O homem, ao sair de casa, em relação à esposa deve cumprir esse papel. Como Deus quer assim, vai dar essa condição ao homem submisso a Ele para realizar essa tarefa. Nada impede também que a mulher ajude o homem. Em princípio, a mulher não deveria trabalhar para o sustento do casa, pois ela já tem uma atividade dentro do lar, que é cuidar da casa e educar os filhos. A constituição da família como base da sociedade humana está implícita no planejamento divino.

Papel do homem

O papel importante do homem é conversar com a esposa a respeito dos contratempos que a vida a dois ocasiona e ver como podem melhorar essa situação. É dever do marido chamar a atenção da esposa para as questões do casamento. Ele não deve esperar a mulher chegar ao homem. Ele deve tomar a iniciativa. Porém, o homem sábio conta com a ajuda da esposa virtuosa. É o marido a razão do casamento, a cabeça do casal. Se o marido não faz isso, ele relaxa, e complica a situação de sua mulher. Isso é papel dele, como cabeça do lar. O marido deve ter discernimento para perceber o que está acontecendo dentro de casa. O apóstolo Pedro pede para o marido ter consideração com a esposa, como parte mais fraca (*1 Pedro 3:7*). Caso o marido seja cristão e a mulher não, a recomendação é orar e aguardar no Senhor. Suportar com paciência e esperar a conversão dela. Suponhamos agora que ambos são da fé. A Bíblia aponta o homem como responsável direto pelo lar, e a sociedade também o alimenta nesse sentido.

Não há apoio bíblico quando o marido falha nas suas atribuições bíblicas como cabeça do lar. Se o marido for obediente às palavras de Deus, com certeza seu desempenho será fantástico, e cumprirá suas funções de forma satisfatória, agradando o próprio Deus.

Por que o jovem quer casar, por que o homem deve casar?

Por que um jovem quer uma esposa? Não deveria ser apenas por causa das relações sexuais. Relacionamento conjugal (marido e esposa) não diz respeito apenas a sexo, é a união total que inclui, em primeiro lugar, amor, cuidado, carinho, companheirismo e responsabilidade mútua nos momentos opostos que a vida oferece: alegria e tristeza, riqueza e pobreza, saúde e doença. Principalmente na chegada dos filhos, quando dobra a responsabilidade do homem.

O mundo oferece aos rapazes liberdade sexual. Nesse protótipo, o rapaz está sujeito aos seguintes perigos:

1º) Pegar doenças venéreas, algumas curáveis e outras que podem levá-lo à morte.

2º) Gravidez indesejada, sujeita a abortos, prática abominável na própria sociedade mundana.

A Bíblia diz que ambos, homem e mulher, estão livres para casar ou não casar. Mas, dependendo da escolha, deve o cristão se adequar ao ensino bíblico referente à vida de casado ou de solteiro.

Fase namoro vs. *fase casamento*

O jovem homem que está namorando quer se esquivar da responsabilidade de casado para ter relações sexuais livres e independentes de qualquer compromisso. Este não é o perfil divino, que almeja um homem responsável, que constitua uma família, que seja idôneo e sério. Na fase de namoro, o jovem pode se iludir, acreditando que no casamento tudo será um mar de rosas como no namoro. No namoro, cada um se prepara para o outro na sua própria casa: passam perfumes, vestem roupas bonitas, praticam higiene geral. Quando casados, essa situação deve ser mantida, mas nem sempre isso acontece, talvez por desleixo, por rotina ou por comodismo.

O problema é que o casal passa a conviver diariamente, o oposto do namoro. O corre-corre da vida, a preocupação com os filhos, o cuidado da casa, a falta de tempo, o cansaço, podem levar o casal a se descuidar.

Como você se sentiria se seu cônjuge te dissesse: "Por que você não me traz mais flores como antigamente?" ou "Por que você não coloca uma roupa bonita?" ou "No namoro você fazia carinhos constantes em mim sem precisar pedir, e agora não". Essas perguntas todas chamam nossa atenção para os problemas no casamento. Quanto tempo dura a felicidade de um casamento perfeito, como era a expectativa na fase de namoro? As respostas para isso podem ser: "Agora que casei tenho o homem em minhas mãos, e com papel assinado tenho a segurança que preciso", "Quem ama aguenta, suporta", "Por que ela não viu isso antes?", "Ela não é mais como era antes". Quem deve buscar a solução para estas e outras situações críticas do casamento? Os versículos de *Efésios* deixam claro que é o marido que deve observar e começar a conversa: "A gente não está mais se entendendo como se entendia antigamente". O marido deve ter a força, a humildade de encarar a mulher.

É muito importante a fase de namoro, antes de o jovem decidir se casar. O namoro é a fase preparatória, tanto para o rapaz como para a moça conhecerem um ao outro, verificar as compatibilidades, conhecer os familiares, o perfil de cada um. A boa observação desses pequenos detalhes estimula a vida a dois, o casamento. É bom para o jovem cristão ter relações sexuais antes do casamento? A resposta é não. É bom que o jovem se guarde puro para o casamento, pois nada garante que será com esta ou aquela com que ele vai se casar. Guardando-se puro ele evita a fornicação e a prostituição.

Comportamento do marido com relação à esposa

Paulo, na sua primeira carta aos *Coríntios*, capítulo 7, revela várias regras de comportamento para o marido, que narramos a seguir:

7:3 – o marido deve conceder à esposa o que lhe é devido;
7:4 – o marido não tem poder sobre o seu corpo, porque ele pertence à sua mulher;
7:5 – o marido não deve se privar de sua mulher, sem consentimento dela, para que Satanás não se aproveite disso, e tente o homem por falta de sexo;
7:9 – caso o homem não se domine frente às paixões, é melhor casar que pecar;
7:12 – se um homem tem esposa descrente, e esta concorda em viver com ele, não se divorcie;
7:16 – você, homem cristão, não case com uma mulher não convertida, pois você não sabe se ela vai se converter depois de casada;
7:27 – se o homem está casado não procure se separar;
7:28 – se o homem se casar, procure não pecar.

Em *1 Coríntios 11*, Paulo enfatiza que o homem foi feito à imagem e semelhança de Deus, e cabe a este homem ser submisso ao Criador, assim como cabe à mulher ser submissa ao homem. Se o homem for submisso à mulher, se for fraco, dependente dela, em vez de batalhar, isso estará fora do contexto bíblico. Se o homem coloca a mulher para trabalhar, a fim de aumentar a renda do casal, é injusto que esta mulher, voltando do trabalho, ainda faça todas as tarefas do lar sozinha. Se esse marido ainda exigir as tarefas do lar, sem participar, não é mais submissão da mulher, e sim escravidão.

Conhecemos homens que trabalham e sustentam seus lares sem ser preciso que suas mulheres trabalhem fora. Trazem todos os recursos para o lar e ainda reconhecem que o trabalho da mulher dentro de casa é exaustivo: cuidar da limpeza, organização geral, educação, higiene dos filhos, preparar as refeições, lavar as louças, lavar as roupas, além de dar atenção ao marido. Esses homens de Deus ainda colaboram, ajudando suas esposas em casa. Homens nobres, verdadeiros cavalheiros, servos do Deus Altíssimo, fazem isso por amor a Cristo, e porque suas esposas se enquadram no perfil bíblico de mulher de Deus.

Sobre o divórcio

Vamos supor que o casal não consiga mais viver junto, por incompatibilidade de gênios, infidelidade conjugal ou irresponsabilidade de um cônjuge (alcoolismo, droga, banditismo, corrupção, agressão física ou por palavras, ciúmes doentio). Como agir diante de uma iminente separação? Que diz a Bíblia sobre isso?

Tudo isso ocorreu ou está ocorrendo devido ao afastamento de Deus, ou de seus ensinos, pois há casais cristãos que se separam também. Jesus só deixa uma porta aberta para o divórcio (*Mateus 19:9*).

Jesus deixa uma válvula de escape para o caso de um casamento não realizado legalmente, sem papel legítimo, ou para o caso de prostituição ou fornicação da esposa.

De acordo com o ensino bíblico, o desejo de Deus e de Jesus Cristo é que, uma vez casado, o homem não se separe. O casal precisa se ajustar ou se entender. A dureza no coração dos homens permitiu uma saída: o divórcio. Mas não foi assim desde o princípio, como disse o mestre Jesus em *Mateus 19:8*. A dureza de coração, como a raiva, ressentimento, ódio, mágoa, não era motivo para repúdio (divórcio), no princípio. Em *Malaquias 2:16*, Deus diz que odeia o repúdio. Repúdio significa mandar a mulher embora. Posteriormente, não teve jeito. Quando Moisés pediu uma solução a Deus, Ele deu uma saída para Moisés resolver essa questão no meio de seu povo (*Mateus 19:8*). Por amor a Moisés e para resolver o impasse deste líder diante do povo de Deus nas questões de separação, de troca de parceiros, Deus permitiu que Moisés regularizasse as separações através de uma Certidão de Divórcio. Isso foi feito para não haver bagunça no meio do povo de Deus. E esta certidão vale para a nossa sociedade não cristã até hoje.

Mas, para nós, cristãos, vale o que Jesus disse em *Mateus 19:9*. Por que dizemos tudo isso? Por causa do próprio homem, que se aproveitou da bondade de Deus para repudiar suas mulheres por qualquer motivo, e esta não é a atitude do homem cristão em relação à sua esposa. Se, porventura, algum servo de Deus não aderir aos ensinamentos de Jesus, em última hipótese, em último recurso, faça o mesmo que o povo de Deus fez em *Deuteronômio 24:1-4*, a contragosto de Jesus. Não estamos implantando nenhuma ideia nova, mas, sim, expondo o que pensa a Bíblia a esse respeito.

Sobre o celibato

Em *Mateus 19:10-12*, Jesus enfatiza que nem todos estão aptos ao casamento, como aqueles que nasceram eunucos, ou seja, sem o órgão sexual. É sua missão nesse mundo o celibato. Há também os que ficaram impossibilitados por intervenção alheia, tornados eunucos para não se casar, incapazes para a prática do ato sexual. Há outros que se castram ou se privam de mulher.

Antes de escolher sua parceira para o casamento, confirme se ela possui a mesma linha de fé que você, para evitar aborrecimentos futuros. É bom e bíblico que o homem, de preferência, escolha uma jovem da mesma igreja, mas isto não é uma regra.

É bem prudente ao homem, antes de se casar, ter conhecimento dos propósitos de Deus para ele e sua companheira, e verificar se sua amada se enquadra no perfil de esposa cristã descrito na Bíblia. Isto ajuda a prevenir casamentos construídos sem base, que podem desmoronar.

Na Bíblia é claro qual deve ser o perfil do homem no casamento. Porém, se o homem seguir outros perfis, seguir os princípios do mundo, não será feliz no casamento. A obediência do homem cristão aos princípios bíblicos aqui expostos é a garantia de que ele precisa para construir uma família com base espiritual sólida. Assim, ele fará sua esposa feliz, e será o segredo da sua própria felicidade no casamento.

Cada um dos cônjuges, dentro do casamento, deve ter uma noção bem precisa da escala do amor divino: em primeiro lugar, cada um deve amar a Deus sobre todas as coisas, e, em segundo lugar, deve amar a seu cônjuge, com o qual forma a base da sociedade humana que é a família. Se um cônjuge colocar seu maior amor nos filhos ou em seus animais de estimação, estará invertendo a escala de amor divino, comprometendo seu casamento.

Se o perfil bíblico para o casamento não for aceito pelo homem ou pela mulher, em que perfil esse cônjuge vai se apoiar? Se o cônjuge implantar um perfil próprio, personalizado, para o casamento, não poderá ter nenhuma convicção, certeza ou respaldo, que tal perfil funcione, que seja um sucesso. Por isso, o melhor, o mais recomendável, para garantir a felicidade no casamento, é cada cônjuge seguir o perfil revelado por Deus na Bíblia.

CAPÍTULO 8
RIQUEZA
(dízimo, ofertas, votos, dar para receber, plantar para colher)

COMPREENDA O DÍZIMO

A origem do dízimo

Desde que o homem existe na face da Terra, Deus estabeleceu que o mínimo que deveria ofertar para colaborar com Sua obra fosse 10% dos seus ganhos. Essa contribuição existe na história de quase todos os povos, e no Antigo Testamento surge como oferta obrigatória do povo para o sustento dos sacerdotes, dos levitas e do serviço de Deus. Para o povo de Deus, o dízimo não era somente uma obrigação diante de Deus, mas também um ato de fé.

Deus ordenou a seu povo que levasse seus dízimos ao Templo, e que fizesse prova dele. Dar o dízimo era, portanto, uma forma de provar a bondade e a misericórdia de Deus para abençoar o doador e fazê-lo prosperar. Dízimo significa a décima parte. Seja de salário ou ganhos recebidos de outras fontes, 10% não nos pertencem, são de Deus. Ele nos obriga a entregar esta parcela para fazer uma prova conosco. O dízimo é a maior promessa de prosperidade da Bíblia. Aquele que não possui o desejo de prosperar não conhece ainda os planos de Deus para a sua vida.

O dízimo existe desde a criação do homem. É uma prática que tem a sua origem no reconhecimento de que tudo pertence a Deus. Quando se estudam manuscritos antigos de povos como babilônios, egípcios, assírios e outros, vemos presente em sua cultura a prática de oferecer 10% do fruto do trabalho para culto à divindade. Em troca eles seriam abençoados por essa divindade.

O dízimo sempre foi uma bênção que enriqueceu aqueles que foram fiéis. A atitude de Abraão em estar pronto para dar o dízimo lhe valeu a vitória sobre seus adversários. Abraão foi um dos homens mais ricos de sua época.

A lei de Moisés estabeleceu o dever de o povo contribuir para as obras de Deus com os dízimos do gado e demais posses ou produção. Os dízimos deveriam ser entregues aos levitas por seus serviços (*Números 18:21-24*). A lei de Moisés não criou o dízimo, apenas o incorporou ou o oficializou.

Compreenda que o dízimo sempre corresponde às primícias do que você ganhou, ou seja, os primeiros 10% do que você ganha já deve ser reservado para Deus. Os ganhos compreendem salários, lucros, rendimentos, pensão, mesadas, heranças etc. Gastar primeiro seus ganhos com coisas suas e verificar depois se sobrou algo para dizimar 10% não é correto, pois aí você estará colocando Deus em segundo lugar. Primeiro reserve o que é de Deus, depois gaste com você.

O dízimo é o maior termômetro de espiritualidade de que temos conhecimento entre o povo de Deus.

Jesus nunca disse que, com a sua vinda, ninguém precisaria mais dar o dízimo. Se é verdade que em Jesus temos o fim da lei também é verdade que o dízimo não finda com a lei, pois não pertence a ela. O dízimo existia na cultura de outros povos antes da lei, foi oficializada pela lei e permanece depois dela. Jesus homologou a prática dos dízimos quando censurou a ostentação que prevalecia entre seus contemporâneos em relação a essa prática.

É preciso primeiro plantar para depois colher, é preciso primeiro dar para depois receber. O dízimo é o primeiro degrau na escalada da nossa riqueza material.

Por que a maioria de nós é pobre?

Como pode Deus enriquecer uma pessoa, se esta não está pronta para dar? Se a lei do receber é primeiramente dar, aquele que é mesquinho jamais alcançará de Deus as bênçãos que enriquecem. Se não temos o coração preparado para dar, dificilmente poderemos enriquecer. É por isso que a maioria de nós é pobre. É por isso que existem pessoas que, por mais que trabalhem, jamais conseguem melhorar de vida. Se temos o coração aberto para contribuir com a causa de Deus, então Suas promessas se cumprem abundantemente em nossas vidas.

Dizimar é dar, pagar ou devolver?

A expressão *dar o dízimo* dá a impressão de que o dízimo nos pertence e que, por sermos bons, o damos a Deus. Já *pagar o dízimo* dá a impressão que estamos pagando a Deus por alguma coisa que Ele nos concedeu. A expressão *devolver o dízimo* é mais adequada, pois, se tudo é de Deus, ao dizimar estamos apenas devolvendo a Deus a décima parte daquilo que lhe pertence.

Reconhecimento de que o dízimo não é nosso

A maior razão pela qual somos conclamados a dar o dízimo é o reconhecimento de que ele não é nosso. O mundo pertence a Deus, e tudo que existe é Sua propriedade. Os homens são apenas administradores do que possuem. Estes têm dominado a Terra, no entanto, ela não lhes pertence. Se o homem ainda consegue alguma coisa da Terra é porque Deus lhe dá força, inteligência e cuida dela. É Deus quem torna o solo frutífero, o ar cheio de vida. Deus concede o grande privilégio de sermos seus cooperadores na construção do seu Reino.

A Igreja precisa de dinheiro para propagar a palavra de Deus

A Igreja precisa de dinheiro para cumprir seus compromissos. Deus opera sinais e maravilhas em nosso meio por intermédio da Igreja, que é a agência do seu Reino entre nós. Sem ela não haveria Bíblias, pregação e ensino da Palavra de Deus. Sem ela os demônios estariam à vontade entre os homens. Por outro lado, a Igreja não poderá existir sem a disposição dos fiéis de contribuir para a sua manutenção. Foi por isso que Deus estabeleceu o mínimo de 10% para seu sustento.

O dízimo deve ser entregue em uma igreja

Muitos dão o dízimo para Deus, mas não o levam para nenhuma igreja. O dízimo deve ser entregue na igreja, conforme nos ensina *Malaquias 3:10*. Administrar o próprio dízimo é egoísmo e desconfiança. Desde os tempos do Antigo Testamento cabe ao povo de Deus entregar o dízimo no lugar que o Senhor indicar, assim como todas as tribos de Israel sabiam que Deus tinha colocado o seu nome na "Casa do Tesouro", que ficava no templo construído por Salomão, em Jerusalém. Hoje, continua sendo a Igreja do Senhor, comprada ou edificada no nome de Jesus Cristo, o lugar certo para a entrega do dízimo. O dízimo deve ser levado e depositado na Igreja do Deus eterno.

Nem todos têm tempo nem condições para viverem anunciando o Evangelho. Como então essas pessoas trabalharão ganhando almas para o Reino de Deus? O dízimo é a maior das respostas. Você não vai, mas com o seu dinheiro alguém irá no seu lugar.

Muitos também dizem que cabe à Igreja construir asilos, orfanatos, creches, mas quando se vê tanta gente possuída pelo demônio em nosso redor, o dinheiro será mais bem empregado na salvação e transformação dessas pessoas.

Dizimar é um ato de fé

O dízimo é, acima de tudo, um ato de fé. Embora seja um mandamento de Deus para os seus filhos, é um ato de fé devolvê-lo. Deus sempre condenou qualquer coisa feita simplesmente como obrigação ou por formalidade. É a fé que deve levar alguém a entregar o seu dízimo.

Novamente, lembramos que dízimo é 10% dos seus ganhos ou do seu salário. Foi o sistema de contribuição utilizado pelos povos do passado, e é o atual sistema de contribuição usado pela Igreja. Alguém pode estar pensando ser praticamente impossível a uma pessoa pobre aplicar o pouco dinheiro que recebe dessa maneira. A aplicação pode e deve obedecer a um porcentual. Portanto, mesmo o pobre deve praticar o dízimo conforme o que foi estabelecido por Deus. Vale lembrar que o dízimo de zero é zero, ou seja, se você não ganha nada, o seu dízimo é nada.

Deus sempre cumpre o que prometeu

Quando damos o dízimo ao Senhor, Ele tem prazer em cumprir a Sua promessa, repreendendo os espíritos devoradores que estão roubando, matando e destruindo os homens. Quem prova a Deus dizimando fica espantado com o que acontece em sua vida. O dinheiro passa a render como nunca. As bênçãos começam a aparecer, até mesmo de maneira inesperada. Um verdadeiro dizimista não viverá em apertos financeiros, cheio de dívidas.

O uso do dinheiro

Tudo em nossa sociedade gira em torno do dinheiro. Daí a preocupação da Bíblia no cuidado com o seu uso e no correto encaminhamento que se deve dar a ele. O Templo de Salomão, construído pelo filho de Davi, é um exemplo de como riqueza e dinheiro podem ser usados na obra de Deus e para a glória do seu nome.

Desse modo, o dinheiro tem o caráter que lhe damos. Pode ser um instrumento de maldição ou uma ferramenta sagrada. Pode servir para a nossa condenação ou para nos garantir os galardões celestiais. Deus quer isto para o cristão: que transforme o dinheiro em um dos muitos valores que Deus lhe confiou e do qual, como bom mordomo, deverá também prestar contas.

Jesus foi quem mais pregou e falou sobre o dinheiro e seu uso. Nos ensinamentos sobre seu uso, percebe-se claramente que Ele não censurava, antes reconhecia como natural a preocupação com o dinheiro. O que Jesus criticava era a inclinação diabólica de se colocar o coração no dinheiro. O dinheiro é bom e útil, mas não deve ser o nosso verdadeiro tesouro.

A Bíblia nos mostra que homens ricos, mas crentes, fiéis mordomos de Deus, como Davi e Salomão, prosperaram imensamente, e sem censura divina, porque souberam usar seus talentos materiais dentro de um comportamento espiritual aceitável por Deus.

Talvez seja mais difícil aplicar o dinheiro do que ganhá-lo. Aplicar bem o dinheiro é o segredo que Deus deseja ensinar a todo o momento em sua palavra.

Uma parte do dinheiro que temos deve ser destinada à causa de Deus. Não que Deus precise de nosso dinheiro, pois Ele é dono de todas as coisas, mas Ele precisa de nós com o que somos, pois tudo o que somos e o que temos pertence a Deus.

A LUZ DO DÍZIMO

Versículos associados ao tema:
Malaquias 3:8-9 – Roubará o homem a Deus? Todavia vós me roubais e dizeis: Em que te roubamos? Nos dízimos e nas ofertas. Com maldição sois amaldiçoados, porque a mim me roubais.
Malaquias 3:10 – "Trazei, pois, todo o dízimo para a casa do Tesouro, e haja alimento na minha Casa; depois, então, submetei-Me a esta prova, diz o Deus dos exércitos: e vede se Eu não abrirei para vós as cataratas dos céus, se Eu não derramarei sobre vós a bênção além de toda medida."
Mateus 23:23 – "Ai de vós escribas e fariseus, hipócritas. Porque dais o dízimo da hortelã, do endro e do cominho, e tendes negligenciado os preceitos mais importantes da Lei, a justiça, a misericórdia e a fé. Devíeis, porém, fazer estas coisas sem omitir aquelas."
Lucas 21:1-4 – Levantando os olhos, Jesus viu que os ricos depositavam as suas ofertas no cofre do Templo. Viu também uma pobre viúva que colocava ali duas moedas de cobre. Então ele disse: "Eu vos asseguro: esta pobre viúva deu mais do que todos os outros. Pois todos aqueles deram do que lhes sobrava, mas esta deu da sua indigência, tudo o que lhe ficava para viver".
Mateus 6:24 – "Ninguém pode servir a dois patrões, porque odiará a um e amará ao outro, ou se afeiçoará ao primeiro e desprezará o segundo. Não podeis servir a Deus e ao Dinheiro."
Mateus 22:21 – [Jesus disse:] "Dai a César o que é de César, e a Deus o que é de Deus".
1 Timóteo 6:7-19 – [Paulo escreveu:] Como não trouxemos nada para o mundo, também dele não podemos levar nada [...]. Porque a ganância pelo dinheiro é a raiz de todos os males [...]. Aos ricos deste mundo

manda que não sejam orgulhosos, nem ponham sua esperança nas riquezas instáveis, mas sim em Deus, que nos dá tudo em abundância para o nosso uso. Que eles pratiquem o bem, fazendo-se ricos de boas ações, sendo generosos, repartindo os bens que possuem. Deste modo, acumulam para si um belo capital como garantia do futuro.
Gênesis 1:1 – No princípio criou Deus os céus e a Terra.
Ageu 2:8 – "Minha é a prata, meu é o ouro", disse Deus dos exércitos.
Levíticos 27:30 – "Todo o dízimo da terra, quer de sementes da terra, quer de frutos da terra, pertence ao Senhor, é uma coisa consagrada ao Senhor."
João 1:3 – Todas as coisas foram feitas por intermédio Dele.
1 Coríntios 6:19 – Ou não sabeis [...] que não sois senhores de vós mesmos?

Algumas pessoas acham que estão longe do pecado não praticando o dízimo, pois não estão ofendendo a ninguém, não estão desejando o mal a ninguém. Esse pensamento as mantêm enganosamente com a chamada *consciência limpa*, ou sem dor de consciência. No entanto, segundo *Malaquias 3:8-9*, se devolvemos o dízimo somos fiéis, senão, somos chamados de ladrões pelo próprio Deus.

Aqueles que mantiverem a fidelidade nos dízimos terão fartura e abundância. Deus aceita ser submetido à prova sobre a promessa que fez para tirar toda margem de dúvida do crente. O dizimista fiel terá a prosperidade em vida garantida por Deus. Todavia, o crente deverá executar antes o que Deus pede – ser dizimista – para ter direito a receber bênçãos sem medida. O crente sempre deverá expressar primeiro seu sacrifício para Deus para receber as bênçãos Dele depois, mas isso muito crente não está disposto a fazer; ele quer ter direitos, mas não quer cumprir seus deveres.

Cada pessoa deve escolher um sócio entre Satanás e Deus em qualquer atividade da sua vida. Isso também acontece na vida financeira. Todo sócio quer uma parte do lucro. Se nosso sócio for Satanás, ficaremos com 100% da riqueza material, mas ele nos levará 90% de nossa luz espiritual. Com isso, Satanás cria o caos na sua vida financeira. Se nosso sócio for Deus, ficaremos com 100% de luz e 90% da riqueza material. Tudo que nos cumpre fazer é dar para Deus 10% na forma de dízimo. A nós caberá sempre optar pelo sócio que queremos ter. A escolha é sua, faça sua opção.

O dízimo tem como propósito retirar as trevas de nossa vida financeira. Se tivermos nossa vida financeira apoiada nas trevas, sua influência acabará fazendo desaparecer nossos bens. Doar ou devolver 10% de nossos ganhos não nos deixa mais pobres nem diminui nosso bem estar. Ao contrário, essa atitude nos traz prosperidade e alegria.

O simples fato de você desejar sinceramente ser fiel a Deus no dízimo a partir do seu primeiro salário, ou a partir do seu novo emprego, caso esteja desempregado, o coloca em uma condição especial para ser abençoado por Ele e conquistar esse emprego. Prove a Deus nisto, e veja a sua vitória.

Dizimar é aprender a repartir, é aprender a doar, é esvaziar o bolso para a obra de Deus, e não para você. Dizimando você cria uma nova realidade para si mesmo.

Toda prosperidade tem origem em Deus, o Criador do universo. Se você acredita que o verdadeiro criador da prosperidade é apenas você mesmo, está adorando o seu ego e desprezando o poder da Luz. O ego pode trazer ganho financeiro, mas a um alto custo. Pelo fato de estar ligado a Deus nas finanças, você obtém prosperidade da Luz, e não através do ego. Reconheça que Deus é a fonte fundamental de toda a prosperidade e acabe com seu orgulho, acabe com o seu ego sobre suas finanças.

O dízimo está em linha direta com sua prosperidade, e a prosperidade está em linha direta com a Luz, que é Deus. Dizimar é libertar-se do mundo físico, eliminar seu controle sobre você. Antes de fecharmos uma parceria nos negócios ou em qualquer novo empreendimento, busquemos Deus em primeiro lugar, para enxergarmos o que nos espera nos próximos anos.

Quando você dá o dízimo, as vendas são retiradas de nossos olhos. Você enxerga o futuro, compreende a relação de causa e efeito que rege toda a realidade. Você perceberá mais pelos olhos da mente, pelos olhos da fé. Quando você pratica o dízimo, os canais da compreensão, da inteligência e do discernimento se abrem para você.

Com o poder de nossos pensamentos guiado por Deus, nós poderemos fazer nosso verdadeiro destino, e controlar toda a realidade através da força da nossa imaginação.

Praticamente 99% dos nossos pensamentos são controlados pelo nosso ego e, por isso, nosso pensamento negativo influencia a realidade material de modo prejudicial.

Todos os problemas do mundo, como as doenças, a fome, pobreza, crimes, são resultados de nossa consciência egocêntrica e negativa. A cada momento nós mesmos criamos esta realidade. O pessimismo, as dúvidas e o ceticismo se tornam uma profecia que se cumpre.

Nós não acreditamos na nossa capacidade inata do poder da mente sobre a matéria. Isso fica oculto em nós, pois não achamos que este poder seja real. Se permitirmos que os desejos do ego guiem nossa existência, estaremos eternamente aprisionados e governados pela matéria física. Não dá para ir longe, estaremos sempre limitados se agirmos com nosso ego.

Não dizimar é acentuar o nosso ego em nossas mentes. Se rejeitarmos nosso comportamento egocêntrico, obtemos a capacidade mental de controlar nosso mundo material de forma positiva, construtiva e milagrosa.

Liberte o seu poder espiritual no dinheiro. A meta não é renunciar ao mundo físico, mas eliminar o controle dele sobre você, para que você se torne o diretor de seu próprio destino.

É mais fácil desenvolver um mau hábito do que um bom hábito. É mais fácil ficar plantado em casa do que sair para fazer um exercício físico todos os dias. É sempre mais fácil sucumbir aos impulsos egoístas do que agir com bondade e amor para com os outros. É mais fácil não dizimar que dizimar.

Seguir os caprichos do ego, sem pensar, não requer nenhum esforço, mas é preciso força e persistência para dar a vitória a você. E não podemos vencer essa batalha sozinhos. Precisamos da ajuda de Deus se quisermos recuperar o controle de nossas vidas. A vitória está em você, mas Deus garante sua vitória sobre as forças do ego. Você ganha poder emocional e disciplina para vencer os impulsos do seu ego.

As ações motivadas pelo ego nos mantêm prisioneiros num universo de caos. Se acabarmos com nosso comportamento egocêntrico, nós literalmente mudaremos de um mundo para o outro.

Se o presente lhe é ruim, não significa que seu futuro também será, pois você, a cada instante, tem a capacidade de recriar o futuro. Não existe o futuro predestinado. No momento em que tomamos uma decisão, nosso destino forma um novo ramo, cria uma nova realidade. Profecia é enxergar o futuro em nossas ações atuais. Sua decisão a favor do dízimo e de sua fidelidade para com Deus a partir daí, com certeza, lhe trará uma nova vida de sucesso financeiro.

Tomemos como exemplo uma velha figura das histórias em quadrinhos, o Tio Patinhas. Ele não dá dinheiro nenhum a ninguém, nem mesmo para os seus sobrinhos, guarda tudo para si. É o protótipo do mão-fechada, do pão-duro, do medo de perder, do medo de ficar sem nada, do medo de dar. Você não pode ser esse Tio Patinhas, esse exemplo não lhe trará vitórias financeiras. O cofre do Tio Patinhas, trancado a sete chaves, está constantemente ameaçado de ruir, pois ele está apoiado em seu próprio ego.

Existem duas maneiras de sermos purificados: pela dor ou pela transformação espiritual. O caminho da dor machuca o corpo, afetando nossa saúde, e diminui nossas finanças, que ficam abaladas. O caminho da transformação espiritual machuca o ego. O caminho de Deus, no sentido do dízimo, permite que consertemos de forma milagrosa as iniquidades do nosso passado egocêntrico.

Conforme está escrito no Antigo Testamento, em *Gênesis* e *Levítico*, Deus é o Senhor de todas as coisas por direito de criação. Nós somos servos de Deus. Isso significa que tudo o que somos e tudo o que temos pertence a Deus. Um servo de Deus é a pessoa que pratica a vontade de Deus na maneira de ganhar, gastar, investir e ofertar seus bens materiais.

Diferentemente do dízimo, a *oferta* do cristão não é um percentual sobre os ganhos, mas, sim, um dinheiro sem valor específico. É uma quantia arbitrária que você decide dar e colocar na Igreja de Cristo para reforçar o seu desejo de compartilhar com Deus os seus ganhos, a fim de obter algum milagre especial por parte de Deus. A qualquer instante em sua vida pode haver esse chamado para entregar uma oferta monetária a Deus. Dízimo é um mandamento, oferta é uma disposição voluntária.

O verdadeiro cristão entrega fielmente seu dízimo ao Senhor, em espírito de adoração a Deus, como símbolo de sua gratidão e louvor. E também o faz no desejo de estender o alcance do Evangelho, como demonstração do seu amor ao próximo.

Minha fidelidade nos dízimos sustenta o maior empreendimento do mundo:
1) mantem o ministério espiritual da minha igreja;
2) permite a cooperação da minha igreja com as demais igrejas;
3) socorre órfãos, enfermos e necessitados;
4) promove a obra missionária, desde a preparação dos obreiros nos seminários até o seu sustento como pastor da Igreja;
5) ajuda a evangelizar a minha cidade, o meu Estado, o meu país, e o mundo. Ao entregar fielmente os meus dízimos, estou tomando parte na evangelização do mundo.

Meus dízimos revelam:
1) que eu creio na providência de Deus para o meu sustento e o da minha família, e não em minhas próprias forças;
2) o que eu faço com o meu dinheiro mostra a quem eu amo;
3) minha gratidão por tudo o que Deus me concede gratuitamente.

Minha fidelidade nos dízimos me traz as seguintes vantagens:
1) ajuda-me a crescer cada dia na graça de Deus;
2) dá paz em minha consciência, por obedecer a palavra de Deus;
3) dá o mais elevado propósito para a minha vida, por participar da extensão do Reino de Deus;
4) torna meus bens permanentes;
5) o que eu dou para Deus será meu para sempre, o que eu conservo para mim será perdido;
6) eu voto pelo prosseguimento da obra da minha Igreja, eu voto pela vitória do Reino de Deus.

Busque através do conhecimento do dízimo e da atitude de ser dizimista o reconhecimento da satisfação e das vantagens que se recebe, e assim diga com alegria: "Eu quero ser um dizimista fiel".

MATERIALIZAÇÃO DA FÉ

Materialização é o ato de manifestar o espírito sob forma humana. Fé é crença em Deus, firmeza na execução de uma promessa ou compromisso. Materializar a fé é torná-la conhecida através de atos e ações humanas.

A fé conjugal é materializada na simbologia das alianças, a fé em Deus é materializada através de sacrifício, de uma prova diante do perigo ou de uma situação adversa.

Existem na Bíblia várias passagens de homens que materializaram a sua fé. Abraão foi um deles. Quando Abraão alcançava seus 100 anos e sua esposa Sara (que era estéril), os 90, tiveram o primeiro filho, chamado Isaac, como filho da promessa que Deus fez a Abraão de que a dinastia do povo de Deus iria vir dessa união. *Gênesis 22:11-12* nos mostra Abraão disposto a oferecer até mesmo o seu maior tesouro, o seu filho amado, como prova de obediência a um pedido de Deus. No tempo de Abraão não havia Bíblia, não havia a palavra escrita. Deus falava com seu povo através de sonhos, visões e profecias (*Gênesis 15:1-10*). Deus sabia o que estava no coração de Abraão. Este, não levado pela emoção ou entusiasmo, mas pela fé, alcançou vitória nesta questão. Abraão não tinha garantia verbal nenhuma de que Deus iria prover o cordeiro para o sacrifício. Isaac era o sacrifício de Abraão. Nós não temos garantia verbal nenhuma do que Deus vai fazer por nós no ato do sacrifício, é uma questão de fé. Neste ponto é que se vê materializar a fé de cada um, no ato do sacrifício.

Para Deus entrar em pacto com Abraão, ele precisou materializar sua fé. Deus, percebendo que Abraão iria sacrificar seu filho, o interrompeu, porque Abraão já havia demonstrado sua fé e sua fidelidade. O mesmo deve ocorrer conosco; para provarmos nossa fé, para vermos os resultados de nossa fé, tem que haver uma manifestação através da materialização. Isso diferencia a pessoa que tem fé teórica da outra que tem fé real e prática.

Os sacrifícios de Abraão foram diversos:
1) Sair de sua parentela e partir como peregrino em terras estranhas.
2) Entregar dízimos ao sumo sacerdote de Deus (*Hebreus 7:1-10*).

3) Edificar altares.
4) Dar prioridade ao sobrinho.
5) Esperar até os 100 anos a vinda do filho da promessa.

Abraão foi considerado "Pai da Fé", porque tudo nele era uma constante manifestação de fé em Deus. Quanto mais Abraão sacrificava, tanto mais recebia de Deus. Assim agiram os demais heróis da fé no passado.

Zaqueu é outro exemplo (*Lucas 19:8-9*). Somente depois de sacrificar seus bens, materializando assim a sua fé, foi que recebeu o elogio de Cristo. Zaqueu, o novo convertido, não doou sobras. Doar sobras não é sacrifício de fé. Isso é uma atitude de gratidão pelas bênçãos recebidas e não pelas bênçãos a receber; não é demonstração de fé, mas de amor (*Efésios 4:28*).

Para que as pessoas tomem posse do pacto com Deus, tem que haver um sacrifício, uma renúncia, pois é nesse momento que se faz visível a fé materializada nas promessas de Deus.

Não basta apenas frequentar uma igreja por frequentar, fugir de pecados, cantar lindas melodias nos cultos, dar ofertas e dízimos. Apesar de tudo isso ser válido e bom, falta algo muito importante que vem fazer a soma completa: a materialização da fé.

Quando materializamos nossa fé, fizemos o nosso sacrifício. Aí Deus vai materializar a sua promessa como fez com Abraão, tornou o seu nome grande em toda a Terra. Faça algo muito grandioso, dê o seu "tudo", sacrifique-se. Deus realizará as suas promessas e grandes milagres acontecerão na sua vida (*Marcos 10:29-30*).

Qual é o sacrifício que você deve fazer? Sua fé é que vai determinar. A sua entrega do "tudo" para Deus, pela fé sem medo, com coragem e confiança, levará à materialização da fé. Como você poderá saber que tem fé em Deus sobre todas as coisas? Pela entrega do "tudo". Nessa atitude de fé, Deus materializa a Sua palavra no seu coração e logo vem a certeza.

O sacrifício não é para mostrar a Deus que você tem fé, mas para demonstrar a si mesmo que sua fé não é somente teórica, mas manifesta em suas ações. O Diabo tem fé teórica, e não sacrifica nada para Deus. O Diabo tem fé sem obras, sem sacrifícios (*Tiago 2:19*).

Deus conhece tudo o que você pensa e o jeito como você age. Por isso, essa demonstração não é para Ele, mas para você mesmo ver e sentir. O sacrifício é a prática, o exercício é a prova concreta de sua fé. A entrega do seu "tudo", não é o pastor que vai determinar. Ele não irá identificar o seu "tudo". Você mesmo, na sua comunhão com Deus, saberá qual é o seu maior sacrifício. A resposta virá de dentro de cada um. Deus orientará cada um no seu "tudo". Basta cada um se superar, ter coragem e fé de que Deus recompensará e retribuirá (*Hebreus 11:6*).

Os testemunhos são diversos nesse sentido. Cada um oferece a Deus o seu próprio sacrifício. Um deu uma propriedade, outro deu um carro, outro esvaziou a sua poupança, uns doam o seu tempo, outros fazem obras de caridade, mas todos deram daquilo que lhes era muito necessário. Sacrifício é tirar de você aquilo a que você estiver mais ligado materialmente, fisicamente ou emocionalmente. É largar a pedra que torna pesada a sua vida, abandonar o que você tem medo de perder. Aí vem o milagre. Sacrifique a Deus aquilo a que você estiver mais apegado. Basta saber o que é que o prende mais, aquilo que você não quer largar. Este pode ser o seu sacrifício. O maior sacrifício de Abraão foi oferecer o seu próprio filho como sacrifício da forma que Deus lhe determinou. Foi uma prova de fogo, única e exclusiva, em que Isaac, seu filho, prefigurava o próprio sacrifício de Deus em Cristo Jesus. Deus também deu o seu "tudo", seu filho Jesus Cristo, para ser sacrificado em nosso lugar.

Algumas pessoas podem se tornar fracassadas economicamente, porque só tem fé que Deus vai lhes dar o céu, vão ser salvas, vão ter a vida eterna, mas na Terra vão viver pobres até a morte. Com esse pensamento, impedem a ação de Deus, e também impedem a sua própria ação em relação à prosperidade pessoal. Não é bíblica a ideia de ser pobre, miserável, só porque é um filho de Deus. Também não é bíblica a ideia de que, para ser filho de Deus, tem que ser rico. Todavia, pela demonstração da fé, muitos foram abençoados e receberam muitos bens. A verdadeira riqueza é buscar o reino de Deus e a sua justiça em primeiro lugar, e estar contente com os bens que são acrescentados.

De que adianta a pessoa ganhar o mundo todo (bens), e perder a sua alma? Em *Marcos 10:29-30*, Jesus disse: "Ninguém que deixar sua casa, ou irmãos, ou mãe, ou pai [...] ou terras, por causa de mim e do

Evangelho, ficará sem receber, já agora no presente, cem vezes mais em casas, em irmãos, em mãe ou pai, [...] em terras, e, no mundo futuro, a vida eterna".

Seja você um novo Abraão: execute o seu sacrifício para Deus, e a história se repetirá, você verá as promessas de Deus em sua vida se cumprindo. Veja no seu coração qual é esse sacrifício, ou aguarde uma revelação de Deus em sua vida. Experimente dar o seu "tudo". Não faça isso por pressão sentimental ou emocional. Faça pela fé, sem que haja dúvidas em seu coração (*Romanos 14:22-23*).

Para finalizar esta seção, sabemos que alguns dizem que não precisam estar na Igreja para exercer a sua fé. Mas será que funciona? A Igreja foi criada por Deus para que saiamos do ambiente hostil do mundo incrédulo para um ambiente de fé (*Romanos 10:17*). É difícil exercer a fé só ficando em casa. Deus sabe que em casa não existe ambiente favorável, não há aquele fogo de fé que existe na Igreja. Só na Igreja encontramos divina paz, comunhão real com o Espírito Santo, além de ser o melhor lugar para glorificar a Deus com nossos sacrifícios de fé (*Efésios 3:20-21, Hebreus 10:25*).

A RIQUEZA MATERIAL VEM DA RIQUEZA ESPIRITUAL

Versículos associados ao tema:
Romanos 8:13-17 – [Escreveu Paulo aos romanos:] Pois, se viveis segundo a carne, estais caminhando para a morte. Mas se, pelo Espírito, fazeis morrer as obras da carne, vós vivereis. Todos os que são guiados pelo Espírito de Deus são *filhos de Deus*. [...] E o próprio Espírito se une ao nosso espírito para atestar que somos filhos de Deus. Se somos filhos, somos também *herdeiros*; herdeiros de Deus e co-herdeiros de Cristo. Porque, se tomamos parte nos seus sofrimentos, também tomaremos parte na sua glória. [Nossa identidade como filhos de Deus está revelada nos versículos anteriores.]
Mateus 21:22 – "E tudo o que pedirdes [ao Pai] com fé, na oração, vós o alcançareis."

Jesus abre as portas da riqueza material quando afirma a seus discípulos, voltando de Betânia a Jerusalém, as palavras descritas em *Mateus 21:22*. Para ser mais bem entendido, esse versículo deverá ser analisado em partes, como segue:

1ª *Parte: "E tudo"*

"Tudo" significa qualquer coisa que o crente quiser. Nada é impossível para Deus. Também se depreende daí que o Senhor Deus é dono de toda a riqueza do universo, pois alguém, para poder dar tudo, tem que ser o dono de tudo. Tudo não está limitado a tamanho ou valor do objeto ou coisa desejada. Não existe limite. Se você crer que é possível obter, assim será. A riqueza material, a fartura e a prosperidade na sua vida estão dentro desse "tudo" permitido por Deus.

Todos nós, crentes, somos irmãos em Cristo, pois temos o mesmo Pai Celestial, que é Deus. Devido a essa filiação, somos todos herdeiros das imensas riquezas divinas. Qual é o pai que, sendo rico, quer que seu filho seja pobre? Ainda mais Deus, dono de todo o ouro e de toda a prata que existe no universo, e todo amor! Imagine quanta riqueza reservou para você!

2ª *Parte: "o que pedirdes [ao Pai]"*

Jesus se refere a Deus, que é nosso Pai Celestial, para se invocar o pedido. Você tem que pedir, humilhar-se perante Deus, deixar Deus resolver o seu problema. Se quiser conquistar com suas próprias forças, não vai conseguir. A você cabe o pedir, o dar pertence a Deus, que nunca falha. Uma confirmação disso temos em *Tiago 4:2-3*: "[...] Mas não tendes porque não pedis; pedis e não recebeis, porque pedis mal. Pedis para dissipar em vossos prazeres".

3ª *Parte: "com fé"*

Aqui percebemos que é essencial, é básico, ter fé para conseguir a graça. A definição de fé está em *Hebreus 11:1*: "A fé é a garantia dos bens que esperamos, a certeza das coisas que ainda não vemos". Você ainda não vê através de seus olhos físicos, abertos para o mundo, mas o crente deve ver pelos olhos da fé, ter uma fotografia ou um filme perfeito daquilo que quer alcançar. Se o crente não consegue enxergar a graça pronta em sua mente é porque vacila na fé. Assim, se você quer a cura da aids, você tem que se ver livre da doença, com saúde. Se você quiser uma casa bonita, dos seus sonhos, você tem que se enxergar dentro dela, admirando cada cômodo. Se você quiser uma quantia em dinheiro na sua conta bancária, você tem que enxergar o extrato da sua conta com aquela quantia. E essas imagens devem ser enxergadas sem conflito com a sua vida real de hoje. Nesse ponto é que a maioria dos pobres falha. Eles não conseguem se enxergar ricos, pois a realidade de hoje é dramática, lhes dá cegueira espiritual. O pobre que, com fé, se enxergar rico, será rico. Se não quiser ser rico, por aceitar passivamente sua situação de pobreza ou porque esta situação lhe basta e lhe deixa feliz, com certeza você permanecerá no estado em que está. A fé não permite dúvida, como descreve *Marcos 11:22-23*: (Jesus respondeu) "Tende fé em Deus! Eu vos declaro esta verdade: se alguém ordenar a este monte: 'Levanta-te, joga-te no mar!', sem duvidar no seu coração, mas crendo que se cumprirá a sua palavra, ele o conseguirá".

4ª Parte: "na oração"

Oração é um estado meditativo, tranquilo, sem interferência do mundo, é quando você deixa de lado tudo o que o cerca, inclusive seus pensamentos, para se recolher, para se concentrar. O ideal é você atingir um nível mais baixo de frequência cerebral para alcançar uma intimidade maior com Deus, ter um verdadeiro encontro com Ele. Na agitação da vida, esse "estado de oração" não é alcançado. Portanto, para pedir algo a Deus, você deve se preparar antes, atingir o estado de oração, e aí, sim, fazer o apelo a Ele. Se for na base da precipitação, da correria, você não colocará seu pedido corretamente. Vai ser o mesmo que falar com alguém virando-lhe as costas, você não vai ser ouvido.

5ª Parte: "vós o alcançareis"

Aí está a confirmação de Jesus da vitória do crente. Essa é uma promessa de Deus, revelada por Cristo Jesus. A conquista da graça é certa. Os testemunhos de graças alcançadas por esse caminho em toda a Terra, no passado e no presente, nos garantem que Deus é fiel, sempre cumpriu o que prometeu, e o crente vencerá. Não duvide, acredite sem angústia e sem ansiedade, pois no tempo de Deus, não no seu tempo, a graça será alcançada. Depois da oração, ao voltar ao estado normal, abra os olhos, sinta-se próspero, rico, saudável, feliz, muito melhor. Repita esse pedido até impregnar seu interior com o objeto do seu desejo.

Nesse ensinamento de Jesus, sua parte é pedir com fé, e Deus fará infalivelmente a parte Dele. Muitas vezes as pessoas ficam imaginando como é que Deus vai atender o seu pedido, de que modo Ele o fará? Essa preocupação não cabe a você, porque as soluções de Deus são sempre originais e sobrenaturais, ninguém pode colaborar com Deus nesta tarefa, dar uma mãozinha para Ele. Essa é a parte Dele, não a sua. E essa Glória Ele não divide com ninguém.

Veja, a riqueza e a pobreza nascem nos nossos pensamentos através da fé. Por isso, mentalize todo o seu pedido já pronto, já realizado, coloque detalhes. Desfrute daquilo que pediu desde já. Saiba que, como o seu pedido já foi impregnado em sua mente, as coisas já estão prontas, já começam a se materializar, não duvide. É só aguardar finalmente o dia em que Deus vai entregar esse presente para você.

Vale lembrar que pelo sangue de Jesus fomos justificados, lavados, purificados e perdoados, temos paz com Deus, e nenhuma condenação há para os que estão em Cristo Jesus; esta é a maior riqueza espiritual ao homem caído na pobreza espiritual, na miséria da vida. Pela fé esse mesmo salvo recebe as bênçãos que enriquecem.

Deus pode lhe dar tanto riqueza espiritual como a riqueza material pela fé em Cristo. Com Jesus veio a promessa de abundância em nossas vidas, segundo *João 10:10*: "Eu vim para que os homens tenham a vida, e a tenham em abundância".

A afirmação de que a riqueza material vem da riqueza espiritual se encontra também em *Mateus 6:33*, dito por Jesus no Sermão da Montanha, diante dos discípulos e de imensa multidão, entre vários ensinamentos: "Buscai, pois, em primeiro lugar, o seu Reino e a sua justiça, e todas estas coisas vos serão dadas por acréscimo". Se você buscar em primeiro lugar a riqueza espiritual – o Reino de Deus – tudo o que você precisar será dado em acréscimo. Assim fez Salomão, que adorou a Deus em primeiro lugar, Lhe pediu inteligência e sabedoria, e Deus lhe deu isso e, em acréscimo, imensa riqueza (*2 Crônicas 1:7-13*). Não tenha medo; a riqueza material é legalizada por Deus. O Senhor enriqueceu muitos homens e mulheres: Abraão e Sara, Isaac e Rebeca, Jacó e Raquel, Davi e Betseba, Jó, José, Moisés, Daniel, por que não enriqueceria você hoje também?

Apesar de a riqueza material ser algo permitido para o crente, ele não deve fazer do dinheiro o seu dono, ou sua meta principal na vida, como apontam os versículos a seguir:

Mateus 6:19-21 – "Não junteis para vós tesouros na terra, onde a traça e a ferrugem os consomem, e onde os ladrões penetram para roubar. Mas acumulai para vós tesouros no céu, onde nem a traça nem ferrugem os consomem, e onde os ladrões não penetram para roubar. Porque, onde estiver o teu tesouro, ali estará também o teu coração."

Mateus 6:24 – "Ninguém pode servir a dois patrões, porque odiará a um e amará ao outro, ou se afeiçoará ao primeiro e desprezará o segundo. Não podeis servir a Deus e ao Dinheiro."

1 Timóteo 6:9-10 – Quem ficar rico cai na armadilha, na tentação, numa multidão de desejos loucos e perigosos que precipitam os homens na perdição e na desgraça. Porque a ganância pelo dinheiro é a raiz de todos os males. Apegados a ela, muitos se desviaram para longe da fé, e se torturaram com muitos sofrimentos.

1 Timóteo 6:17-19 – Aos ricos deste mundo, manda que não sejam orgulhosos, nem ponham a sua esperança nas riquezas, instáveis, mas sim em Deus, que nos dá tudo em abundância para o nosso uso. Que eles pratiquem o bem, fazendo-se ricos de boas ações, sendo generosos, repartindo os bens que possuem. Deste modo, acumulam para si um belo capital como garantia do futuro, em vista da verdadeira vida.

Alguns têm medo do tema "riquezas" por causa do desequilíbrio social e da corrupção. Muitos que querem ser ricos, não têm senso e nem ética com os pobres, os desprezam. No entanto, se você usar o dinheiro como meio e não como um fim, não se apegando a ele e aplicando o dinheiro no plano de Deus, amando o próximo como a si mesmo, usando o dinheiro para melhorar a qualidade de vida sua e de sua família, estará servindo a Deus e não ao dinheiro. Cabe a você saber usar essa riqueza material que lhe virá, para continuar merecendo o Reino de Deus.

NÃO ENTERRE SEUS TALENTOS

Versículos associados ao tema:
Mateus 25:14-30 – [Jesus contou ao povo e aos seus discípulos a parábola dos talentos:] "Acontecerá então como um homem de saída para uma viagem, que chamou os servidores e lhes confiou seus bens. Entregou a um cinco talentos, a outro dois talentos, a um terceiro somente um, a cada qual segundo a sua capacidade, e partiu de viagem. Logo depois, aquele que havia recebido cinco talentos saiu para investi-los, e ganhou outros cinco. Do mesmo modo, o que havia recebido dois, lucrou outros dois. Mas o que havia recebido somente um, foi cavar um buraco na terra e ali escondeu o dinheiro do patrão. Depois de muito tempo, voltou o patrão desses servidores e quis acertar as contas com eles. Apresentou-se o que havia recebido cinco talentos e entregou-lhe outros cinco, dizendo: 'Senhor, tu me deste cinco talentos: aqui estão outros cinco, que eu ganhei'. E o senhor disse: 'Muito bem, bom e fiel servidor! Foste fiel no pouco e eu te darei a administração do muito que tenho. Toma parte no contentamento do teu senhor!'. Veio, em seguida, o que havia recebido dois talentos e disse: 'Senhor, tu me entregaste dois talentos: aqui estão outros dois que lucrei!'. O senhor disse: 'Muito bem, bom e fiel servidor! Foste fiel no pouco e eu te darei a administração do muito que tenho. Toma parte no contentamento do teu senhor'. Foi, afinal, o que havia recebido somente um talento, e disse: 'Senhor, bem sei que és um homem duro, que colhes o que não plantas e juntas o que não semeias. Assim, tomado de medo, fui esconder o teu talento debaixo da terra: aqui está o que é teu'. Mas o senhor lhe respondeu: 'Servidor mau e preguiçoso! Sabias então que colho o que não planto e junto o que não semeio? Devias, então, ter confiado o meu dinheiro aos banqueiros, para que à minha volta reti-

rasse o que é meu com os juros. Tirai a moeda que está com ele e dai ao que tem dez. Porque ao que tem muito será dado mais e terá mais ainda; mas ao que tem pouco, até esse pouco lhe será tirado. E jogai lá fora este servidor que não presta para nada, em meio à escuridão, onde haverá choro e ranger de dentes'".

Lucas 19:12-26 – [Contou Jesus esta parábola:] "Um homem de família nobre partiu para um país distante para alcançar o título de rei, e depois voltar. Chamou dez servidores e lhes deu dez ricas moedas de ouro, dizendo: 'Negociai até minha volta'. [...] Logo que voltou, depois de obtido o título de rei, mandou chamar os servidores aos quais tinha dado o dinheiro, para saber quanto cada um tinha lucrado. [...] Veio ainda outro e disse: 'Senhor, aqui está a tua moeda de ouro, guardei-a num lenço, porque tinha medo de ti, que és homem duro, que tomas o que não depositas, e ceifas o que não semeias'. Ele respondeu: 'Julgo-te pelas tuas próprias palavras, mau servidor! Sabias que sou homem rigoroso, que tomo o que não deposito e colho o que não semeio. Sendo assim, por que não depositaste o meu dinheiro num banco? Na volta, eu o retiraria com juros'. Disse então aos que se achavam presentes: 'Tirai dele a moeda e dai ao que tem dez'. 'Mas, senhor, ele já tem dez!' 'Eu vos declaro que a todo homem que tem juros, será dado mais; aos que não tem juros, será tirado até o que recebeu'".

Jesus utilizou nesta parábola a palavra *"argyrion"*, o que sugere que ele tinha em mente o *talento* de prata, moeda grega equivalente a 960 dólares atuais. O talento era uma unidade de peso monetário, equivalente a trinta quilos, em formato circular, como eram moldados pedaços grandes de metal na época de Cristo. Era usado para pesar ouro, prata, ferro e bronze. A introdução de moedas no meio do povo se deu no fim do século VIII a.C. A palavra *talento* em português, que significa um dom natural ou habilidade, é derivada dessa parábola.

Jesus empregava em suas parábolas muitas situações da vida no campo e da vida em família. Nesta parábola, porém, Jesus empregou situações envolvendo o sistema monetário e bancário. Os ouvintes tinham conhecimento do sistema bancário, e sabiam que os juros eram elevados naquela época, e que poderiam ganhar muito dinheiro com aplicações financeiras. Os dois primeiros servos, provavelmente, se utilizaram do sistema financeiro para negociarem com os talentos recebidos.

O senhor confiou a três servos parte de seus bens, que lhes foram entregues em custódia para que deles fizessem uso e negócios que quisessem. Todos eles sabiam que, quando esse senhor voltasse de viagem, iriam ter que fazer uma prestação de contas sobre os talentos recebidos.

O senhor que parte em viagem e voltaria depois de muito tempo, não se sabia quando, para julgar o trabalho de seus servos se refere à própria volta de Cristo. Deveremos ficar todos vigilantes para não nos pegar dormindo quando ele voltar, mas estarmos administrando corretamente os talentos e dons que recebemos de Deus.

Os dois primeiros servos duplicaram seus talentos, fizeram negócios que culminaram no sucesso financeiro de suas aplicações. Cada um ganhou 100% em termos financeiros, a mesma percentagem, e, no entanto, receberam quantias diferentes. Jesus mostra que, independente da quantidade de talentos recebidos, cada um pode dobrar o que recebeu, aplicando suas habilidades. É por isso que Jesus introduziu em sua parábola dois servos que brilharam na administração de seus negócios. Não basta esperar pela volta do Senhor, mas todo cristão deve trabalhar e atuar com os talentos e dons que lhe foram confiados por Ele. Disse o senhor: "Negociai até a minha volta". Isto é uma ordem, e não uma opção. Não é algo para se questionar, mas sim para obedecer. Até a volta do Senhor devemos fidelidade a Ele nas coisas pequenas do dia a dia que recebemos.

Em *Mateus 13:23* temos mais uma explicação sobre capacitação: "Quanto ao grão semeado em terra boa, indica os que ouvem a Palavra e a compreendem: e eles produzem bons frutos, na base de cem, de sessenta, de trinta grãos por um". Cada um colhe na medida de sua capacitação, uns mais outros menos.

O terceiro servo não perdeu nem ganhou, simplesmente não trabalhou com o dinheiro que recebeu. Foi negligente, preguiçoso, indiferente, enterrou seu talento, pois tinha medo de perdê-lo. Tratou levianamente o dinheiro que recebera.

O senhor deu a cada servo segundo a sua capacidade, deu dons a cada um de acordo com seu merecimento. Deus nunca dará a alguém um fardo que ele não consiga carregar. Tudo é justo e compatível com cada um. A quantia de talentos entregue a cada servo não foi o alvo principal de Jesus, mas sim a maneira como eles administraram e valorizaram esses talentos. A um confiou mais, a outro confiou menos. O senhor não foi injusto na partilha dos talentos, porque na parábola os talentos ou dons não são primordiais, mas o uso deles sim. Deus não dá na mão do servo mais do que ele pode realizar, Ele é justo com seus servos, pois o fundamental da parábola não é a entrega dos talentos em si, mas sim a fidelidade e o interesse dos servos em administrar tais talentos.

Todos nós recebemos talentos e dons de Deus. Ninguém nasce sem talentos ou sem dons. Mesmo o cego pode trabalhar, por exemplo, como telefonista, pois ele pode ouvir. Aquele que não tem mãos pode pintar com os pés. Além dos dons naturais, como competência profissional, existem outros dons de Deus chamados sobrenaturais, que são bênçãos do Espírito Santo.

Cumpre a cada servidor passar adiante o conhecimento adquirido e multiplicá-lo. Quem usa seus dons apenas para benefício próprio, de modo egoísta, não executa a vontade de Deus.

A parábola também é uma reflexão sobre o trabalho junto a uma comunidade. Jesus nunca incentivou uma vida ociosa para o cristão, nem na Terra, nem nos céus. A pessoa que vive só, sem contato com as outras pessoas, não estará segura. Temos que viver junto com outros e para os outros, de forma não egoísta, prestando serviços ao mundo. Em *Romanos 14:7-8*, Paulo ensina: "Ninguém de nós vive e ninguém de nós morre para si mesmo. Porque, se vivemos, vivemos para o Senhor, e, se morremos, morremos para o Senhor".

Um cristão somente tem quando dá, e quem não dá nada, dele será tirado o que possui. Vem a traça e consome o dinheiro guardado, vem o assaltante e retira o que é dele. Deus não concederá novas ofertas e bênçãos a quem não usa o que recebeu.

A recompensa de toda essa fidelidade e boa administração de seus talentos é viver na alegria do Senhor, é ter acesso a muitos bens materiais e espirituais, muito mais do que você recebeu no início, por ter sido fiel no pouco. A atividade daqueles que aplicaram seus talentos foi premiada pelo senhor, enquanto a negligência, a indiferença e a preguiça daquele que enterrou seu talento foi castigada. Jesus ensinou que o que é de César ele não quer. Só quer o que é Dele. Se Ele investiu em nós, quer retorno.

O terceiro servo tinha medo de seu senhor. Explicou a ele, mas não justificou. A imagem que o servo guardava de seu senhor era de crueldade e de injustiça. Pensando assim, não instalou amor em seu coração. Quem ama a Deus realmente quer fazer alguma coisa para Ele, para alegria Dele, e não murmura nem critica o seu Senhor. Esse servo já partiu errado, com pensamentos errados, e não aplicou o que recebeu. Não investiu seu talento em benefício de seu senhor. Pensou somente em si mesmo, não pensou no senhor. *1 Timóteo 4:14-16* nos diz: "Não descuides do dom espiritual que há em ti, e que te foi concedido por meio de uma revelação profética. [...] Toma cuidado de ti mesmo e do teu ensino. Persevera em tal desempenho e salvarás a ti e aos que te ouvem".

Não enterre seus talentos, mas, ao contrário, faça uso deles, pratique e trabalhe com esses talentos e dons recebidos. Você tomará parte na paz e na alegria do Senhor.

EMPRESTE, NÃO PEÇA EMPRESTADO

Quando as pessoas passam por grandes apertos financeiros, é comum vê-las recorrer a empréstimos bancários. Será esta uma medida saudável e recomendável? Vamos examinar o que tem a Bíblia a ensinar a este respeito.

Versículos associados ao empréstimo em geral:
Deuteronômio 28:1-14 – [Após Moisés ter passado os mandamentos da lei ao povo de Deus, para que fossem observados e praticados no país que Deus havia prometido aos seus pais, disse:] "Se obedeceres, porém, exatamente, a voz de Javé, teu Deus, observando e praticando todos estes mandamentos que hoje te ordeno, Javé, teu Deus, te tornará superior a todas as nações da Terra, e todas estas bênçãos virão sobre ti e te cobrirão se obedeceres a voz de Javé, teu Deus [...] Javé mandará que a bênção esteja contigo, nos teus celeiros e em todo empreendi-

mento das tuas mãos [...] Javé te abrirá um belo tesouro, os céus, para enviar a Terra, a chuva em seu tempo, e para abençoar todo trabalho das tuas mãos. Emprestarás a muitos povos, e tu mesmo nada terás de tomar emprestado."
Deuteronômio 15:6 – "Porque, Javé, teu Deus, há de abençoar-te, como to disse; exigirás penhores de numerosas nações, ao passo que tu nada deverás dar-lhes; dominarás muitas nações e elas não te dominarão."
Salmos 118:8 – É melhor em Deus procurar refúgio, do que confiar no homem sujeito à morte.

Os versículos de *Dt 28:1-14* representam o alicerce principal, a parte central deste estudo da palavra de Deus. A condição que Deus coloca para que você possa alcançar suas bênçãos é a sua obediência às palavras Dele, e que você nunca siga outros deuses.

Deus promete abrir o belo tesouro, os céus, para daí caírem sobre você bênçãos sem fim. Deus é o maior e o melhor sistema econômico-financeiro do mundo, de onde sai o manancial financeiro de tudo o que você precisa para viver. Nenhum banco na Terra poderá substituir a fonte da riqueza que é Deus, bastando para isso que você seja obediente a Ele. Em outras palavras, significa que se você obedecer e praticar os mandamentos da Lei de Deus passados ao povo por Moisés, você terá direito a todas as bênçãos que Ele prometeu a seu povo, e não precisará recorrer a nenhum estratagema humano, como empréstimos bancários, para suprir as suas carências ou necessidades.

O Deus ao qual você ama sobre todas as coisas é o grande provedor da vida do crente e servo de Deus. Esse pacto ou aliança com o Deus Todo-Poderoso faz a diferença para você. A partir dessa aliança com Ele, você não estará mais sozinho no seu trabalho e nos seus projetos. É dos céus que você receberá todo o dinheiro que pediu ou de que precisa para viver.

Dt 15:6 diz que emprestar é dominar, e tomar emprestado é ser dominado. O rico empresta ao pobre. O não abençoado toma emprestado do abençoado por Deus. O não abençoado precisa corrigir o mau relacionamento que ele tem com Deus.

Versículos associados àquele que empresta:
Salmos 112:5 – Feliz o homem que, bondoso, empresta, e que conduz seus negócios segundo o direito.
Deuteronômio 15:7-8 – "Se houver, no teu meio, um indigente dentre os teus irmãos [...] não endurecerás o teu coração nem fecharás a tua mão para esse irmão indigente; mas lhe abrirás a tua mão, e lhe darás emprestado o suficiente para as suas necessidades."
Provérbios 19:17 – Caridade com o pobre: empréstimo a Deus, que retribuirá com sua recompensa.
Mateus 5:42 – "A quem te pede uma coisa, dá. A quem quer de ti um empréstimo, não lhes dê as costas."
Lucas 6:34 – "Se emprestais àqueles de quem esperais receber, que vantagem tereis? Até os pecadores emprestam aos pecadores, para receberem o equivalente."
Êxodo 22:24 – "Se emprestares dinheiro a alguém dentre o meu povo, a um pobre que mora contigo, não te portarás para com ele como um usurário: não lhe imporás juros."
Deuteronômio 23:20-21 – "Nada emprestarás a juro, a teu irmão, quer seja dinheiro, quer sejam víveres, quer seja qualquer outra coisa; poderás emprestar a juro ao estrangeiro, mas não a teu irmão, para que Deus te abençoes em tudo quanto empreenderes no país onde vais entrar para dele tomares posse."

Os versículos anteriores moldam o comportamento correto daquele que empresta. *Provérbios 19:17* apresenta a fonte do velho jargão popular: "Quem dá aos pobres empresta a Deus". O empréstimo é visto com bons olhos por Deus quando você atende ao seu irmão necessitado e não fica com seu coração angustiado ou preso à devolução, não cobra juros desse irmão que vive em seu meio. Você pode cobrar juros do estrangeiro que vive no meio do seu povo ou de pessoas de outras nações. Se seu irmão não tiver condição de quitar as dívidas com você, poderá de bom coração cancelar essas dívidas. Deus é e será sempre o seu grande provedor.

Versículos associados àquele que pede emprestado:
Provérbios 22:7 – O rico domina os pobres; o devedor é servo do credor.
2 Reis 4:1-7 – A mulher de um dos filhos dos profetas gritou a Eliseu, dizendo: "Teu servo, meu marido faleceu; [...] veio agora seu credor para levar meus dois filhos e fazê-los escravos". Respondeu-lhe Eliseu: "Dize-me, o que tens em casa?". Disse ela: "Tua serva não tem coisa alguma em casa, a não ser uma vasilha de azeite". Ele disse então: "Pede vasilhas emprestadas a todas as tuas vizinhas; uma grande quantidade de vasilhas vazias! Depois, entra, fecha a porta e derrama o azeite em todas as vasilhas". Ela foi informar ao homem de Deus que todas estavam cheias, e ele lhe disse: "Vende agora o azeite e paga tua dívida. Vivereis, tu e teus filhos, do que sobrar".
Neemias 5:1-4 – Elevou-se uma grande lamentação do povo e de suas mulheres contra seus irmãos judeus [...] Outros diziam: "Tivemos que pedir dinheiro emprestado com penhor de nossos campos e nossas vinhas, para poder pagar o tributo do rei".
Salmos 37:21 – O ímpio pede emprestado e não mais paga, o justo gosta de dar, pois é compassivo.
Deuteronômio 28:15-44 – "Mas, se não escutares a voz de teu Deus, para observar e praticar os seus mandamentos, e todas as leis que hoje te ordeno, eis todas as maldições que cairão sobre ti e te ferirão [...]. O estrangeiro que vive em teu seio se elevará sempre mais, acima de ti [...] ele te emprestará, e tu não lhe emprestarás nada; ele estará na frente, e tu estarás no fim."

Em *Dt 28:44*, alguns estrangeiros que estavam no meio do povo de Deus progrediam, e alguns do povo de Deus pediam emprestado a eles. A questão aqui, de novo, era consertar o relacionamento com Deus por parte dos não abençoados, pois algo estava mal conduzido e tinha que ser corrigido.

Em *2 Reis*, o falecido marido da viúva pediu dinheiro emprestado, morreu sem pagar suas dívidas e deixou sua mulher em má situação. A viúva não tinha nada em casa, mas preferiu confiar em Elizeu, o profeta de Deus, e seguiu seu conselho. Pediu emprestadas vasilhas para suas vizinhas, encheu todas elas com azeite, vendeu ao povo e quitou as dívidas do falecido marido. Este havia recorrido ao homem, dado seus filhos como penhora, mas a viúva tomou vasilhas emprestadas confiante no profeta de Deus, e o milagre aconteceu, desfazendo as maldições do empréstimo do marido.

O ato de pedir dinheiro emprestado enfraquece o Deus em que você crê e ama. É como se Ele não fosse suficiente para dar todo o dinheiro que você precisa para viver ou realizar os seus empreendimentos. O que toma emprestado torna-se servo do que emprestou, você fica mais pobre ainda se pedir emprestado. O perigo do empréstimo é ficar dominado pelo credor.

Os bancos ou agiotas que emprestam dinheiro só o fazem em condição extrema de segurança para eles. Exigem de tudo para se garantirem contra qualquer chance de inadimplência. Eles praticam a penhora ou hipoteca de seus bens, fazem você assinar duplicatas, cobram juros extorsivos, violentos, fazendo com que o pagamento da dívida seja, muitas vezes, impraticável, tomam posse de seus bens em caso de falta de pagamento, além de deixar em você um lastro de incerteza e insegurança até a última parcela do pagamento da dívida. Você não dormirá tranquilo.

Com Deus como seu aliado nessas questões, você pode dormir tranquilo, porque você crê que Deus é fiel, cumpre o que promete e jogará sobre você toda sorte de bênçãos. Ele nunca lhe cobrará juros e deixará você livre de pressão, bastando que você o obedeça e pratique boas obras.

O sábio empresário que obedece a Deus, mas que contraiu dívidas por não pagar seus empregados ou por não pagar seus fornecedores, não pede empréstimos. Em vez disso, ele se comunica com os credores um a um, discute com eles um plano de pagamento ou abatimento da dívida. Ele faz uma administração da dívida, paga em parcelas ou com serviços, e sai do sufoco. Pague sua dívida com trabalho, e não com empréstimo.

O que é o melhor: assinar um contrato de empréstimo com um banco ou assumir uma aliança com Deus e pedir a Ele o sustento que você precisa? Só Deus é suficiente para lhe sustentar e multiplicar os seus bens. Deus é dono de todo o ouro e toda a prata. É Ele o criador do céu e da Terra e de tudo que nela existe. Você, como filho de Deus, é herdeiro dessa imensa riqueza como direito assegurado por obediência a Ele, por ser servo Dele e por você ter cumprido a sua parte no pacto. Deus disse que o que obedece a Ele terá em abundância e emprestará a outros povos, pois o povo de Deus não precisa de empréstimo.

Empreste e não peça emprestado, pois o seu Deus o supre, e a abundância permanece em você. Continue obedecendo a Deus e garanta sua fartura para sempre.

CAPÍTULO 9
SOCIEDADE
(autoridades, dinheiro, inter-relação com a Bíblia)

REI, PRESIDENTE OU DEUS?

Versículos associados ao tema:
1 Samuel 8:5-22 – [O povo pede um rei através dos anciãos de Israel, que foram ter com Samuel em Ramá. Disseram-lhe:] "Eis que tu estás velho e teus filhos não seguem o teu caminho. Dá-nos, então, um rei que nos governe, como o têm as outras nações". Tais palavras desagradaram a Samuel, por terem dito: "Dá-nos um rei que nos governe!", e orou a Deus. Deus, porém, disse a Samuel: "Atende a voz do povo em tudo que te disser. Pois não foi a ti que desprezaram, mas a Mim, para que não reine mais sobre eles. Fazem contigo o que sempre fizeram comigo, desde o dia em que os libertei do Egito até hoje, pois Me abandonaram para servir outros deuses. Escuta, pois, seu pedido. Contudo, faze-lhes uma advertência solene, mostrando-lhes os direitos do rei que reinará sobre eles". Samuel comunicou ao povo, que lhe pedira um rei, as palavras de Deus. Disse: "Estes serão os direitos do rei que vos regerá: porá vossos filhos ao serviço de seus carros e de seus cavalos, e eles correrão diante de seu carro. Usará deles como chefes de mil e chefes de cinquenta; ele os fará lavrar a sua lavoura e colher a sua colheita, fabricar os seus instrumentos de guerra e o equipamento de seus carros. Requisitará vossas filhas para lhe prepararem perfumes e cuidarem da cozinha e do forno. Tomará o melhor das vossas lavouras, vinhas e oliveiras, para dá-lo à sua gente. Dos campos e vinhas que vos sobrarem reclamará os dízimos, para pagar os seus eunucos e oficiais. Os melhores de vossos escravos e escravas, de vossos bois e de vossos asnos, ele os tomará para empregá-los em seus trabalhos. Cobrará dízimos dos vossos rebanhos, e vós mesmos sereis seus escravos. Gritareis, naquele dia, por causa do rei que acolhestes; mas Deus não vos responderá naquele dia!". Mas o

povo recusou-se a atender à voz de Samuel, declarando: "Não. Haverá rei sobre nós! Então seremos como todas as nações: o nosso rei nos governará e será nosso chefe nas guerras". Ouviu Samuel todas as palavras do povo, e comunicou-as a Deus. E Deus lhe disse: "Atende a reclamação do povo, e dá-lhes um rei". Samuel, então, disse aos israelitas: "Volte cada um para sua cidade".

Romanos 13:1-7 – Estejam todos sujeitos ao poder da autoridade, porque não existe autoridade que não venha de Deus, e as que existem foram estabelecidas por Deus. Por isso, quem se opõe à autoridade, opõe-se à ordem de Deus, e os que se opõem, atraem sobre si mesmos a condenação. Os magistrados não são motivo do temor para os que fazem o bem, mas para os que fazem o mal. Queres viver sem ter medo da autoridade? Faz o bem e terás a sua aprovação. Porque ela está a serviço de Deus para o teu bem. Mas se fizeres o mal, teme, porque não é a toa que ela traz a espada; ela está a serviço de Deus para castigar o malfeitor [...]. Por esta razão é que também pagais os impostos, porque se trata de funcionários encarregados por Deus para execução deste ofício. Dai a todos o que lhes é devido: o imposto, as taxas, o temor, o respeito a cada um, o que deveis.

Tito 3:1-2 – Dize-lhes que respeitem aos juízes e governantes. Que obedeçam às ordens e estejam prontos para todo o serviço. Não amaldiçoem a ninguém, sejam pacíficos, compreensivos, deem prova de muita bondade com todos.

1 Pedro 2:13-20 – Sujeitai-vos a qualquer instituição humana por amor ao Senhor. Ao rei, porque é soberano; aos governadores, porque são seus delegados, cuja missão é punir os malfeitores e favorecer os bons. Esta é a vontade de Deus: fazer calar, pela prática do bem, a ignorância dos homens insensatos. [...] Respeitai a todos. Amai aos irmãos. Temei a Deus. Estimai o rei [...]. Se fazeis o mal e deveis tolerar maus tratos que mérito há nisso? Contrariamente, se fazeis o bem e sois maltratados, suportai resignados: isto vos tornará agradáveis a Deus.

Este tema está todo centrado no período em que Samuel, profeta de Deus, governava sobre Israel. Para melhor entendê-lo, vamos situar inicialmente Samuel neste contexto.

Samuel era filho de uma mulher estéril chamada Ana, que por voto a Deus concebeu este filho, para consagrá-lo a Ele por todos os dias da sua vida. Ana entregou Samuel ao Sacerdote Eli logo após ter sido desmamado, para cumprir com seu voto. Samuel aprendeu com Eli todo o serviço a Deus.

Deus pouco falava com algum ungido no tempo de Samuel, como descrito em *1 Samuel 3:1*: "O jovem Samuel servia, pois, a Deus diante de Eli. Era raríssimo que Deus falasse naqueles tempos, e as visões não eram frequentes". No entanto, Deus falou pela primeira vez com Samuel quando este dormia no Santuário de Deus, no lugar em que estava a Arca de Deus, enquanto Eli, o sacerdote, dormia no seu quarto.

Samuel passou a ser um profeta de Deus, como descrito em *1 Samuel 3:19-21*: "Samuel cresceu. Deus estava com ele, e não deixou cair por terra nenhuma das suas palavras, de sorte que todo Israel, de Dan até Bersabé, reconheceu que Samuel era profeta de Deus. Deus continuou a aparecer em Siló, pois é em Siló que Deus se revelava a Samuel". Samuel recebia de Deus as instruções para o povo de Israel, como o fizera Moisés, Aarão, Josué e todos os demais profetas que o antecederam.

E, assim, o povo era protegido dos inimigos, adorando apenas a um único Deus. Quando o povo de Israel esteve com medo diante dos filisteus, disseram a Samuel (*1 Samuel 7:8*): "[...] Não cesseis de orar por nós a Javé, nosso Deus, a fim de que nos salve da mão dos filisteus". E Samuel atendia os clamores do povo oferecendo holocaustos a Deus e suplicando por Israel. Os filisteus foram derrotados de tal modo que não mais voltaram à terra de Israel, porque a mão de Deus pesou sobre eles todos os dias da vida de Samuel.

Portanto, até essa época existia a figura do profeta, o ungido de Deus, que conversava com Ele e recebia Dele as orientações; o povo as seguia, e por isso eram felizes. Os filisteus devolveram a Israel todas as cidades que lhe tinham tirado, e os judeus recuperaram todo seu território.

Samuel governou Israel durante toda a sua vida, e em Ramá, onde habitava e de onde julgava Israel, construiu um altar para Deus. Quando Samuel ficou velho, pôs seus filhos como juízes de Israel. Entretanto, não seguiam o caminho do pai, só buscavam vantagens para si. Aceitavam presentes e violavam a justiça.

E então ocorreu um divisor de águas na história do povo de Deus: o antes e o depois da chegada do primeiro rei. Pediram um rei a Samuel e, apesar da advertência de Deus, insistiram com o pedido. Antes o povo vivia feliz, com as orientações de Deus passadas por seus profetas, se estabeleceram na terra prometida e alargaram suas fronteiras. Mas o povo agora queria um líder humano, alto, forte, poderoso, visível, aquele que iria conduzir o povo a derrotar todos os seus inimigos, trocando a realeza divina pela realeza humana. Queriam copiar o modelo dos inimigos, que tinham reis para os governar.

Deus, com sua sabedoria divina, bem que advertiu o povo, revelando que tal medida seria um erro, seria uma tentativa ilusória. A partir daí, começou uma sucessão de reis, que falharam um após o outro, até chegar aos dias de hoje, quando o povo deve eleger seus reis, seus presidentes, pelo voto das urnas. Em uma retrospectiva da história, quais foram os presidentes, os reis, que levaram realmente seu povo às condições de felicidade, alegria e vitória? A maioria falhou nas suas boas intenções, como falhou Saul, o primeiro rei de Israel. Por orgulho, desobedeceu a Deus, por ter poupado Agag, rei dos amalecitas, bem como as melhores cabeças de ovelhas, bois e cordeiros (*1 Samuel 15:7-9*).

Por causa do próprio pedido dos homens, que queriam um rei, Deus estabeleceu regras de conduta ética e moral a favor dos príncipes e reis, mas Ele nunca deixou de punir os maus governantes. As leis são para todos: plebeus ou nobres. Respeitar as autoridades não é depender delas para sobreviver ou adorar a Deus. Nossa esperança em Cristo não se estriba só nesta vida (governos/reis/autoridades).

O povo até hoje prefere ser governado por homens a ser governado por Deus. Prefere se submeter ao falível a estar bem com o infalível, prefere o limitado ser humano ao infinito e poderoso Deus. Damos muito poder ao presidente, ao rei, e estes, revestidos de tal poder, cometem muitas atrocidades, pois não são sábios em suas decisões. Prometem nas campanhas, mas não cumprem nos mandatos.

Jesus também foi tentado por Satanás a ser rei dos povos, a ter poder, autoridade sobre o mundo, pelo prestígio que possuía entre os judeus. Mas Jesus não aceitou, como podemos ver em *Mateus 4:8-10*: "O Diabo o levou ainda a um monte muito elevado, mostrou-lhe todos os reinos do mundo com seu resplendor e lhe disse: 'Todas estas coisas te darei se, prostrado, me adorares'. Respondeu-lhe Jesus: 'Retira-te, Satanás! Porque está escrito: Adorarás ao Senhor, teu Deus, e só a ele prestarás culto'".

Nosso objetivo neste tema foi levar os fiéis a:

1) Não confiar nossa vida espiritual nas mãos de homens, quer sejam governos, reinados, senhorios.
2) Não confiar no código de justiça humana, mas sim na justiça e no amor de Deus. Não trocar as Leis de Deus pelas leis dos homens.
3) Confiar só em Deus, adorar só a Ele, não se deixar fascinar pelos apelos do Diabo: prazeres mundanos, fama, poder, riquezas.
4) Nenhum rei ou governo substitui Deus. Ninguém pode nos livrar e cuidar melhor que Ele.

Rei, presidente ou Deus? Vamos continuar ouvindo Deus, sendo guiados, conduzidos por Ele, e não por autoridades humanas.

O NOME DE DEUS NA MOEDA

Grande número de países no mundo inteiro procura louvar a Deus de alguma forma, mostrando algo que manifeste a sua crença Nele. No Brasil, por exemplo, é comum manter fixo no carro ou no caminhão um adesivo do tipo: "Deus é fiel", "O Senhor é meu pastor". Na porta de entrada de muitas casas notamos a inscrição: "Nós louvamos a Deus".

Isso também ocorre no sistema monetário de um país. Na cédula de menor valor em alguns países está estampada uma frase com citação a Deus. A palavra cédula empregada aqui significa um papel representativo da moeda do país.

Para avaliar e comparar cédulas com inscrições alusivas a Deus, vamos considerar a cédula de menor valor dos Estados Unidos, que é de 1 dólar, e a de menor valor do Brasil, que é de 2 reais. No verso da cédula de 1 dólar está escrito: "*In God we trust*", cuja tradução é "Nós confiamos em Deus". Na frente da cédula de 2 reais está escrito: "Deus seja louvado". A seguir, daremos ênfase a algumas características que marcam a diferença das inscrições nos dois países:

Localização da inscrição

Na cédula de 1 dólar, a inscrição ocupa uma posição superior e central. Na cédula de 2 reais, a inscrição ocupa uma posição inferior e à direita da cédula. A reverência ao Senhor nesse item ganha mais destaque e importância na cédula de 1 dólar.

Tamanho das letras

Na cédula de 1 dólar, a inscrição tem um tamanho de letra grande, fácil de ler, enquanto na cédula de 2 reais o tamanho de letra é bem menor, difícil de enxergar ou perceber. A reverência ao Senhor nesse item ganha mais destaque e importância também na cédula de 1 dólar.

Tempo do verbo

Na cédula de 1 dólar, o verbo está no presente do indicativo, enquanto na cédula de 2 reais o verbo está no presente composto do subjuntivo. Na nota de 1 dólar, a ação se passa no presente, no tempo atual, no hoje, não é futurista. Já a nota de 2 reais revela uma perspectiva indeterminada, presente ou futura, em algum dia, não tem um compromisso firme no presente. Existe um anseio, uma esperança, uma expectativa de que Deus seja louvado, o Brasil espera que alguém louve a Deus. A reverência ao Senhor, neste item, ganha mais destaque e importância na cédula de 1 dólar.

Sujeito da inscrição

Na cédula de 1 dólar, o sujeito da inscrição é: "NÓS", ou seja, todos os cidadãos americanos são cúmplices nesse louvor a Deus, e fazem questão de declará-lo publicamente. Eles sabem que, no manuseio dessa nota, por pessoas americanas ou não, conscientes ou não desse fato, fica implícita a manifestação de um coração comunitário que envolve todos os americanos em um grande louvor a Deus. Na cédula de 2 reais o sujeito da inscrição fica oculto, não declarado, não determinado. Há um desejo que uma ou mais pessoas louvem a Deus, não necessariamente você que está usando a nota em seu bolso. Ou seja, não há um envolvimento seu, nenhum compromisso assumido explicitamente por você que carrega essa nota. A reverência ao Senhor nesse item ganha mais destaque e importância na cédula de 1 dólar.

Não é de estranhar que a cédula de 1 dólar americano, assim como as demais cédulas de dólares americanos, passaram a pertencer a uma categoria especial de moeda, que passou a ser uma das moedas mais difundidas e aceitas na maioria dos países. Aliado a isso se acrescente o fato do respeito, do valor e do poder dessa nota.

Outra observação que vale a pena ressaltar na nota de 1 dólar é sobre o selo que se encontra na parte de trás dessa nota. Esse selo foi criado por Thomas Jefferson e outros, logo após a declaração de independência dos Estados Unidos, em 1776. Em 1930, o presidente Franklin Roosevelt ordenou que fosse timbrada para sempre no dólar. Nessa época vivia-se a Grande Depressão. Havia grandes dúvidas em relação ao futuro. Era importante, nesse momento, aumentar a autoestima do povo americano. Nesse selo está representada uma pirâmide inacabada com 13 patamares. Cada patamar representa uma das 13 colônias que firmaram uma aliança para a fundação do novo país. Está inacabada para mostrar a expectativa de que outras colônias poderiam se unir àquele pacto. No seu topo está o *"olho de Deus"* brilhante, e a inscrição latina: *"Annuit Coeptis"*, cujo significado é: "Ele atendeu às nossas preces", ou "Ele abençoou a nossa obra". Ali ficou representada uma nova sociedade que se ergue sobre alicerces sólidos e se constrói sob a bênção de Deus. Os Estados Unidos são um dos países mais religiosos do mundo. Este país alcançou, em vários anos, um terço do PIB mundial, é líder em quase todos os setores econômicos, e o dólar é uma moeda de curso universal.

Outra diferenciação entre Estados Unidos e Brasil é quanto à colonização de cada país, com suas crenças de origem. Os Estados Unidos foram colonizados pelos ingleses, cuja religião dominante tinha Jesus Cristo em seu centro. Já o Brasil foi colonizado pelos portugueses, cuja religião estava fortemente assentada na Virgem Maria e nos santos. Os novos países que se formaram a partir da independência deram seguimento às crenças de seus colonizadores. A Bíblia nos revela que só há um mediador entre Deus e os homens, que é Jesus Cristo (*1 Timóteo 2:5*). Isso marca uma grande diferença entre os dois países.

Parece que as diferenças que foram citadas não têm relevância à primeira vista. Mas basta lembrarmos do primeiro mandamento da lei de Deus, para entendermos os resultados das cédulas dos dois países, com ênfase para aquela que obedeceu ao maior mandamento da Lei de Deus: "Amarás o Senhor teu Deus de todo o teu coração, de toda a tua alma e de toda a tua mente" (*Mt 22:37*).

É claro que um sistema monetário, antes de ser aprovado, é discutido por deputados, senadores, ministros, presidentes de uma nação, assim como pela Casa da Moeda, que passam a ser os responsáveis pelo projeto final da moeda ou cédula. Nos Estados Unidos, o crivo para a aprovação da cédula de 1 dólar passou por um rigor muito grande no tocante à inscrição voltada para Deus, por parte dos maiores representantes do seu povo. O americano colocou Deus como sócio dele na moeda, e por isso a moeda dele é forte desde o início de sua implantação, e é respeitada no mundo todo. Sem Deus na moeda, a moeda se torna Deus. Os Estados Unidos ressaltam, através da inscrição, que Deus é o dono do dinheiro dos americanos, Ele é mais importante que a moeda. Em *1 Tm 6:10* está escrito: "Porque a ganância pelo dinheiro é a raiz de todos os males. Apegados a ela, muitos se desviaram para longe da fé e se torturaram com muitos sofrimentos".

Também observamos a cédula de 5 euros, que é a cédula de menor valor pertencente à recente unidade monetária que foi aprovada para trânsito livre em vários países europeus. Foram países que aderiram ao pacto da moeda única comunitária na Europa. Isso significou uma abertura de fronteiras para facilitar o comércio livre entre esses países. Nessa cédula não percebemos nenhuma inscrição alusiva a Deus, talvez pelo fato da pluralidade das crenças entre os vários países.

Em *Mt 22:17-22*, os fariseus, armando uma cilada para Jesus, perguntaram ao mestre: "Dize-nos, então, o que pensas: é permitido, ou não, pagar imposto a César?". Mas Jesus percebeu sua intenção perversa e respondeu: "Hipócritas! Por que me preparais esta cilada? Mostrai-me a moeda do imposto". Eles lhe apresentaram uma moeda de prata. Perguntou-lhes: "De quem é esta imagem e esta inscrição?".

Responderam-lhe: "De César". Ao que ele lhes disse: "Dai, pois, a César o que é de César, e a Deus o que é de Deus". Ouvindo isto, ficaram tomados de admiração. Eles o deixaram e foram embora.

Qualquer um de nós, imitando Jesus, examinando a moeda ou a cédula de um país, pode perceber se Deus faz parte do sistema monetário desse país ou não. O império romano, cuja sede era Roma, rejeitou Deus, não havia sociedade ou aliança com Ele na moeda. Os romanos rejeitaram também a Jesus, o filho de Deus, pois o torturaram e o condenaram à morte na cruz. Até o ano 200 d.C., os cristãos foram perseguidos e mortos. Só houve paz após a destruição, a queda inevitável do império romano não aliado a Deus.

Deus deve estar sempre presente em todas as atividades humanas, para aquele que crê no Senhor. Existe sempre uma maneira mais correta, mais abrangente, mais elaborada, com que uma pessoa ou várias pessoas podem prestar uma homenagem ou agradar a Deus. Vale a pena se esforçar para se aproximar da perfeição também nessa área de nossa vida.

Nós esperamos que muitos países acordem hoje para esse fato do louvor a Deus na moeda, e em outras notas públicas, imitando Davi, que compôs salmos para louvar ao Senhor em agradecimento pelas infinitas graças que recebeu Dele.

O CRISTÃO E A TELEVISÃO

Versículos associados ao tema:
Filipenses 4:8 – Quanto ao mais, irmãos, tudo o que é verdadeiro, tudo o que é honesto, tudo o que é justo, tudo o que é puro, tudo o que é amável, tudo o que é de boa fama, se há alguma virtude, e se há algum louvor, nisso pensai.
Mateus 5:29 – "Portanto, se o teu olho direito te escandalizar, arranca-o e atira-o para longe de ti, pois te é melhor que um de teus membros se perca do que seja todo o teu corpo lançado no inferno."
Hebreus 13:7 – Lembrai dos vossos líderes que vos falaram a Palavra de Deus, a fé dos quais imitai, atentando para a sua maneira de viver.

Hoje em dia a televisão domina o espaço da casa. É encontrada nas salas, nos quartos, nos ambientes de estudo e trabalho, na cozinha. Ela está presente em quase todos os lares das famílias economicamente ativas. Não há dúvida de que a TV, como elemento de comunicação audiovisual, em nossos lares, é altamente poderosa e revolucionária.

Vamos refletir sobre qual o tipo de mensagem que o hábito de assistir à televisão leva para dentro de casa, influenciando o nosso mundo físico e psíquico.

Há uma diferença muito grande entre as pessoas que estão por trás da telinha de TV, que são os ativos, e os que estão na frente da TV, que são os passivos. Os ativos são aqueles que trabalham na TV, os que invadem nossas casas, revelando-nos um padrão de comportamento perigoso, liberal, falso. Raros são os programas de TV dos quais se possa extrair algo realmente eficaz, quando o que se busca é a evolução, a preparatória do ser humano para a entrada no Reino de Deus, que a todos os que andarem no espírito Deus prometeu.

Os passivos são todos os telespectadores que estão na frente da telinha, procurando relaxamento, descanso, paz, distração, diversão. Os telespectadores não estão trabalhando, estão de folga naquele momento, vendo o que aqueles que trabalham na TV estão fazendo ou sugerindo. Os ativos estão em alta frequência cerebral, e os passivos estão em baixa frequência cerebral.

O aparelho de TV condiciona um estado especial no telespectador, próximo à sonolência. Nesse estado de extrema passividade física e mental, o conteúdo que está sendo transmitido é absorvido pelo subconsciente sem condições de ser criticado, o que torna o indivíduo suscetível a todo tipo de manipulação e de massificação. As ondas de um eletroencefalograma do telespectador tem amplitude cinco vezes menor do que o de uma pessoa em atividade de leitura. Somos estimulados a pensar, a agir e a falar de uma determinada maneira estereotipada, seguindo certos modismos, inserindo-nos em certos padrões.

As imagens gravadas no subconsciente, aparentemente esquecidas, poderão emergir em situações de crise, incentivando uma atuação no mundo, de acordo com o condicionamento imposto. Abafa-se o consciente, imprime-se nele uma enorme quantidade de imagens sem que estas possam ser criticadas, condicionando-o. Os padrões condicionantes ficam associados ao medo, insegurança e desespero, ao conflito e competição, à degeneração moral, ao derrotismo e frustação, ao consumo exagerado e fútil, entre outros.

A TV aliena as pessoas, criando uma falsa imagem da realidade. A criança, no entanto, deve desenvolver dentro de si uma imagem correta do mundo real. Sem essa imagem, o adulto não consegue se localizar em seu ambiente, e muito menos nele atuar positivamente. A capacidade de informação da TV é completamente ilusória, pois apresenta uma imagem distorcida da realidade. Além disso, é considerada atrofiante da imaginação e da criatividade, devido à avalanche de imagens prontas e artificiais. Trata-se de uma destruição subliminar das capacidades sensoriais, dos órgãos dos sentidos físicos e da própria convivência humana, pois, diante dela, cada pessoa encontra-se fechada em seu próprio estado hipnótico.

Com a introdução da TV a cabo, o leque de opções de canais de TV aumentou de forma assustadora. Mais canais de TV significam mais opções de programação, mais procura do ócio, mais passividade, mais prisão à TV. A navegação pelos múltiplos canais à disposição pelo controle remoto criou mais horas de programação, uma busca incessante de novidades e curiosidades. Muitos lares têm um aparelho de TV para cada morador, para que cada um assista o seu programa predileto independente do outro, em espaços diferentes da casa. Famílias de quatro pessoas têm quatro aparelhos. A TV funciona aí como elemento de desagregação da própria família, não existe mais a comunhão familiar. Vive-se isolado.

Ver televisão chega a se tornar um vício, de tal forma que ligar e assistir programas de TV faz parte obrigatória do dia a dia das pessoas. Tem gente que deixa de ir à Igreja para não perder um programa de TV.

Se analisarmos alguns programas de TV, vamos consolidar e confirmar os desvios que eles trazem em relação aos princípios cristãos. De um lado, as novelas, que sempre enfocam o triângulo amoroso, a picante figura da amante ou do amante que destrói a família. De outro lado, os jornais de TV que retratam o que de sórdido existe no mundo atual, destacando a violência, a corrupção, a impunidade, a insegurança. Os filmes na TV também revelam a violência dos filmes policiais, o erotismo dos dramas e romances, a taquicardia dos suspenses, o irrealismo das ficções. Os títulos dos filmes já revelam o seu propósito violento, como *Duro de Matar 3*, sugerindo que a série teve audiência no *Duro de Matar 1* e *Duro de Matar 2*. As propagandas de consumo espalhadas na TV nos levam, sem resistência, ao consumismo banal, sem percebermos que não necessitamos desses artigos. Até os desenhos animados são perigosos quando o seu conteúdo é nocivo. Os inocentes *Tom e Jerry* trazem a vitória do mais fraco sobre o mais forte através da violência, das armadilhas. Isso não é cristão. Se o propósito é fazer com que seu filho aprenda a jogar futebol, tênis, basquete ou qualquer outro esporte televisivo, são frustrantes os resultados se a escola for a TV em jogos profissionais ao vivo. Os programas de entrevistas nos trazem pessoas que são em boa parte os heróis de hoje em dia, divinizados, muito diferentes dos heróis da Bíblia, do grande herói que é Cristo Jesus.

Qual o compromisso dos donos de redes de TV com os princípios cristãos? Nenhum. O que importa, o que manda, são as pesquisas de opinião pública feitas por organismos como o Ibope e outros do gênero. O que interessa para os diretores, produtores, artistas, publicitários, é o consumo em massa do que eles levam ao ar, para garantir o lucro dos anunciantes e dos mantenedores dos programas, e não importa se o que fica gravado no subconsciente da pessoa é prejudicial aos bons costumes e princípios cristãos.

Se os dirigentes de TV não tiverem princípios cristãos, não podemos exigir ou esperar uma veiculação de programas de TV sadios e cristãos. Aí está o perigo. Por outro lado, o que o povo quer ver, o que a mídia quer ver, acaba ditando as regras ou seduzindo alguns diretores bem intencionados.

A televisão como aparelho eletrônico é neutro, no que tange ao bem ou mal que ele possa fazer a quem dele se utiliza. Dependerá de quem dirige e produz os programas e dos seus patrocinadores a repercussão em algo bom ou ruim para o telespectador. Aqueles que assistem à TV estão nas mãos delas, à sua mercê.

Nós estamos convencidos de que muito do que nosso mundo atual traz em termos de violência, corrupção, erotismo, imoralidade, impunidade, vícios, drogas, bebidas, assaltos, tem como origem os programas de TV. A ingenuidade no consumo de programas de TV leva à prática de erros de comportamento, a excessos que são extraídos de nosso arquivo adormecido, sem que nos apercebamos disso.

Cabe ao cristão fazer uma reflexão sobre este tema, e o propósito deste texto é ajudá-lo a encontrar um bom hábito televisivo ou um substitutivo vantajoso.

Muitas igrejas cristãs de várias denominações diferentes sabem o perigo que reside no uso indiscriminado da TV, e por isso sugerem a seus fiéis só assistirem programas cristãos, ou então não terem televisão em casa. Muitos já aboliram o uso da TV, substituindo esse hábito por outras práticas mais evoluídas, como as boas leituras, as orações, a meditação, o louvor a Deus, otimizando as suas horas de lazer. São pessoas que verdadeiramente são cabeças, e não caudas, conduzem e não são conduzidas, são servas de Cristo, caminham no Espírito, e não na carne.

O que devem fazer então os cristãos diante da TV? Devem estar constantemente vigilantes para assistir somente a programas que tenham compromissos cristãos, que levem a um crescimento espiritual. Devemos sair da passividade e entrar na atividade, buscando vídeos educativos, inclusive na prática de esportes ou vídeos bíblicos. Se nossos filhos e filhas assistirem a *Os Grandes Heróis da Bíblia* em vídeo, terão muito a aprender pela televisão, poderão imitar a vida desses heróis e fazer com que o mal se dilua e vença o bem. Os cristãos devem estudar a Palavra de Deus, se sacrificar, ser criativos, levar a Palavra de Deus a outros lares ainda não convertidos. As horas de folga servem para isso. Os cristãos nunca devem orar a Deus com a televisão ligada. Devem desligar a TV ao receber uma visita, pois o visitante merece a sua atenção completa, os programas de TV não devem competir com ele. Os cristãos devem sair da submissão de ver somente aquilo que o mundo quer que vejam. Vamos buscar e acharemos, vigiemos!

CAPÍTULO 10
ENCERRAMENTO

(palavras-chave, revelação de Deus)

PALAVRAS-CHAVE

Para gravarmos melhor a palavra de Deus em nossos corações e termos sucesso na sua aplicação, devemos memorizar algumas palavras-chave. Elas nos ajudarão naqueles momentos difíceis e complicados que atravessamos na caminhada pela vida.

Descrevemos a seguir algumas delas para enriquecer nossa memória bíblica e provocar uma ação imediata, além de algumas últimas reflexões logo a seguir.

Palavra-chave para:
Evangelização – "Ide" (*Marcos 16:15*).
Curar doentes – "Curai" (*Mateus 10:8*).
Libertação dos demônios – "Expulsai" (*Mateus 10:8*).
Aprender sobre a fé – "Ouvir" (*Romanos 10:17*).
Viver na fé – "Certeza" (*Hebreus 11:1*).
Obter bênção de Deus – "Encontro" (*Jeremias 29:13-14*).
Dar fruto – "Videira" (*João 15:4-5*).
Ficar rico – "Dízimo" (*Malaquias 3:10*).

Jesus nunca pediu para seus discípulos que orassem pelos enfermos ou que orassem para a expulsão dos demônios. Ele próprio agia no sentido direto, determinando a cura das doenças e a expulsão dos demônios. Assim devemos agir todos nós, cristãos, na ação direta. Em vez de orarmos pela cura, devemos curar; em vez de orarmos pela expulsão dos demônios devemos expulsar, aplicando isso nos outros e em nós mesmos e sempre em nome de Jesus. Pela oração, você adia a cura e sua participação fica fraca. Ao ordenar a cura, você toma parte ativa, e nasce em você um poder de curar em nome de Jesus que jamais conheceu antes.

Quando examinamos um fio elétrico fora da tomada, percebemos que ele não conduz a eletricidade. Ele não tem energia nenhuma, não tem poder. No entanto, quando ligamos esse fio elétrico na tomada de força, ele conduz a energia elétrica e passa a ter poder de transmitir a energia a pontos distantes. Da mesma forma, um ramo ligado apenas a outro ramo não dá frutos, não tem poder. No entanto, se ligarmos o ramo à videira teremos fruto Nele. "Nós somos os ramos", disse Jesus, "e Ele é a videira". A Igreja de Jesus é a nossa videira, o corpo vivo de Cristo a quem nos ligamos. Sem Jesus nada podemos fazer, somos fracos. Com Jesus somos fortes, poderosos, damos frutos.

Existem irmãos na fé que, apesar de frequentarem a Igreja todos os domingos, de entenderem as palavras de Deus ministradas pelo pastor, de dizerem que acreditam em Deus, de terem fé, não recebem bênçãos de Deus, nada acontece de extraordinário na vida deles. O que será que está faltando? Em realidade está faltando o verdadeiro encontro com Deus. Para entender melhor isso, vamos comparar um romance em que o namorado escreve cartas de amor para a namorada, mas nunca tem um encontro real com ela. De fato, ele é um amante, mas não um namorado. A namorada, se casar com um homem assim, estará arriscando e muito a sua felicidade no casamento, pois não o conhece direito, nunca teve um encontro com ele. Muitas pessoas fazem o mesmo com Deus. São amantes de Deus, tem um amor à distância por Ele, nunca tiveram e nem viveram um encontro real com Ele. Se você for ao encontro de Deus de todo o coração e com toda a sua alma, O achará, Deus permitirá ser encontrado por você.

Cada palavra-chave deste encerramento dá o principal sentido da ação, o elemento central do ensino e o princípio ao qual está ligado aquele setor da nossa vida. Para evangelizar, por exemplo, é preciso "ir". Senão, ficaremos estacionados, esperando que alguém venha a nós, e o cristianismo assim não se difunde. Os cristãos conseguiram trazer o Evangelho até nós porque percorreram os quatro cantos do mundo, como ordenou Jesus a seus apóstolos.

Use a palavra-chave que mais se encaixar com a situação que você estiver vivenciando no seu dia a dia ou nas suas necessidades; execute a ação imediata sugerida por ela e verá a diferença positiva que isto trará à sua vida.

REVELAÇÃO DE DEUS PARA
O AUTOR DESTE LIVRO

Este livro foi todo iluminado, apoiado e acompanhado pelo Espírito Santo. Foi Ele que me deu a oportunidade de deixar algo escrito que possa ser útil aos irmãos em Cristo.

O texto a seguir foi inspirado também pelo Espírito Santo e revelado em um dado momento de minha vida para ser orado a cada manhã logo ao levantar, e pode marcar algo novo a cada dia de sua vida:

"Algo novo e poderoso está acontecendo, hoje, em minha vida, sob o patrocínio de Deus, meu Pai Celestial querido. Amém!"

BIBLIOGRAFIA

BÍBLIA: mensagem de Deus. São Paulo: Loyola, 1983.
MACEDO, Edir. *Aliança com Deus.* Rio de Janeiro: Unipro, 2000.
MACEDO, Edir. *Fé racional.* Rio de Janeiro: Unipro, 2011.
RAMALHO, Elias. *Seguir é fundamental.* São Paulo: edição avulsa, 2014.